董其昌

和他的江南

上海博物馆 编

北京大学出版社

目录

006　丹青宝筏——董其昌的时代及其艺术超越
　　　凌利中

018　董其昌与传统画学的转捩
　　　徐建融

038　"松江派"、松江画坛与董其昌
　　　邵彦

062　文人画的发展与董其昌
　　　邵琦

076　董其昌书法创作观散论
　　　金丹

090　关于"上博"藏巴金先生捐赠的董其昌诗册
　　　陶喻之

112　宝绘妙迹　神韵特超
　　　——故宫博物院藏董其昌书画撷英
　　　汪亓、关键

126　群星闪耀
　　　——记董其昌《菀西墨禅室画山水图》卷
　　　庞鸥

144　广东省博物馆藏董其昌书画作品撷谈
　　　任文岭

156　《墨缘汇观》中的董其昌
　　　杨小京

186	晚明江南的松江府：士人生活与社会变化 冯贤亮
208	民抄董宦与晚明江南的城市社会 巫仁恕
224	明后期江南缙绅的居家行为方式 范金民
244	董其昌诸子及董氏第宅 颜晓军
278	董其昌与晚明江南的书画消费 叶康宁
290	明清江南市镇中的园林空间与文化 杨茜

丹青宝筏——董其昌的时代及其艺术超越

凌利中／上海博物馆书画研究部

晚明杰出的上海籍书画大家董其昌（1555—1636）集前人之大成，融会贯通，洞察画坛时弊，及时明智地提出画分南北宗的画学审美观，并从实践加以充分印证，系中国文人画理论史上又一高峰。董氏拈出"笔墨"论，昭示"笔性"论[1]，翻开了文人画创作的新篇章，亦造就了其于画史上自出机杼、承上启下的重大历史性意义。其后诸如清初"四高僧"、"四王"吴恽、金陵画派、新安画派、武林派等，乃至晚清、近代三百余年画坛，大都在其理论影响之下而成就，形成了一个群体性的文人画创作高潮。董氏超越与引领之意义，检诸元以降七百余年画史，唯有倡导以书入画、开启元代新风的赵孟頫一人可相提并论，可谓其二人"画史两文敏"。

回顾近现代百年美术史历程，无论是书画鉴赏、画史撰写，抑或实践创作，董其昌是文人画史上无论如何绕不开的人物，这一观点几成共识。诸如，视董其昌若神明的吴湖帆（1894—1968），以"宝董室"名斋，珍藏《画禅室小景图》册等细加研习，以求笔墨醇正，有"江南画坛盟主"之誉。作为"近现代书画鉴定学科的奠基者"[2]，吴氏培养、影响了张珩（1914—1963）、沈剑知（1901—1975）、徐邦达（1911—2012）、王季迁（1906—2003）等后代杰出的鉴定家。其中，吴、张两位代表了20世纪上半叶书画鉴研之高度，沈剑知与徐邦达，一南一北，各尽其长。沈系林则徐（1785—1850）婿沈葆桢（1820—1879）曾孙，1952年后由原海军部复员入职上博，与谢稚柳（1910—1997）同任上海市文管会鉴定委员，为钟银兰书画鉴定恩师[3]。吴湖帆曾高度评价沈剑知、张珩两人，称后者"洵为少年中英才"[4]，而认为沈"画派甚正，

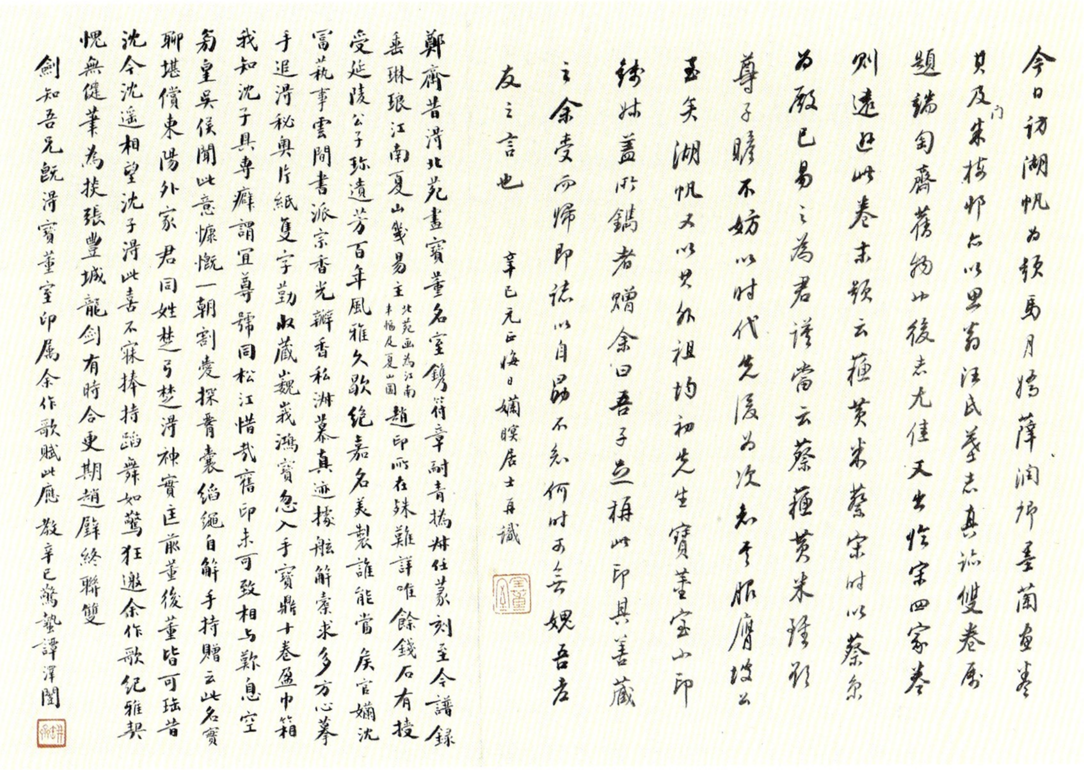

图1 沈剑知题董其昌《行书临宋四家》卷,上海博物馆藏

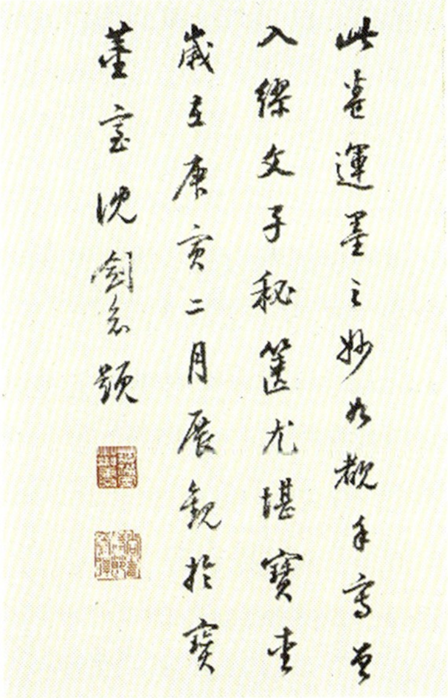

图2 沈剑知题董其昌《行书内景黄庭经》卷钤印,上海博物馆藏

目光亦不偏,鉴别力殊深刻"[5],并于民国三十年(1941)将传自外祖沈树镛(1832—1873)的"宝董室"印赠沈(见沈剑知题董其昌《行书临宋四家》卷)(图1)[6],待若知音后进。沈氏一生鉴藏董氏书画颇丰,书法、山水皆瓣香老董,不仅斋名"宝董室",且以"画禅室私淑弟子"自居(沈题董其昌《行书内景黄庭经》卷钤印)(图2)。而解放后赴京的徐邦达,从某种程度上,与同受吴氏提携的沈剑知,分别影响了其后故宫博物院、上博数代鉴定者。又如,与吴湖帆亲洽的陆俨少(1909—1993)亦受董氏启发,明确提出"笔性"称谓,以其高下雅俗作为评价作品的标准,称"气息关乎笔性"[7]。谓与吴湖帆同声契合,亦代表了近现代江南画坛的主流审美。

上世纪五六十年代，美术史于高校设立，撰写中国绘画史成为了一门独立人文学科，其间涌现了大批中外著名学者，对董其昌的关注亦曾活跃一时。从上海书画出版社"董其昌书画艺术国际学术研讨会"（1989）、纳尔逊·艾金斯艺术博物馆何惠鉴主持的"董其昌的世纪"展及国际研讨会（1992）、台北"故宫博物院""董其昌法书特展"（1993），至澳门艺术博物馆"南宗北斗：故宫、上博藏董其昌书画艺术展"及研讨会（2004）、波士顿美术馆"董其昌及其时代"（2006）、台北"故宫博物院""妙合神离：董其昌书画特展"（2016）、东京国立博物馆"董其昌和他的时代"（2017）等，数十年间，规模不等的专题展、研讨会、文集图录较为丰富。现代学者对董氏于画史重要意义的认识，与以吴湖帆等为代表的传统画学一脉相承，且更为普及（面向公众），甚至提升至"看不懂董其昌，说明还未真正理解中国书画"[8]"董其昌是中国书画的标尺"[9]之高度。

饶有意味的是，逾半个世纪以来，除三十年前上海举办过一次学术研讨会外，上述涉及董其昌的活动皆于大陆外进行，尤其是专题展，空白至今，这与大陆学者未曾忽视董氏研究的现状反差较大。究其缘由诸多，主因或可概为：较难把握。笔者二十年前入职上博，有幸师从钟银兰、了庐（曾得张大壮、吴湖帆等点拨），皆谆谆告以从董入手，可纵可横，易于理解文人画妙处。笔者亦直觉多年来于鉴定方面得以些微进步皆获益于此，亦感吴湖帆评介沈剑知之语，实为肺腑。其间，学习过往与董氏相关的展览、图录与论著，得益匪浅。然个中甚觉遗憾的是，董氏书画真赝之界限甚为模糊，以三十年前（1989）规模空前的《董其昌的世纪》、大陆首部《董其昌画集》[10]两书为例，真赝相杂，量不在少；1999年《中国绘画全集》中亦不乏可商榷处。其后，情形颇有好转[11]，但总体而言，董氏之书画真伪问题，至今缺乏实质性推进，探讨空间巨大。辨伪识真，系撰写画史前提，反之，不仅妨碍理解董氏艺术精髓，更影响由之贯穿的文人画史的研究推动而演为障碍。

有鉴于此，加之董其昌本为上海人，上博又是其书画的重要收藏和学术研究机构，本次隆重举办的大陆首次"丹青宝筏：董其昌书画艺术大展"于上博而言，可谓含义丰富。本展以上博馆藏为主，遴选海内外15家重要机构的相关作品计154件（组），分为三个部分：（一）董其昌和他的时代。主要包含两条线索：董其昌的古书画鉴藏（包括其师友在内，曾经鉴藏并对他们的画学理论、创作探索产生影响的前代书画家代表之名品），以及对董氏艺术、人生与画学思想具有深远影响的前辈墨迹。旨在探讨董氏置身的"时代土壤"，梳理其于书画理论、创作实践两方面的师承脉络与艺术渊源。（二）董其昌的艺术成就与超越。以董氏创作时间为序，大致分为早、中、盛、晚四个时期：即血战传统期（五十岁前）、兼容并蓄风格形成期（五十一至六十二岁）、成熟期（六十三至七十二岁）、人书俱老天真烂漫期（七十三至八十二岁）。展品包括传世所见其最早画作（《山居图》扇；三十五岁）至绝笔（《细琐宋法山水图》卷；八十二岁）跨时四十八年间的创作，且尽可能涵盖其各时期代表作，旨在较全面地呈现董氏的艺术成就。（三）董其昌的艺术影响与作品辨伪。包括受董其昌影响的主要画派、画家之作，并关注与董氏书画代笔、作伪相关的艺术家。同时，本部分不回避对某些传世名品真伪公案之呈现（如两本《烟江叠嶂图》卷、《各体古诗十九首》卷/册、《林和靖诗意图》轴/《疏树遥岑图》轴等），亦涉及《中国绘画全集》相关名品之辨析。旨在呈现该展艺术性、经典性与学术性的统一，为推动学术研究的深入，提供一个开放的讨论平台。

董其昌的时代及其艺术超越

一个有趣的美术史现象，即发端于晚明游寓松江的"松江派"开创者宋旭，导引了以其弟子赵左、宋懋晋为首的"苏松派"之自立门庭，宋懋晋入室弟子沈士充继创"云间派"之目，与董其昌"多所师资"[12]的顾正谊所创"华亭派"一起，形成了"松江派"主干。然之后，董其昌倡导"笔墨"论，并于实践上获得超越，触发了"松江派"子弟的纷纷改弦易辙，先后向董氏靠拢，甚而成为替老董代笔的健将。重检个中历程，不难发现，宋懋晋等人客观上起到了推波助澜之作用。

宋懋晋（约1559—1622后），字明之，华亭邬桥（今上海奉贤）人，云南参政宋尧武（1532—1596）从子。幼喜绘事，与赵左双双受业于宋旭门下，始参宋元遗法，以"富有丘壑""位置得当"著称，与赵左抗衡，亦深为董其昌、邹迪光（1550—1626）等大家推重。

晚明画坛，原先引领画坛主流的吴门画派，其后续画家已逐渐暴露其陈陈相因之习，正如董其昌友范允临（1558—1641）一针见血地指出："今吴人目不识一字，不见一古人真迹，而辄师心自创，唯涂抹一山一水，一草一木，即悬之市中，以易斗米，画那得佳耶！间有取法名公者，唯知有一衡山，少少髣髴，摹拟仅得其形似皮肤，而曾不得其神理。曰：'吾学衡山耳。'"[13]犹如宋旭、宋懋晋[14]等，董其昌所处的明末画坛，面临并需解决的主要有以下四大问题：一是反思吴门画派及其后续的局限[15]；二为总结浙派及其末流之失；三需摆脱史无前例艺术商品化的巨大冲击[16]；四是需从艺术史发展高度梳理

图3 明 宋旭《名山图》册之四开，上海博物馆藏

前代画史并寻求出超越的理论。而以"富有丘壑"著称的宋懋晋画风，力图以师法自然"丘壑"改造吴门末流之纤弱笔墨，明显继承了宋旭的画学主张，亦代表了当时董其昌"笔墨"论未予形成前的主要思潮之一[17]。

宋旭（1525—1606后），字初旸，家檇李石门，号石门山人。隆万间布衣，以丹青擅名于时，尤重游历名山，观察自然，黄山、雁荡、辋川、浙江名胜等皆有其足迹，诸如《名山图》册（图3）包括五台、太华、白岳、九华山诸名胜，上博另藏《浙景山水图》册中绘有飞来峰、山阴兰亭等二十景[18]，故宫藏《匡庐瀑布图》轴[19]等。遗憾的是，宋氏此番努力，以今视之，实未获成功，即便于彼时微词不断，不是被唤作"画史"（乔孟万历四年[1576]题宋旭《新

图4 董其昌题顾正谊作《秋林归棹图》卷(局部)

安山水图》卷)[20],即认为"每以工力擅场"(石斋万历七年[1579]题孙克弘《春花图》卷)[21],或称"名手"(程正揆题《新安山水图》卷)[22]而已。

可以说,宋旭与对董其昌画学思想影响最大的顾正谊、陆树声(1509—1605)、莫如忠(1509—1589)、莫是龙(1537—1587)等系出同一起跑线,他们同创芨山诗社,互为艺友,探讨切磋。万历十一年(1583),宋旭与莫如忠父子、冯邃、冯大受等同游长泖,吟诗作画,董其昌亦参与其中,时年二十九岁[23];七年(1579),莫是龙偕董氏同观其为宋旭作《山水图》卷,其昌时年仅25岁(同上);而五年(1577)秋,顾正谊作《秋林归棹图》卷(图4)(嘉德2011春608号)赠友,莫是龙、吴治、丁云鹏、陆应阳、冯邃等诗跋倡和，其中亦有董其昌，从书风看，当系目前所见其最早墨迹，时年二十三岁左右[24]，正值学画之始。上述阶段，系董氏尚处入门研画时期，沉迷于宋人丘壑、元人笔墨之中，反复血战于宋元传统。万历十五年（1587），终有所觉，发现了一个至关重要的问题："余尝欲画一丘一壑可置身其间者，往岁平湖作数十小帧题之曰：意中家。时检之欲弃去一景俱不可，乃知方内名胜，其不能尽释，又不能尽得。自非分作千百身，竟为造物者所限耳。"[25]"竟为造物者所限""方内名胜，其不能尽释"，不正亦是宋旭等无法超越古人之症结所在！同样不仅有待董氏的理论回应，且需回答时人困惑，即"人见佳山水，辄曰如画；见善丹青，辄曰逼真"。（同上）究竟是"逼真"佳，亦是"如画"好？该困惑之实质，便是文人画中笔墨与丘壑、自然主义与表现主义等诸多表现形式于思考方式上矛盾的集中体现。对此，董氏高瞻远瞩地提出了著名的"笔墨"论："以蹊径之奇怪论，则画不如山水；以笔墨之精妙论，则山水决不如画。"（同上）将笔墨从丘壑中完全抽象独立出来，成为一种具有独立审美价值的绘画语言，意味着文人画进入了一个全新阶段。中国传统的文化精神，不仅可借宋人平淡天真之丘壑、元人萧疏简远之意境得以呈现，亦可凭借抽象笔墨予以体现，并含蓄地表现艺术家各自不同的气质禀性与文化性格，即"笔性"（笔墨性格）[26]。"笔"指的是董其昌"画树之窍，只在多曲，虽一枝一节，无有可直者，其向背俯仰，全于曲中取之"（见高士奇题董《山水画稿》册）；"性"系指"乃为士气"的文化性格。这里的"笔"又是绘画性的象征，"性"乃文化性的象征。因此，"笔性"成了文化性与绘画性高度统一的指称。有"笔"无"性"，便如董其昌所言，"纵然及格，已落画师魔界，不复可求药矣"，即成为概念化的绘画而已。从某种程度上而言，文化性高于绘画性；有"性"无"笔"，则沦为伪逸品，故董又提出"逸品置神品之上"，以警示世人。董氏眼中，不同的"笔墨性格"，犹如司空图《二十四诗品》中所细分的含蓄、雄浑、冲淡、疏野、高古、清奇等二十四品不同的审美趣味，"大都诗（画）以山川为境，山川亦以诗（画）为境"（同上）。故"笔性"不同，亦有雅俗高下之别，如"诗品"论一样成为辨别画家作品不同风格及高下雅俗的抽象标准，以体现"平淡天真"、达到"化阳刚为阴柔"等契合中国传统文化精神的"笔性"为尚，而刻露便硬、气息张扬、霸悍浮躁与传统文化精神相悖的笔性，则"非吾曹当学也"（同上），系董氏"画分南北"论加以深化后的又一具体阐述。董氏倡南宗，然非贬北（如本展董题戴进《仿燕文贵山水图》轴等）（图5），应作活解。可贵的是，董其昌以其《秋兴八景图》册等作品，从实践加以充分印证其理论，所达文化高度，足以与元四家及唐宋

图5 明 戴进《仿燕文贵山水图》轴，上海博物馆藏

诸大家相媲，同被载入中国杰出文人画家史册。

"笔墨"论的提出，以及"笔性"论之昭示，翻开了文人画史新的一页。对此，当代画家了庐将以董其昌为代表的文人画，就用笔、用墨及把握气息三方面提出更具体的二十四字审美标准：

> 沉着遒劲，圆转自如；不燥不淫，腴润如玉；起伏有序，纵横如一。

中国传统的人文精神和文化精神，无论是儒家的"温良恭俭让"、佛家的"忍"、道家的"柔弱胜刚强"，其主流及最高境界都是"化阳刚为阴柔"，是含蓄之中又复归于一种平和的自然状态。"沉着遒劲，圆转自如"，是指笔下的线条要坚韧而富有弹性；"不燥不淫，腴润如玉"，是指用墨及色要呈现出一种半透明感，因而层次分明；"起伏有序，纵横如一"是指复杂的结构和笔墨关系最终要得以和谐统一，使表现的物象自内沁透出一种鲜活的生机[27]。"'化阳刚为阴柔'的立论，为我们在董其昌对中国画提出"南北宗"论的审美倾向基础上对作品的品位和鉴赏又提出了一个更为具体的审美艺术标准。"在此基础上，了庐进而提出"笔墨生命状态"论："在以笔墨为主要表现形式的文人画作品中，笔墨线条的生命状态凸显它独立的审美价值。""在音乐、戏曲、舞蹈中,人们习惯称之为气氛,而在传统书画作品中,我们称其为气息。在中国传统文化中的含义就是一种精神状态,人们的思维,包括艺术家的创作思维,也是一种具有生命状态的精神物质。"[28]

从陆俨少与了庐的"笔性"论,至"二十四字审美标准""笔墨生命状态"论,为董其昌"笔墨"论、"南北宗"论的现当代阐释与解读,且更形象而具体,十分有益于今人理解中国文人画史中较为抽象的笔墨本质。对于董其昌于彼时倡导画学理念之意义,事实上,当时作为宋旭弟子的宋懋晋在其中晚年后,亦有觉察,正如其《仿古山水树石》册中题道:

"文人学画,须以逸家为宗,如唐之王宰,或南宋之马、夏,不足观也。"[29] 万历四十四年(1616)清和,作《摹诸家树谱》卷自题曰:

"自唐至元无虑数百人,而成家为人师法者,不过二三十家而已。余摹得二十家。如毕宏、张璪及元人之写意者,或可仿佛其一二,若伯时与二李、二赵辈,不能得其万一。盖院体俱入细,落墨数次,烘染设色,一树便可竟日,岂草草之笔所可临摹。若能以死功临之,则反易于毕宏、张璪之写意者。以故文人学画,须以逸品为宗。"[30]

味其画学思想,比照其友董其昌、莫是龙倡导之"南北宗"论,不正是宋旭子弟中最早积极响应董氏画学思想者之一吗!因此,当懋晋弟子沈士充转向董老取法时,亦颇称许,如故宫藏万历三十八年(1610)小春,沈士充作《桃园图》卷,懋晋题:

自《桃源记》出,而唐宋诸画家为图者,无虑数百,独伯驹(赵伯驹)一卷为传与宝。其后临摹者,又不知几千万亿。独子居此卷师其意,用其法者十一,用元人法得十九,亦法臻妙,当与伯驹并驱。[31]

是年仲冬,沈士充作《仿宋元十四家笔意图》卷,宋氏亦题云:

子居十四帧,大都出入营丘、中立、大年、小米、子久、松雪、元镇笔法。子居虽出余门,而自能直造古人,即欲寻为其为蓝为水不可得矣。[32]

士充用元人法十之九,所取古代诸家,皆属老董南宗文人画名单中大家,

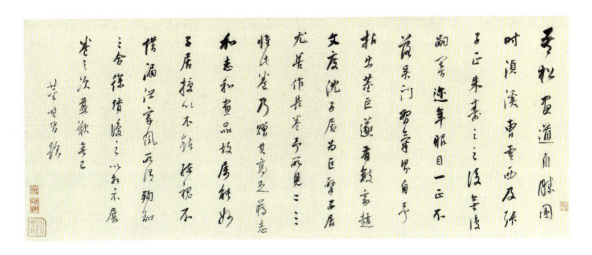

图6　董其昌题沈士充《长江万里图》卷，上海博物馆藏

已与师祖宋旭有所偏离。对此，董其昌亦颇自引为得意，曰："吾松画道，自胜国时，须溪曹云西及张子正、朱寿之后，无复嗣响。迩年眼目一正，不落吴门习气，则自予拈出董、巨，遂有数家，赵文度、沈子居为巨擘。"（题沈士充《长江万里图》卷）（图6）诚谓自居其功，当仁不让。亦如康熙十五年（1676）顿义题沈士充"入室弟子"蒋霭《云山变幻图》卷（上博藏）指出，"沈（沈士充）出于宋（宋懋晋），而绝不似宋，犹文度（赵左）出于石门（宋旭）也"。而本展宋懋晋《杜甫诗意图》册不仅呈现宋氏"可游、可望、可行、可居"本色，而其色墨之渲染，明洁澹荡，亦得元人清旷、淡远之诗意，实亦与乃师宋旭拉开距离。如上种种，究其缘由，皆属老董"翻身出世作怪"现身说法之结果。

（本文节选自凌利中《丹青宝筏——董其昌的艺术超越及其相关问题》）

〔1〕　了庐、凌利中：《文人画史新论》，上海：上海画报出版社，2002年，第82页。

〔2〕　凌利中：《近现代书画鉴定学科的奠基者——吴湖帆与20世纪上半叶的书画鉴藏活动》，上海：上海书画出版社，2015年。

〔3〕　钟银兰：《我最崇敬、感恩、怀念的恩师沈剑知》，载《六十风华——上海博物馆建馆60周年纪念文集》，上海：上海书画出版社，2012年，第251页。

〔4〕　吴元京、梁颖审校：《吴湖帆文稿》，杭州：中国美术学院出版社，2004年，第257页。

〔5〕　前引《吴湖帆文稿》，第242页。

〔6〕　沈剑知题董其昌《行书临宋四家书》卷："今日访湖帆为题马月娇（马湘兰）、薛润卿（薛素）《墨兰画卷》，其及门朱梅村亦以思翁《汪氏墓志》真迹双卷属题，端匋斋（端方）旧物也，后者尤佳。又出临宋四家卷，则远逊此卷，末题云'苏黄米蔡'，宋时以蔡京为殿，已易之为君谟，当云'蔡苏黄米'，虽欲尊子瞻，不妨以时代先后为次，知其服膺坡公至矣。湖帆又以其外祖均初先生（沈韵初）'宝董室'小印钱叔盖（钱杜）所镌者赠余，曰吾子足称此印其善藏之。余受而归，即志以自勖，不知何时可无愧吾老友之言也。辛巳（1941）元正晦日孀嫇居士再识。"钤"宝董室"朱文印记。载《中国古代书画图目》册3，北京：文物出版社，1990年，第253页。按，沈氏得此印，亦以"宝董室"名其书斋，如本展上海博物馆藏沈剑知题董其昌《行书内景黄庭经》卷，款署"岁在庚寅（1950）二月展玩于宝董室"。

〔7〕　同上。

〔8〕　《东方早报》，2016年6月8日。

〔9〕　《东方早报》，2016年6月10日。

〔10〕　《董其昌画集》，上海：上海书画出版社，1989年。

〔11〕　如澳门艺术博物馆"南宗北斗——故宫、上博藏董其昌书画艺术展"（2004），其中存在少量真伪问题。

〔12〕　姜绍书：《无声诗史》卷四，载《中国书画全书》册4，上海：上海书画出版社，1992年，第896页。

〔13〕　范允临：《输蓼馆论画》，载《中国古代画论类编》（上），北京：人民美术出版社，1998年，第126页。

〔14〕　宋懋晋题蒋干万历十八年（1588）《山水花卉图》卷称其"独不落吴门俗套"。见《中国古代书画图目》册15，北京：文物出版社，1997年，第102页。

〔15〕　从董其昌首提"吴门画派"概念，至指出"吴门习气"。前者见本展董题杜琼《南村别墅图》册，后者见本展董题沈士充《长江万里图》卷。

〔16〕 如《容台集》中董氏关于吴镇与盛懋相对照的评价。

〔17〕 前引《文人画史新论》，第75页。

〔18〕 前引《中国古代书画图目》册3，第186—188页。

〔19〕 前引《中国古代书画图目》册21，第43页。

〔20〕 《十百斋书画录》，载《中国古代书画图目》册7，北京：文物出版社，第589页。

〔21〕 前引《中国古代书画图目》册3，第195页。

〔22〕 前引《中国古代书画图目》册7，第589页。

〔23〕 前引《朵云》总第26期，第106页。

〔24〕 此作亦见郑威《莫是龙年谱》，载《朵云》总第26期，第91—108页，上海：上海书画出版社，1990年。按，本卷上款人"素行""君实"非谱中认为李日华（1565—1635），因李氏无"素行"名号，且李居嘉兴，非杭州。且莫是龙万历三年（1575）有《白云空翠图》赠"素行先生"（瑞士黄瓦兹藏），此年李氏仅十岁。此人或为黎君实，詹景凤万历二十六年曾有《别黎君实》诗："极同荒郊莽与榛，千山何幸有跫音。翘然首出从吾道，遂尔身登作者林。待问向工穷后日，交情其尔别时襟。宜台南裁同游览，忽棹扁舟入越吟。"见詹氏《草书自作诗十七首》册，嘉德2009年秋拍第1438号。其人待考。

〔25〕 缪曰藻：《寓意录》。载《中国古代书画图目》册8，上海：上海书画出版社，1994年，第935页。

〔26〕 前引《文人画史新论》，第84页。

〔27〕 了庐：《画品新论》，见《历代中国画论通解》，上海：上海画报出版社，2006年，第115页、第119页。

〔28〕 了庐：《了庐画论：文人画的当代传人和代表》，上海：上海人民美术出版社，2016年，第22页。

〔29〕 苏富比艺术拍卖公司2002年秋拍第451号。

〔30〕 《秘殿珠林石渠宝笈合编》册2，上海：上海书店出版社，1988年，第1056—1057页。

〔31〕 《松江绘画——故宫博物院藏文物珍品大系》，上海：上海科学技术出版社，2007年，第188—193页。

〔32〕 瀚海艺术拍卖1999年春拍第682号；亦收入《中国绘画全集》（16），杭州：浙江人民美术出版社，北京：文物出版社，2000年，第196—201页。

董其昌与传统画学的转捩

徐建融／上海美术学院

明代隆庆、万历之际，是中国文化史，尤其是绘画史上的一个重大转折时期。转折的主要表征在于，把唐宋绘画所忽视的、甚至排斥的艺术上的一些特殊性现象，作了特别的关注和肯定，进而更作了普遍的推广。与此同时，以唐宋为代表的绘画艺术上的一些普遍规律和要求，却逐渐地被淡忘甚至抛弃了，遂使绘画史的发展，进入了一个新的天地。而它的代表和关键人物便是董其昌，并由此而延伸为以"清六家"为代表的正统派，还派生出以"四高僧"，尤其是以石涛为代表的野逸派，又由野逸派延伸为扬州画派、海上画派等等。

纵观中国绘画史，我们可以发现，在唐宋的主流画风中，无论人物、鞍马、山水、花鸟各科，只要是画家，从大师到名家再到籍籍无名之辈，基本上都能画出优秀的作品来，只是优秀的程度有所不同，而拙劣之作则数量相当少。所以，这个时期的绘画整体水平比较高，达到了中国画史上的高峰期。而在隆万以后明清的主流画风中（以下所指明清，均为隆万以后，不另作说明），一方面，山水、花鸟获得畸形的发展，而人物、鞍马则急剧地衰微；另一方面，一流大师的作品，是那样的笔精墨妙，而大批二三流的画家，水平普遍比较低劣。这就影响到明清绘画的整体水平相对显得低下。所以，张大千先生曾感慨地表示，从晋唐宋元到明清，一部"中国绘画发展史，简直就是一部中华民族活力的衰退史"！而谢稚柳先生在面壁敦煌之后也表示，莫高窟的壁画所展现的晋唐经典风采，犹如波澜壮阔的"江海"，而宋元，尤其是明清之后文人卷轴画的风采，则萎缩成了"池沼"的"一角"。在《水墨画》一书中，谢先生又反复表示，唐宋绘画是传统的"先进典范"，而明清的绘画则是"进入了另一个天地""萎靡地拖延了五六百年"。

那么，唐宋绘画与明清绘画的整体水平，为什么会相差如此之大呢？应该说，广大二三流的画家，无论在唐宋还是在明清，都是追随了第一流大师的成功经验，来进行自己的创作的。但是，由于唐宋大师所确立的典范，乃是体认了一种具有普遍性的原则，所以，它不仅适用于个别的大师，同样也能较广泛地适用于大多数的一般画家。换言之，在唐宋画坛，被普遍推广的是属于普遍真理的传统，自然，它也就能保证唐宋的绘画从整体水平上获得普遍的成功。而明清的大师所确立的典范，乃是体认了一种仅具特殊性的原则，所以，它只能适用于少数具备了特殊条件的人才，而不能较广泛地适用于最大多数的普通画家。然而，在明清画坛被普遍推广的恰恰是这一属于特殊真理的传统，自然，它不仅不能保证明清绘画从整体上获得普遍成功的可能性，反而导致了它从整体上沦于普遍失误的现实。1935年，傅抱石先生曾针对清华翼轮在《画说》中的一段话——"画不可有习气，习气一染，魔障生焉。即如石涛、金冬心画，本非正宗，习俗所赏，悬价以待，已可怪异。而一时学之者若狂，遂借以谋衣食……作如此种种恶态！"——"痛心疾首"地发表感慨说：

  初学画者，切不可好奇务高，以合时好。安吉吴昌硕氏，以五六十年写篆之历史，出而为花卉，为蔬果，其迹简逸而味弥永，曾风漫中国矣！是以稍解执笔者，无不以吴氏画境自居，遂至荒谬绝伦，笑话百出。噫！何昌硕之多邪？徒见其野气满纸而已。殊不知吴氏画，尚有数十年基本功夫（按，指三绝、四全的画外功夫），欲学吴，何不先从此入手？

华翼轮所说的石涛、金冬心画"本非正宗"，正是指这一路传统不属于普遍真理、一般真理，而只是属于特殊真理，吴昌硕也不例外。他们的成功，自有其特殊的条件，而且，这特殊的条件不可能为大多数人所具备。而不具备他们的特殊条件，甚至干脆撇开了他们的特殊条件，仅仅从表面的形式来普遍地推广他们的画风，"一时学之者若狂""风漫中国"，结果必然导致"荒谬绝伦、笑话百出"。

任何事物，包括绘画艺术也不可能是例外，为了保证它的正常发展，强调普遍性、保护特殊性，是最佳的选择。若两者不能兼顾，强调普遍性、否定特殊性，其危害也要小于否定普遍性、强调特殊性。正如闻一多先生所说："秩序是生活必要的条件，即便是强权的秩序，也比没有秩序好。"同样，我们也可以说："普遍性是事物发展的必要条件，即使扼杀特殊性的普遍性，也比没有普遍性好。"试看绘画史的发展，以《中国美术全集》所收载的绘画作品为例，唐宋画坛固然否定了王墨、李灵省等个性的创造，但它对普遍性的强调，却保证了百分之九十的画家、百分之九十的作品，都能达到很高的学术水平，有些更成为家喻户晓的经典。而隆万之后的明清画坛，却由于普遍地推广了特殊性的要求，除了解放了百分之十的画家的创造力，使百分之十的作品达到很高的学术水平外，百分之九十的画家由于不具备特殊的条件，盲目地追随了特殊性的表象，结果使百分之九十的作品沦于平泛甚至低劣。所谓"真理向前一步，便成谬误"，同理，将特殊真理作普遍的推广，更必然导致谬误。而直到今天，这一些由特殊真理演变而成的谬误，仍在继续发挥着它们作为"普遍真理"的巨大影响力，被视为中国画之所以作为中国画所必须具备的"民族特点"。

当然，任何一个艺术上的普遍真理，都不是绝对真理。因此，在特殊的情况下，它也可能导致失误。如张彦远《历代名画记》"论画六法"中提到："今之画人，粗善写貌，得其形似，则无其气韵，具其色彩，则失其笔法，岂曰画也。呜呼！今之人斯艺不至也……今之画人，笔墨混于尘埃，丹青和其泥滓，徒污绢素，岂曰绘画？"郭若虚《图画见闻志》"论气韵非师"也说道："凡画必周气韵，方号世珍，不尔，虽竭巧思，止同众工之事，虽曰画而非画。"但是，"应物象形""随类赋彩""惨淡经营"，这一些普遍的法则，在唐宋的绘画创作中并不因为它们的特殊失误而遭到摒弃，依然得到了普遍的贯彻，并努力地克服它们所可能引起的弊端，从而取得了唐画"辉煌灿烂"、宋画"周密不苟"的成就。然而，明清的画家却因为普遍真理的特殊失误，将其作了普遍的否定。最典型的例子就是，他们认为"北宗"画派"精工"的画风刻板僵化、匠气十足，正如张彦远说的"精之为病，而成谨细"，所以纷纷由敬而远之至贬而避之。同样，任何一个特殊真理再特殊，也不是谬误，因此，在特定的情况下也可能成功。只是，在唐宋，人们并不因为特殊真理的特殊成功而将其普遍地推广。朱景玄《唐朝名画录》和张彦远《历代名画记》中记载了王墨、李灵省、张志和等酒后泼墨的画家，认为"此三人非画之本法，故目之为逸品，盖前古未之有也""虽曰妙解""皆谓奇异"，但"不堪仿效"。然而，明清的画家却因为特殊真理的特殊成功，将其作了普遍的推广。"逸笔草草，写胸中逸气"，成为没有"胸中逸气"者，也都"逸笔草草"；"至人无法，非无法也，无法而法，乃为至法"，成为不是"至人"，也都以"无法而法"作为"至法"。正统派程式画的"家家大痴，人人一峰"如此，野逸派写意画的"家家石涛，人人昌硕"同样如此。

作为明清绘画的特殊成功经验并被普遍推广的真理或传统，主要是由董其昌在《画禅室随笔》中所确立起来的，嗣后的石涛，又在它的基础上作了更加特殊的个性发挥。董其昌也好，石涛也好，他们在确立某一个成功的特殊真理的同时，总是提出一个相对立的观点，这个相对立的观点，实际上正是唐宋画家取得普遍成功的经验和传统。这样，无意中便使后人看到了特殊真理的成功，并误认为它是唯一的真理，会导致普遍的成功，从而对之作普遍的推广；同时又看到了普遍真理的失误，并误认为它不是真理而是谬误，会导致普遍的失误，从而对之作普遍的否定。中国绘画史的风气，于是发生了根本性的转捩。

当然，事物往往有两面性。我们在强调普遍性的同时，对绘画艺术领域的一些特殊现象持忽视、甚至摒斥的态度，在一定程度上也有碍于绘画艺术的多样化发展，甚至会扼杀艺术上打破成规的个性创意。除朱景玄、张彦远对王墨等"非画之本法"的贬抑态度，包括一代文豪苏轼在当时的风气下对自己特殊性的绘画艺术——"醉时吐出胸中墨"，也颇不自信，他一方面在《文与可画筼筜谷偃竹记》中说："故画竹必先得成竹于胸中。"强调绘画艺术源于生活的形象塑造，并表示这样的画品非自己所能措手；另一方面又避长扬短地致力于追求普遍性的"神品"画风，尝以书告王定国"画得寒林竹石，已入神品"。苏轼尚且如此，其他特殊性的画家自然更不敢大胆地拓展各自个性的特殊画风了。从这一意义上，董其昌等对于特殊性的关注和强调，要求画家不拘普遍性的成法，而应结合自己的条件和可能性来建树个性的画风创意，对于绘画史的发展，当然有其积极的意义。但是，他的追随者、信奉者，包括他周围的画家、后起的画家，无论是正统派，还是野逸派，不顾自己是不是具备董其昌的条件和可能性，都对他的观点作了普遍的认同和推广，其结果，比之普遍真理对特殊真理的否定，也就更不能令人满意了。

本文便试从普遍性和特殊性的角度，选择若干论题，来对唐宋传统和明清传统作一比较；同时，也对今天中国画的可持续发展和先进文化方向进行确认，对如何结合今天的时间、地点、条件、对象，来继承、弘扬传统，提出必要的思考。

一、"身为物役"和"以画为乐"

> 画之道，所谓宇宙在乎手者。眼前无非生机，故其人往往多寿。至如刻画细谨，为造物役者，乃能损寿，盖无生机也。黄子久、沈石田、文徵仲皆大耋，仇英短命，赵吴兴（孟頫）止六十余。仇与赵虽品格不同，皆习者之流，非以画为寄、以画为乐者也。寄乐于画，自黄公望始开此门庭耳。

董其昌《画禅室随笔》中的这一段名言，以短命与长寿作为一对利害关系，其实是没有充分事实根据的。画家放怀自然，精神超脱，固然有长寿的可能，但也并非绝对如此。而"刻画细谨"地"为造物役"，也并非绝对的短命。但是，我们在这里所要讨论的，并不是董氏观点的事实依据问题。事实上，任何一个画家选择画画，目的都不是为了长寿与否的追求，而不外乎两个原因：一、对于绘画的追求，或者重在结果，重在画出高水平的作品，或者重在过程，重在参与绘画创作的乐趣；二、对于绘画性质的认定，或者是把画画作为专职的工作，即"为造物役"，后人称为"身为物役"，或者是把画画作为业余的游戏、娱乐休闲，即"以画为寄""以画为乐"。

与此相关的另一个观点，是"南北宗"论的学说：

> 禅家有南北二宗，唐时始分，画之南北二宗，亦唐时分也，但其人非南北耳。北宗则李思训父子，着色山水，流传而为宋之赵幹、赵伯驹、伯骕，以至马、夏辈；南宗则王摩诘，始用渲淡，一变勾斫之法，其传为张璪、荆关董巨、郭忠恕、米家父子，以至元之四大家，亦如六祖之后有马驹、云门、临济儿孙之盛，而北宗微矣。要之，摩诘所谓"云峰石迹，迥出天机，笔意纵横，参乎造化"者。东坡赞吴道子、王维画壁，亦云："吾于维也无间然。"知言哉！

董氏在这里提到的"南北分宗"是专门针对山水画而言的。而早在北宋初郭若虚的《图画见闻志》中论"黄徐异体"，以江南处士的徐熙为"野逸"，而以西蜀宫廷画家黄筌、黄居寀父子为"富贵"，不妨看作"南北宗"论在花鸟科中的预演。郭若虚之后，中国绘画史上更流行以"画工画"和"士夫画"来评论画品的雅俗和高下。如苏轼在《又跋汉杰画山》中说："观士人画，如阅天下马，取其意气所到。乃若画工，往往只取鞭策皮毛，槽枥刍秣，无一点俊发，看数尺许便倦。"《宣和画谱》的"山水叙论"中也说：

> 岳镇川灵，海涵地负，至于造化之神秀，阴阳之明晦，万里之远，可得之于咫尺间，其非胸中自有丘壑，发而见诸形容，未必知此。且自唐至本朝，以画山水得名者，类非画家者流，而多出于缙绅士大夫……盖昔人以泉石膏肓，烟霞痼疾，为幽人隐士之消，是则山水之于画，市之于康衢，世目未必售也。

同书"墨竹叙论"又说：

绘事之求形似，舍丹青朱黄铅粉则失之，是岂知画之贵乎？有笔不在夫丹青朱黄铅粉之工也。故有以淡墨挥扫，整整斜斜，不专于形似而独得于象外者，往往不出于画史而多出于词人墨卿之所作。盖胸中所得固已吞云梦之八九，而文章翰墨形容所不逮，故一寄于毫楮，则拂云而高寒，傲雪而玉立，与夫招月吟风之状，虽执热使人亟挟纩也。至于布景致思，不盈咫尺，而万里可论，则又岂俗工所能到哉？

到了元代，在托名的《唐六如画谱》中有这样一段记载：

赵子昂问钱舜举曰："如何是士大夫画？"舜举答曰："隶家画也。"子昂曰："然观之王维、李成、徐熙、李伯时，皆士夫之高尚者，所画盖与物传神，尽其妙也。近世作士夫画者，其谬甚矣。"

这里，由画工画、士夫画，又引申出一个行家画、利（隶）家画的观念。所谓行家画，指职业的画家、精谨的画风；而所谓利家画，则是指业余的画家、粗疏的画风。行家画和画工画、利家画和士夫画的概念，并不绝对地对应。因为，画工画和士夫画，都可以表现为不同的画法、不同的画风、不同的题材、不同的意境，其间的关系错综复杂。仔细地比较、分析唐宋的画工画和士夫画，可以发现，其差别的重点，是在画家的身份、修养的不同而造成的意境差别，而不在具体的画法。论具体的画法，尽管两者也互有差异，但根本上都是严谨周密的"画之本法"，就绘画性即以形象为大前提、笔墨为小前提、笔墨服从并服务于形象塑造的造型性要求而言，并无本质的不同。所以，即使像徐熙、李成、李公麟、王诜那样的士夫画，后世一般也称作"文人正规画"，而区别于元代以后的"正规文人画"。试以作为士夫画的徐熙《雪竹图》（图1）与作为画工画的黄居寀《山鹧棘雀图》（图2）作比较，以作为士夫画的李公麟《临韦偃牧放图》与作为画工画的韩幹《牧马图》作比较，以作为士夫画的王诜《渔村小雪图》与作为画工画的郭熙《早春图》作比较，它们之间的相同和相异之点，非常清楚地表现在实同虚异、有形处同无形处异的方面。从这一意义上，宋人心目中的画工画和士夫画，均属于元人心目中的行家画范畴。

不过，宋代也有一些不长于造型的士大夫，如苏轼的枯木怪石、米芾的云

图1 宋 徐熙《雪竹图》，上海博物馆藏

图2 宋 黄居寀《山鹧棘雀图》，台北"故宫博物院"藏

山墨戏等等，在当时被归于"格外不拘常法"的逸品，这便是元人心目中的利家画。这样一来，就使得它区别于一般的士夫画，而与画工画不仅在意境上，更在绘画性上，在"画之本法"的技法方面显示出了本质的区别。但是，元人心目中的利家画，与前此的文人墨戏画，虽然同属非"画之本法"，但两者同样是有所区别的。利家画的意义在于，把此前文人墨戏画漫无法度的"非画之本法"，归纳到了书法性的"非画之本法"之中，如赵孟頫自跋《枯木竹石图》有云：

石如飞白木如籀，写竹还于八法通。

　　若也有人能会此，方知书画本来同。

　　从此，"非画之本法"也就成了一种特殊的画法并获得正式承认。但它，仅仅被局限在枯木竹石等少数简单的题材范围之内，作为正常创作之余的一种调剂。自然，它的势力，也远不能与行家画相提并论。事实上，无论钱选还是赵孟頫，尽管他们赞同这一画法，但也是带有一种不屑态度的。因为利家的措辞本身，就是带有某种贬义的。作为一名真正的画家，他们心目中的画品追求，同苏轼一样，也是以能"为物传神"的神品行家画为宗尚。

　　进而到了董其昌，"南北宗"论一出，不但把前此的各种说法统一了起来，而且由他所列举的南北宗的代表画家来看，南宗多为文人士大夫，"士为四民之首"，他们的身份决定了他们是以文人的优势居于画坛的主导地位，这就把原本属于贬义的利家业余文人画，转换成了褒义的南宗专职文人画。北宗多为画院职业画工，他们不可能"以画为乐"，而只能"身为物役"地把画画作为谋生的手段，这就把原本属于褒义的行家专职画家画，转换成了贬义的北宗专职画工画，被排斥到了画坛的边缘，不登艺术的大雅之堂。由此，前面钱选和赵孟頫关于行家、利家的对话，在邹一桂的《小山画谱》中也发生了戏剧性的字句偷换：

　　赵文敏问画道于钱舜举："何以称士大夫画？"曰："隶体耳。画史能辨之，则无翼而飞，不尔便落邪道。王维、李成、徐熙、李伯时，皆士大夫之高尚者，所画能与物传神，尽其妙也。然又有关捩，要无求于世，不以赞毁挠怀，常举以示画家，无不攒眉，谓此关难过。"

　　本来，钱选是对文人墨戏画不屑的，贬为"利家画"，而赵孟頫为之辩护，认为士夫画并不全是外行的利家画，而也有"能为物传神"的行家画，同时指出"近世"的士夫画以墨戏为尚，"其谬甚矣"，现在却成了钱选从人品的角度褒扬利家画，教诲赵孟頫。试想，以钱选恪守南宋院体的精谨画风，对专业性的讲究，又怎么会倡导业余的、外行的利家画呢？无疑，这正是董其昌"南北宗"论学说的影响所致。

　　董其昌是专就山水画来分宗，但事实上人物、花鸟画科也受其影响。此后，人们便把"刻画细谨""身为物役"的一路，归于人物、花鸟的北宗，无论它的作者身份是画工还是文人，当然更多的是画工；而把率意粗放、"以画为乐"

的一路，归于人物、花鸟的南宗，同样无论它的作者身份是画工还是文人，当然更多的是文人，即使是画工也努力向文人靠拢。例如，傅抱石先生所著《中国绘画变迁史纲》，便是根据董其昌"南北宗"论的学说梳理包括人物、山水、花鸟各科在内的整个中国画史的：

在朝的绘画，即北宗（画工画）。

1. 注重颜色骨法。
2. 完全客观的。
3. 制作繁难。
4. 缺少个性的显示。
5. 贵族的。

在野的绘画，即南宗（文人画）。

1. 注意水墨渲染。
2. 主观重于客观。
3. 挥洒容易。
4. 有自我的表现。
5. 平民的。

而一部中国绘画史，便被概括成北宗企图压倒南宗，南宗最终战胜北宗取得全面胜利的历史。

从此以后，南宗文人画高于北宗画工画，也就是利家画高于行家画，便成了画坛的共识。但此时的利家画法，已不限于枯木竹石等少数简单的题材，而是扩充到了以山水为大宗的一切题材，包括复杂的题材，通过把它们简单化（程式化、符号化），也成为利家画的描绘对象。作为正规文人画，它不仅压倒了画工画，而且取代了文人正规画，书法性的"非画之本法"作为特殊性的"画之本法"，既取代了没有规范的"非画之本法"，也取代了绘画性的"画之本法"、普遍性的"画之本法"。形象的塑造由大前提变为小前提，笔墨的抒写则由小前提变为大前提，笔墨服从并服务于形象的塑造变为形象服从并服务于笔墨的抒写。而绘画的性质，也由"身为物役"地做好绘画这一工作，画出优秀的作品，普遍地变为"以画为乐"地游戏，获得参与画画这一过程的快乐。

文人画之盛行三百多年的结果，是与后人认为董其昌崇南贬北的思想分不开。在《画禅室随笔》中，他又有一段名言：

> 文人之画自王右丞始，其后董源、僧巨然、李成、范宽为嫡子。李龙眠、王晋卿、米南宫及虎儿，皆从董巨得来，直至元四大家黄子久、王叔明、倪元镇、吴仲圭，皆其正传。吾朝文、沈，则又遥接衣钵。若马、夏及李唐、刘松年，又是大李将军之派，非吾曹所宜学也。

意为大李将军的北宗画派，"刻画细谨，身为物役"，不是像我这样的人所应该学、适宜学的；像我这样的人所应该学、适宜学的，是王维、董巨"以画为寄，以画为乐"的南宗画派。显然，这里并没有崇南贬北的意思，只是选择学习南宗、放弃学习北宗的意思。而他之所以选择学习南宗、放弃学习北宗，主要也并不是因为北宗不好，是因为他认为北宗的宗旨、风格不适宜"吾曹"学习。同时，他认为"吾曹"应该学习南宗，不宜学习北宗，也并非倡导所有的画家都应该学习南宗，不宜学习北宗。

那么，董其昌相比于一般的画家，又是怎样的情况呢？梳理他的生平，我们可以发现，他一生的理想是在读书做官。他的祖上虽是官僚出身，但到了他父辈的手里家境已经败落，《白石山樵真稿》记他"家甚贫，至典衣质产以售名迹"为生。而要想摆脱困境，中兴家业，唯一的出路就是学优而仕，通过科举而走仕途。为此，他寒窗苦读至十几年之久。但从万历七年（1579）开始应试，却一再落第，以致不得不屈居在平湖一带，一边继续攻读，一边靠教私塾糊口；又以教书的收入微薄，兼靠出售书法，不过生意十分寂寥。直到万历十六年（1588）三上南京乡试，终于高中，翌年会试北京，中进士第二甲第一名，被选为翰林院庶吉士，后来又历任编修、湖广副使等职，官至礼部尚书、太子太保。在董其昌为官的近三十年时间里，明王朝的统治已经危机四起，农民的起义、后金的崛起，无不严重地威胁、动摇着明朝的根本，而官场的黑暗腐败，更变本加厉。以魏忠贤为首的阉党和以顾宪成为首的东林党的斗争，到了你死我活、见刀见血的阶段；著名的明史三大案（梃击、红丸、移宫）更于此际演出了官场斗争中极其惨烈的一幕。董的许多朋友都是东林党人，不是被贬职查办、发配边疆，就是冤死在狱中。身处于政治的漩涡中，要想躲过一次又一次的腥风血雨，他不能不如履薄冰，用全力去应付。尤其在万历二十二年（1594），他当上了皇长子朱常洛的讲官，因朝中争储的斗争更使他成了明争暗斗中对立面的众矢之的，而一再地"坐失执政意"，四年后便被调离北京。后来他担任湖广提学副使，在主持科举考试时又"为势家所怨，嗾儒生数百人鼓噪，毁其公署",最后在上司的"按治"下"卒谢事归"。万历四十三年（1615），董其昌已六十一岁，辞官闲居松江乡里，因儿子的横行霸道，他自己又看中了陆家的一个使女，导致两家的纷争，结果引起公愤，发生了"民抄董宦"的事件，加上对立的政治势力的参与介入，几年后才平息。

综观董其昌的一生经历，无论是踏上仕途之前还是之后，他劳心瘁力的主要精力，不是用于应付科举的考试，就是用于应付官场的斗争。这就使他根本不可能像大多数职业画家那样把画画作为一项安身立命的工作，"身为物役"地倾注全力；而只能以绘画作为身心的一种调节，通过"以画为乐"的客串游戏，来摆脱不得志时和得志后的种种烦恼。作为摆脱烦恼的方式，除了绘画之外，还有书法，还有收藏，当然更有禅悦。他巧妙地融会贯通了它们之间的关系，尤其是把禅宗"南顿北渐"的修行方式借鉴到绘画的创作中，把绘画分为专职的工作和非专职的游戏娱乐两种方式，并将自己即"吾曹"定位在非专职的游戏娱乐方式上。

所以，"南北宗"论也好，"以画为乐""身为物役"也好，首先牵涉的是对于绘画性质的认定，它对于画家，究竟是工作（役），还是游戏（乐）？其次才牵涉绘画的目的、功能、技法、风格和修炼途径等等的相应不同。

文人士大夫"以画为乐"，首开风气的当然不是董其昌。早在孔子时代，"志于道、据于德、依于仁、游于艺"便是士的理想，他们的工作是修身、齐家、治国、平天下，是立德、立功、立言，这便是志道、据德、依仁；而他们的游戏则是艺术，包括绘画。所谓"文武之道，一张一弛"，不懂得休息就不懂得工作。所以，文人士大夫参与绘画的鉴赏乃至创作，作为本职之余的一种休闲，目的是为了更好地投入、做好本职工作，而不是为了取代本职工作。但直到元代以前，一部分在野的文人画家，在对于绘画性质的认定以及目的、功能、技法、风格等方面的认识，与画工画家并没有实的、有形方面的不同，至多只存在虚的、无形方面的不同，二者均属于画家画的范畴，以画画作为自己全身心投入的工作；而一部分在朝的文人画家，游戏翰墨，无法而法，完全逸出了"画之本法"之外，在对于绘画的性质认定及目的、功能、技法、风格等方面的认识，相比于画工画家又显得过于离谱。如何使画画既能作为文人士大夫道德文章本职工作之余的一种游戏娱乐方式，又不至于离绘画之所以为绘画的谱太远？仕途之外的元四家的实践探索在前，庙堂之上的董其昌的理论总结在后。我们可以假设，如果董其昌不是"以画为乐"，而是"身为物役"地全力投入绘画，结果又会怎样呢？他有可能通过科举考试踏上仕途吗？即使踏上了仕途，他有可能在惨烈的官场斗争中全身而退吗？

假设总归是假设，不能代替事实。但事实中，恰好有一个典型的例证，便是宋徽宗赵佶。据邓椿《画继》："徽宗皇帝，天纵将圣，艺极于神。即位未几，因公宰奉清闲之宴，顾谓之曰：'朕万几余暇，别无他好，唯好画耳。'"也就是说，他是在国家大事的"万几余暇"，"以画为乐"的。

然而，排比历史的事实，我们可以发现，徽宗在位期间，宋王朝的国势飘摇，皇帝的宝座岌岌可危。国内，连年的河决地震，年荒歉收，加上党争的再起，花石纲的名目，天灾人祸，农民起义，此起彼伏；对外，则要应付与西夏、辽、金的战事和巨额岁币，真可谓焦头烂额，穷于应付，疲于奔命。面对这样事关国计民生、生死存亡的大事，确实需要赵佶日理万机，废寝忘食。而"万几余暇"作为身心的调节，"以画为乐"确实也是应该的、有益的，否则的话，他真要整个地崩溃了。这就是休闲与工作的关系，而"以画为乐"，对于天性好画的赵佶，正是最佳的一种娱乐形式。然而，《画继》中接下来又记：

> 故秘府之藏，充牣填溢，百倍先朝。又取古今名人所画，上自曹弗兴，下至黄居寀，集为一百秩，列十四门，总一千五百件，名之曰《宣和睿览集》，盖前世图籍，未有如是之盛者也。于是圣鉴周悉，笔墨天成，妙体众形，兼备六法。独于翎毛，尤为注意，多以生漆点睛，隐然豆许，高出纸素，几欲活动，众史莫能也。政和初，尝写仙禽之形，凡二十，题曰《筠庄纵鹤图》，或戏上林，或饮太液，翔凤跃龙之形，警露舞风之态，引吭唳天，以极其思，刷羽清泉，以致其洁，并立而不争，独行而不倚，闲暇之格，清迥之姿，寓于缣素之上，各极其妙，而莫有同者焉。已而又制《奇峰散绮图》，意匠天成，工夺造化，妙外之趣，咫尺千里，其晴峦叠秀，则阆风群玉也，明霞纾彩，则天河银潢也，飞观倚空，则仙人楼居也，至于祥光瑞气，浮动于缥缈之间，使览之者欲跨汗漫，登蓬瀛，飘飘焉，峣峣焉，若投六合而临九州也。五年三月上巳，赐宰臣以下燕于琼林，倚从皆预，酒半，上遣中使持大杯劝饮，且以《龙翔池鸂鶒图》并题序宣示群臣，凡预燕者，皆起立环观，无不仰圣文，睹奎画，赞叹乎天下之至神至精也。其后以太平日久，诸福之物，可致之祥，凑无虚日，史不绝书。动物则赤乌、白鹊、天鹿、文禽之属，扰于禁苑，植物则桧芝、珠莲、金柑、骈竹、瓜花、来禽之类，连理并蒂，不可胜纪。乃取其尤异者，凡十五种，写之丹青，亦目曰《宣和睿览册》。复有素馨、末利、天竺、娑罗，种种异产，究其方域，穷其性类，赋之以咏歌，载之于图绘，续为第二册。已而玉芝竟秀于宫闼，甘露宵零于紫篁，阳乌、丹兔、鹦鹉、雪鹰、越裳之

雉,玉质皎洁,鸂鶒之雏,金色焕烂,六目七星,巢莲之龟,盘螭蓍凤,万岁之石,并干双叶,连理之蕉,亦十五物,作册第三。又凡所得纯白禽兽,一一写形,作册第四。增加不已,至累千册。各命辅臣题跋其后,实亦冠绝古今之美也。……自此以后,益兴画学,教育众工,如进士科,下题取士,复立博士,考其艺能。……乱离后有画院旧史,流落于蜀者二三人,尝谓臣言:"某在院时,每旬日,蒙恩出御府图轴两匣,命中贵押送院,以示学人,仍责军令状,以防遗坠渍污,故一时作者,咸竭尽精力,以副上意。"其后宝箓宫成,绘事皆出画院,上时时临幸,少不如意,即加漫垩,别令命思。虽训督如此,而众史以人品之限,所作多泥绳墨,未脱卑凡,殊乖圣王教育之意也。

在这里,撇开赵佶对于御府收藏的投入,对于画学建设的关注不论,光论这每册十五件、至累千册的创作而论,"万幾余暇",能画得出来吗?就是专职的画师,只管理头画画而不问国家大事,也未必能有如此多的作品存世。诚然,赵佶有代笔、御题画,上述那些作品,不一定全是他的亲笔。但他的亲笔即使以十分之一计,也不会少于一百五十件。而我们又知道,赵佶对于绘画艺术的追求,十分强调生活的真实性,强调"刻画细谨",以精到的笔墨、微妙的色彩塑造出形神兼备、物我交融的艺术形象。从被公认是他亲笔作品的《枇杷山鸟图》(图3)而论,这只是一件盈尺的小品,然而,枇杷枝、叶、果的墨色渲染,禽鸟、蛱蝶的形体结构,又是何等地严谨周密,需要投入多少穷工极妍的精力!以这样的创作态度和技法风格,创作如此数量的作品,显然不是"万幾余暇"所能办到,而只有荒废了国家大事,全力以赴地投入才能办到。事实上也正是如此,在他执政期间,完全把国家大事委托给了蔡京、童贯等奸臣。而当1125年,眼看金兵大举攻宋,国势已难以挽回的形势下,他干脆把皇帝之位禅让给了他的儿子赵桓,是为钦宗,而他本人,也就得以名正言顺、心安理得地"身为物役",潜心于绘画的工作了。

无疑,赵佶的画家身份,完全符合董其昌所说"吾曹"的特殊性,也就是应该"以画为乐",把绘画作为一种休闲的娱乐形式来看待。作为皇帝,头等大事是要把管理国家大事的本职工作做好,闲暇之余参与绘画的创作作为工作的调剂,更何况国家正处于多事之秋,而绝不是什么"太平日久"。然而,他恰恰在这方面本末倒置、主次颠倒了。由于他"身为物役",把画画作为工作全身心地投入,固然造就了他在艺术上的成就,足以标程百代,辉耀千秋;然而,又由于他把治理国家当作儿戏,导致了他亡国辱身的结局。从这一意义上,董

图3 北宋 赵佶《枇杷山鸟图》，故宫博物院藏

其昌认为"吾曹"不宜"身为物役"，而应该"以画为乐"，作为一个特殊真理，完全有它的道理。

然而，对于不是"吾曹"的大多数职业画家，他们的本职工作就是画画，而绝不是管理国家大事，不是立功、立言。根据社会分工的原则，一位画家，画好了画，做好了画画的本职工作，就是对国家的最大贡献。如果一位职业的画家，把画画作为游戏，而不是作为工作，那么，也必然会像作为皇帝的赵佶把国家大事作为儿戏，而不是作为工作，所导致的同样性质的结果：赵佶荒废的是国家大事，画家荒废的是绘画艺术。所以，对于少数特殊身份的画家，应该"以画为乐"，把画画作为娱乐，万不可"身为物役"，把画画作为工作；而对于大多数职业画家，他们属于普遍性中的身份，并不具备特殊的条件，所以，理应"身为物役"，把画画作为工作，万不可"以画为乐"，把画画作为游戏。

所谓"身为物役"的"物",从根本上说,在于对绘画的性质认定是一项工作;引申而为画家通过在这一工作中付出的劳役,并获得相应的物质生活的保障。而为了做好这一项工作,又必须以造物为依据,打下扎实的"画之工法"的基本功,并高度敬业地从事创作。所谓"物质第一性,精神第二性",无论对普遍意义上的画家,还是特殊意义上的画家,概莫能外。只是特殊意义上的画家,他们的"物质第一性,精神第二性"是建立在其他工作的基础上的,所以对于画画,不妨"精神第一性,物质第二性",甚至不妨完全无视物质性。而普遍意义上的画家,"物质第一性,精神第二性"就只能建立在画画这项工作的基础上;除非他也通过科举踏上仕途,可以通过其他工作获得生活的保障,才能够以"精神第一性,物质第二性"的心态来对待画画。

那么,唐宋时那些普遍意义上的职业画家,又是如何"身为物役"地对待画画的呢?

在敦煌莫高窟北区有一群洞窟,窟内无壁画,被称为"画工洞",是莫高窟艺术的创造者——那些职业画工的生活居室。窟的高度很低,正常人难以直立起来,只能屈身进出。画工们白天在昏暗的洞窟中作画塑像,晚上便回到这里休息睡眠。这样艰辛的工作和生活,一干就是几十年,奉献了他们全部的生命和心智。

五代的画家跋异,尝于广爱寺画壁,在竞争中为张图所排斥,于惭愧引退之后,加倍用功。"后福先寺请异画大殿护法善神,异方朽约,忽一人自称:'吾姓李,滑台人,有名,善画罗汉,故乡里呼吾为李罗汉,当与汝对画,角其巧拙,以沽名誉。'异亦默思,恐如张图者,遂固让西壁与之,异乃竭精贮思,意与笔会,屹成一神,侍从严毅,又设色鲜丽,此盖平生之所未能者,尽功于是。时京洛人士,争来品藻,李氏乃纵观异画,见其精妙入神,非己所及,遂手足失措。时人谣曰:'李生来,跋君怕,不意今日却增价,不画罗汉画驼马。'由是异大有得色,遂夸诧曰:'昔吾败于张将军,今取捷于李罗汉。'李氏深有怍色,倏起如厕,久而不出,人竞怪而往视之,李已缢于步檐下矣。"由此足可窥见,在画画这一行业中的竞争,是多么激烈、无情。岂止是全身心的投入,简直就是身家性命的赌博。"胜固欣然,败亦可喜"的"以画为乐",是完全不能适应这样的竞争的。

又据《圣朝名画评》卷一记:"景德末,章圣营玉清昭应宫,募天下画流逾三千数,中程者不减一百人,分为二部,宗元为左部之长,丁朱崖为宫使,语僚佐曰:'适见靡旗乱辙者,悉为宗元所逐矣。'上亦优劳之。中岳天封观置百金以求名手,宗元乘兴挥写,无毫发遗恨。"可见没有过硬的画技,在激烈的行业竞争中根本就不可能赢得生存的一席之地。

事实上，古今中外，任何行当、任何工作，要想把它做好，从普遍性的立场，不把它作为工作，不付出艰苦的劳动，都是难以想象的。从诸葛亮的"受命以来，夙夜忧叹""鞠躬尽力，死而后已"，到杜甫的"晚岁渐于诗律细""语不惊人死不休"；从苏轼的"心眼手俱到""下笔辄作千古之想"，到仇英的"顾其术亦近苦矣"，无论执政还是作诗，也无论写书还是绘画，"业精于勤，荒于嬉，行成于思，毁于随"，是概莫能外的普遍真理。

综上所述，董其昌提出"南北宗"论，并以"身为物役"和"以画为乐"作为对绘画性质的两种不同认定，表示如"吾曹"的文人画家，应该视绘画为游戏，以余力对待之，而不应该视绘画为工作，以全力对待之。这一观点和选择，无疑有其特殊的真理性和绘画史意义。董其昌本人、徐渭、陈洪绶、"清六家""四高僧"等正规文人画家从正面证明了它，赵佶从反面证明了它。但是，董其昌并没有主张不是"吾曹"的所有画家，都应该视绘画为游戏，以余力对待之，而不应该视绘画为工作，以全力对待之。恰恰相反，在他的心目中，"身为物役"，对于大多数画家，尤其是职业画家，具有普遍的真理性和绘画史意义。阎立本、吴道子、张萱、周昉、韩干、徐熙、黄筌、黄居寀、范宽、郭熙、李唐、李公麟、张择端、王希孟、莫高窟的画工、翰林院的待诏，大大小小的画工画家和文人正规画家从正面证明了它，而正统派的末流、野逸派的末流、小四王、后四王，以及"家家大痴，人人一峰""家家石涛，人人昌硕"的千千万万中小职业画家从反面证明了它。"吾曹"的所当学和不宜学，非"吾曹"的所当学和不宜学，显而易见。作为职业的画家，如张择端、王希孟、林椿，如果也像明清的大批职业画家那样，追随了官僚文人董其昌，把画画作为游戏娱乐，那么，对于绘画的后果，必将与作为皇帝的赵佶追随了职业画家张择端，把画画作为劳役工作，结果导致本职的荒废殊途同归，在画史上，也就不可能有《清明上河图》《千里江山图》《果熟来禽图》等杰作的传世。

此外，由对绘画性质的不同认定，也导致了对于绘画功能、目的的认识之不同。"身为物役"，把画画作为工作，势必将绘画的功能、目的侧重于为社会服务的一面。

> 夫画者，成教化，助人伦，穷神变，测幽微，与六籍同功，四时并运，发于天然，非繇述作。……故鼎钟刻，则识魑魅而知神奸，旂章明，则昭轨度而备国制。清庙肃而尊彝陈，广论度而疆理辨。以忠以孝，尽在于云台，有烈有勋，皆登于麟阁，见善足以戒恶，见恶足以思贤，留乎形容，

式昭盛德之事，具其成败，以传既往之踪……故陆士衡云："丹青之兴，比雅颂之述作，美大业之馨香，宣物莫大于言，存形莫善于画。"此之谓也，善哉……图画者，有国之鸿宝，理乱之纪纲……岂同博弈用心，自是名教乐事。

这是说人物画创作的功能在于，提供全社会的政治教化，而绝不只是出于画家个人的游戏需要。

君子之所以爱夫山水者，其旨安在？丘园养素，所常处也；泉石啸傲，所常乐也；渔樵隐逸，所常适也；猿鹤飞鸣，所常观也。尘嚣缰锁，此人情所常厌也；烟霞仙圣，此人情所常愿而不得见也。直以太平盛日，君亲之心两隆，苟洁一身出处，节义斯系，岂仁人高蹈远引，为离世绝俗之行，而必与箕颍埒素黄绮同芳哉！白驹之诗，紫芝之咏，皆不得已而长往者也，然则林泉之志，烟霞之侣，梦寐在焉，耳目断绝，今得妙手，郁然出之，不下堂筵，坐穷泉壑，猿声鸟啼，依约在耳，山光水色，滉漾夺目，此岂不快人意，实获我心哉！此世之所以贵夫画山水之本意也。不此之主，而轻心临之，岂不芜杂神观，溷浊清风也哉！

这是说山水画创作的功能在于，提供不能投身大自然怀抱的官僚士大夫们"不下堂筵，坐穷泉壑"的审美对象，而绝不只是出于画家个人的游戏需要。

五行之精，粹于天地之间，阴阳一嘘而敷荣，一吸而揫敛，则葩华秀茂，见于百卉众木者，不可胜计。其自形自色，虽造物未尝庸心，而粉饰大化，文明天下，亦所以观众目、协和气焉。而羽虫有三百六十，声音颜色，饮啄态度，远而巢居野处，眠沙泳浦，戏广浮深；近而穿屋贺厦，知岁司晨，啼春噪晚者，亦莫知其几何。此虽不预乎人事，然上古采以为官称，圣人取以配象类，或以著为冠冕，或以画于车服，岂无补于世哉？故诗人六义，多识于鸟兽草木之名，而律历四时，亦记其荣枯语默之候。所以绘事之妙，多寓兴于此，与诗人相表里焉……展张于图绘，有以兴起人之意者，率能夺造化而移精神，遐想若登临览物之有得也。

这是说花鸟画创作的功能，同样在于提供社会各阶层审美的精神食粮，而不只是出于画家个人的游戏需要。

而"以画为乐",把画画作为游戏,势必将绘画的功能、目的,侧重于个人或休闲或发泄的一面。如董其昌所引为典范的元倪瓒所说:

> 余之竹,聊以写胸众逸气耳,岂复较其似与非、叶之繁与疏、枝之斜与直哉!或涂抹久之,他人视以为麻为芦,仆亦不能强辩为竹,真没凭奈览者何。

而董其昌的追随者,"四王"之一的王原祁也说:"余于笔墨一道……每至无可用心处,闲一挥洒,成片幅便面,无求知于人之心,人亦不吾知也。"所强调的,都是出于个人休闲的目的而"涂抹""挥洒",以慰藉寂寥,而不是为社会的外物所役。

至如徐渭的《题墨葡萄诗》(图4):

> 半生落魄已成翁,
> 独立书斋啸晚风。
> 笔底明珠无处卖,
> 闲抛闲掷野藤中。

郑燮的《题屈翁山诗札、石涛石溪八大山人山水小幅并白丁墨兰共一卷》:

> 国破家亡鬓总皤,
> 一囊诗画作头陀。
> 横涂竖抹千千幅,
> 墨点无多泪点多。

图4 明 徐渭《墨葡萄》轴,故宫博物院藏

所强调的创作动机,则是出于画家内心的强烈冲动而自我发泄、自我表现的目的,以平衡心理的磊落,解脱精神的苦难,同样不是为社会的外物的功能所役。

对绘画性质的认定不同,不仅导致对绘画功能的认识不同,同时还必然引起对于绘画训练的要求和评价标准的分歧。这里,同样存在着普遍性和特殊性的问题,既不可一概而论,又不可互换而论。一概而论,不免以偏概全,或以全概偏;互换而论,普遍的真理会导致特殊的失误,特殊的真理更会导致普遍的失误。

二、"积劫方成"和"一超直入"

> 李昭道一派,为赵伯驹、伯骕,精工之极,又有士气,后人仿之者,得其工不能得其雅,若元之丁野夫、钱舜举是已。盖五百年而有仇实父,在昔文太史亟相推服。太史于此一家画不能不逊,仇氏故非以赏鉴增价也。实父作画时,耳不闻鼓吹骈阗之声,如隔壁钗钏戒顾,其术亦近苦矣。行年五十,方知此一派画,殊不可习。譬之禅定,积劫方成菩萨,非如董、巨、米三家,可一超直入如来地也。

"其术亦近苦矣""积劫方成菩萨",无非还是"身为物役"的意思。所以,以道德文章为工作的文人,自然不能习"此一派画";尤其是当这样的文人"行年五十",来日无多的情况下,更是"殊不可习""此一派画"。我们知道,董其昌虽然从小爱好绘画艺术,并在万历五年(1577)"馆于陆宗伯文定公之家"时正式学画,但由于应付科举考试和官场斗争的压力,使他根本不可能在这方面投入较大的精力。而他五十岁以后,因"坐失执政意",一度以京官的身份隐居江南,摆脱了政事的困扰,得以醉心从事书画艺术。而在"七十古来稀"的时代,"行年五十",那么,未来又有多少时日呢?所以,当时摆在他面前的要想在绘画艺术上取得成就的训练道路有两条,一条是需要耗磨大量时间、精力的"积劫方成菩萨"的道路,类似于禅家北宗的功行渐修;一条是只需花费少量时间、精力的"一超直入如来地"的道路,类似于禅家南宗的心性顿悟。两条道路,之所以在成才的"速度"方面会有如此巨大的差异,归根到底,是因为二者的训练内容和要求以及评价标准的不同。

董其昌所谓的"积劫"和"一超",都是针对绘画来说的。要想画好画家画(包括画工画和文人正规画),成为一名优秀的画家,必须在绘画的本法方面"积劫方成";但是,要想画好正规文入画(包括正统派程式画和野逸派写意画),成为一名优秀的画家,则不妨在绘画的本法方面"一超直入"。然而,这并不意味着所有的画家都可以在绘画的本法方面"一超直入",成为优秀的文人画家或文人画风的画家。事实上,任何一个行当,从普遍性而论,都是需要"积劫",然后才能有所成就的;即使从特殊性的一面,由于本职工作的关系,或由于年岁已高的关系,从表面来看,他似乎在绘画的本法方面"一超直入"了,而在画外功夫方面,他还是"积劫方成"的。

(本文节选自徐建融《元明清绘画研究十论》)

"松江派"、松江画坛与董其昌

邵彦 / 中央美术学院人文学院

对明代绘画史最简单的叙述由以下三大板块构成：明初院体和浙派、明中期吴门画派、明末松江派和董其昌。这条线索极为粗糙。实际上，院体、浙派的创作在明代中期仍然兴盛，浙派还延续到了晚明，也渗透到了吴门；吴门画派在明末也延续不衰。那么新兴的松江派和吴门派是何种关系，业已取代还是仍在竞争？董其昌与松江派是什么关系，代表画家还是其开派宗师？这些问题都还未讨论清楚。

2005年澳门艺术博物馆借用故宫博物院和上海博物馆的藏品举办了"南宗北斗——董其昌诞生四百五十周年书画特展"及学术研讨会，单国霖先生发表《董其昌与松江画派》，杨臣彬先生发表《董其昌与"松江派"绘画辨异》[1]，二文精审赅备，但是对"董其昌与松江派的关系是否一体"这一问题，实际上分别表达了肯定与否定的看法。本文拟在单国霖先生论文基础上，从地域文化竞争的角度，进一步探讨松江派与吴门派的异同，以及董其昌在推动松江派形成发展上的作用。

一、"松江派"与浙、吴两派是一样的地方画派吗？

"浙派""吴门派""松江派"三段论，构筑了三大画派平分秋色的假象，实际上，这一看法大可商榷。

苏州地方画坛已形成画派，是晚明比较普遍的看法。薛冈（1561—？）《天爵堂笔余》（刻于崇祯初年）云："余谓丹青有宗派，姑苏独得其传。"董其昌同乡友人范允临（现存顺治刻本）《输寥馆集》亦云："松江何派？唯吴人

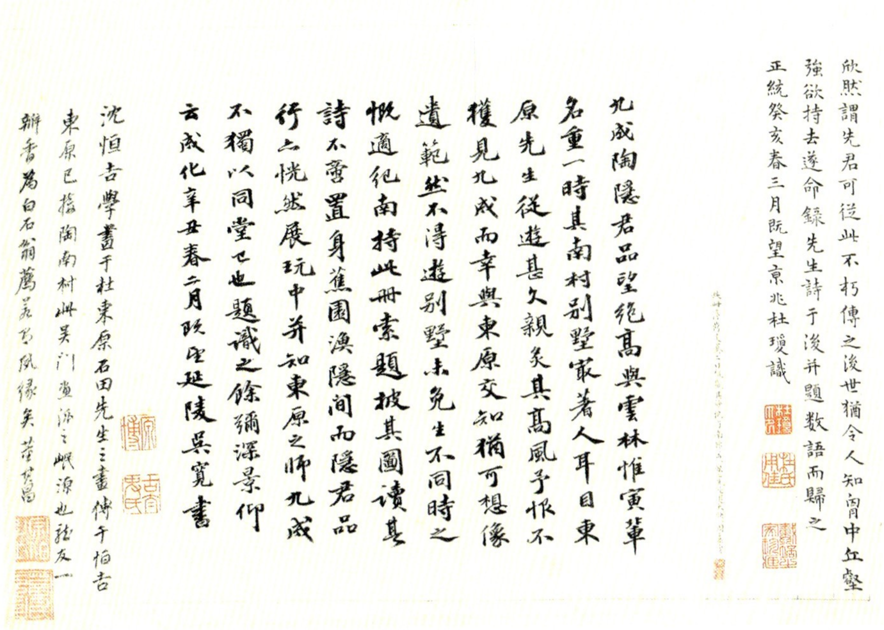

图 1　杜琼《南村别墅图》十开册后董其昌跋，上海博物馆藏

乃有派耳。"[2]董其昌本人则说："沈恒吉学画于杜东原，石田先生之画传于恒吉，东原已接陶南村。此吴门画派之岷源也。"[3]（图 1）

"浙派"这一命名是在晚明出现的，并且是由董其昌首先记载："国朝名士仅戴文进为武林人，已有浙派之目。""至于今，乃有浙画之目，钝滞山川不少。迩来又复矫而事吴装，亦文、沈之剩馥耳。"[4]这里说的"吴装"即"吴派"之意。

松江有地方画派，这个说法也是在晚明出现的，虽然被记录于同时代文献之中，不像"浙派"和"吴门派"那样是后人的追记、追评，但事实上，直到晚明才形成了比较浓厚的地方画坛意识、流派意识。这也反映了晚明经济发展后各地争胜，以及苏州独特的优势地位受到挑战的状况。

"浙派"之名来源于开派大师戴进的籍贯（杭州），但是被视为"浙派"成员的画家，除了戴进在杭州一带的弟子门人，后期成员大多来自浙江以外的地区，包括中期代表人物吴伟（湖北人）、后期代表人物张路（河南人），以及众多"浙派末流"画家（包括江苏、江西、福建人）。他们的活动地域也不限于杭州。事实上，明代前期甚至中期的杭州经济尚难以供养地方画派，戴进晚年归杭卖画，生活贫困。

另一方面，浙派和院体即宫廷绘画，存在千丝万缕的联系，活动空间也有交叠，即南北两京。其中院体主要在北京，浙派主要在南京，并扩散到各地的王府。若将浙派视为以南京为核心、以宫廷和王府这样的社会上层为主要赞助人的全国性画派，应当比较接近事实。

吴门派与浙派代表不同的趣味、不同的风格取向，也由不同的群体提供赞助。吴门派的赞助者主要是苏州及江南各地的文人士大夫和市民、商人，与新兴商业、手工业经济有着密切关系。文人士大夫的"市隐"文化和市民、商人的精致手工业趣味，构成了吴文化的上下两层。即使富裕如苏州，也同样难以一城之力养活一个较大规模的画派。随着江南经济的发展，苏州画家和苏州趣味一起向周边渗透。（如苏州的浙派画家谢时臣晚年曾到绍兴、杭州卖画；文徵明晚年的书法弟子周天球晚年到徽州卖画；实际上，祝允明也曾到徽州卖字。）此外，苏州虽然需要吸引外来的商业和技术人口（比如徽州人），但它本质上不是一座移民城市，在苏州长袖善舞的还是本地人（含下属县籍人士，如太仓人仇英）。这一推一拒之间，江南各城市逐渐形成自己的地方小画派，同时又面临苏州画家的竞争（市场空间挤压），在趣味上、风格上几乎没有其他选择，只能向苏州靠拢。这使得晚明地方小画派多为吴门派附庸，入清后才形成较为独立的地方画派（如武林派、黄山派、扬州派）。

晚明中国的手工业发展以及相应的出口贸易，带来了远超农业的利润，海外白银巨量流入。在当时并无单独的金融中心，手工业中心苏州也是全国经济中心。吴门派的经济基础是苏州对江南各地财富的吸附效应，它所代表的趣味传播又远远超出了苏州的范围。所以说吴门派是个全国性画派，并不夸张。只不过当时的卷轴画的生产基本上限于中国东南部，所以吴门画派的影响也限于中国东南部。

相比之下，松江派才更像一个地方画派，其活动范围和影响局限于松江，本无法和浙、吴二派分庭抗礼。这是由相应的经济基础决定的。鉴于活动于首都和王府的浙派与吴门派、松江派的竞争根本不在一个层面上，下文仅就苏州与松江做比较。

二、松江与苏州的差距

松江派产生于松江府，吴门派产生于苏州府（图 2）。松江府和苏州府是明代南直隶东南部的两个府，苏州靠近长江入海口（含崇明岛），松江则东北、东南两面靠海。从行政级别上讲，它们是平级的；从经济实力上讲，它们皆

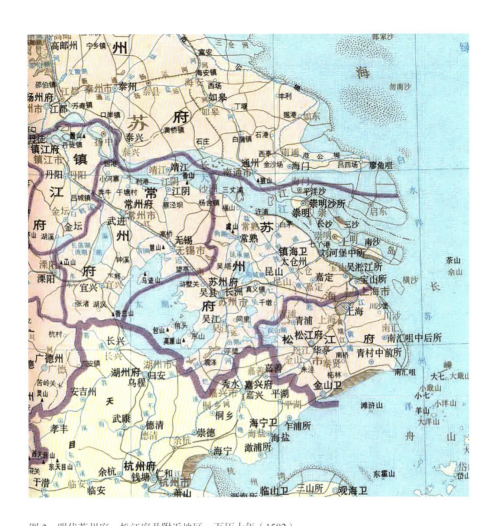

图2 明代苏州府、松江府及附近地区，万历十年（1582）
（出自谭其骧主编《中国历史地图集》第七册《元、明时期》，《南京（南直隶）》一幅，北京中国地图出版社，1982年。）

为明朝最富庶地区、财赋重地，从明初以来实行"苏松重赋"，延续入清，[5]这在现代仍是经济史家讨论颇多的一个话题。明初洪武、永乐年间，朝廷多次迁徙苏松居民，充实凤阳和淮扬的举措，也反映了苏松居民的经济实力优于他地。

不过这并不意味着苏松平分秋色。从辖境面积看，松江府约为苏州府的40%，松江辖三县，苏州辖七县一州，其中崇明荒凉，人口很少，因而大致可以认为松江面积约当苏州的一半；从计丁纳税的常住人口来说，以明中期的数据为准，松江约为苏州的60%。（从崇祯《松江府志》看，明末天启年间户口反而大幅减少，不合常理，应为逋逃投献者日多，故以明中期数据为准，明

末实际应有明显增长。)兹亦列表简示:

	苏州府	松江府
下属县	吴县、长洲县、常熟县、吴江县、昆山县、嘉定县、崇明县、太仓州	华亭县、上海县、青浦县
常住人口(人丁)	95.3万(据王鏊《姑苏志》卷二,正德元年[1506]成书)	58.3万(弘治十五年[1502],据崇祯《松江府志》卷二)

苏州的赋税总额,据今人统计,万历初年修正额总计约11万两。(这还是在张居正主政中期,明朝的行政机构较有效率,财政状况也大为改善。)如以一家男耕女织(农业与手工业并举)者计,账面赋税约占总收入的5.53%,[6]当然还未计入各种摊派、加征、转嫁。

至于松江的赋税状况,尚未做过如此仔细的研究,但是根据史料中同一年苏州、松江二地农业赋税各类目的部分信息,[7]可供对比:

	项目	苏州府	松江府	松江占比苏州
夏税	麦	53,665石(仅小麦)	92,260石(大小麦)	
	丝棉折绢	12,555匹	697匹	5.5%
	税丝	10万两(重量)	未列	
	农桑丝折绢	640匹	179匹	27.9%
	税钞	4,392锭	3,267锭	74.4%
秋粮	米	2,038,894石	939,226石	46%
	马草	538,414包	316,251包	58.7%

仅从上表反映的不完整信息,也可以看出松江的农业赋税总量远远不及苏州的60%;折银之后,二者差距更大。[8]苏州除了农业赋税,还缴纳大量上供物料、钞关税、盐税、商税和徭役折银,其中农业赋税占总税额不及60%。[9]所以,虽然松江与苏州并称"重赋"之区,但人均税额却有较大差距。

进一步从两地的经济结构来说,松江以农业(包括物产土贡)和手工业(棉纺织业)为主,而苏州除了同样拥有优越的自然条件和丰富的农林物产外,还有着极为发达的手工业和服务业。王鏊《姑苏志》卷一《造作》记载有"帛之属""布之属""器用之属""饮馔之属""工作之属",最后一项包括"绣作""裱褙""银作""漆作""针作""铁作""锡作""铜作""木作""泥水作""窑作"十一种。所有这些"造作"的产品当中既有市场很大的日用品，也包含多种精细奢侈品，形成了"苏工"品牌效应，吸纳劳动力多（包括流动打工人口）、附加值高，为苏州创造了巨大的财富。由此也就可以理解，明末江南由苏州引领的奢靡之风，是有强大经济基础的。

据崇祯《松江府志》所列，入明后直至崇祯四年（1631），松江府中进士者共435人，[10] 苏州府（含太仓）则高达1025人，[11] 松江占比苏州大致为42%，考虑到科举事业需要大量家庭资源支持，可以认为进士人数比值应当与松江、苏州二地"人均产值"比值约略接近。

即便在这样粗略的比较之下，也可以看出明代中后期的松江和苏州，人口和面积固然存在一定差距，但是人均产值和经济总量、产业结构、产业层次，以及由此产生的人才和文化积淀、政治参与能力等方面的差别，要远远大于人口和面积的差距，可以说不在一个量级。

三、关于"松江派"的早期文献

"松江画派"之名最早见于董其昌同乡友人范允临的《输寥馆集》。范与董是同乡，生卒年份也接近，但他却不承认松江有派，认为赵左、董其昌、顾元庆各自成家，"吴人见而诧曰：'此松江派耳。嗟乎！松江何派？唯吴人乃有派耳'"。

另一条最早期的文献是江苏江都人唐志契（明万历七年己卯至清顺治八年辛卯，1579—1651）《绘事微言》："凡文人学画山水，易入松江派头，到底不能入画家三昧。"[12] 他强调苏州画家的画理（实为技巧），贬低松江画家的笔墨："苏州画论理，松江画论笔。理之所在，如高下大小适宜，向背安放不失，此法家准绳也。笔之所在，如风神秀逸，韵致清婉，此士大夫气味也。……嗟夫！门户一开，点刷各异，自尔标榜，各不相入矣。岂知理与笔兼长，则六法兼备，谓之神品。理与笔各尽所长，亦各谓之妙品。若夫理不成其理，笔不成其笔，品斯下矣，安得互相讥刺耶！"[13]

再稍晚些，清初的几种文献，就对松江画家持一边倒的肯定态度，但画派名称仍然莫衷一是，有华亭派、苏松江、松江派、云间派等名称。虽然这些名字并无本质区别，但是所论列的画家当中，出现次数最多的并不是董其昌，而是赵左。鉴于单国霖先生论文已经较为详细地引证了这些文献，此处不再重复，只列一表格简示：

文献及作者	论及画家	画家籍贯	画派名称	备注
范允临《输寥馆集》	赵左、董其昌、顾元庆（顾正谊子）	赵、董华亭人，顾松江人	松江派	不承认松江有派
唐志契《绘事微言》	文人（董其昌等）		松江派	扬苏州抑松江
朱谋垔《画史会要》	顾正谊	松江人	华亭派	持肯定态度
蓝瑛、谢彬《图绘宝鉴续纂》	赵左	华亭人	吴下苏松派	持肯定态度
周亮工《读画录》	赵左	华亭人	开松江派	持肯定态度
姜绍书《无声诗史》	董其昌、沈士充	沈松江人	云间画派	持肯定态度
王时敏《王奉常书画题跋》	赵左	华亭人	开云间风气	持肯定态度

从上表可以发现两点耐人寻味的情况：首先，诸家记载的"松江派"名称不一、代表性画家不一，命名比较随意；其次，最早的两条记载中，范允临《输寥馆集》语气闪烁，唐志契《绘事微言》态度贬抑，显示出明末松江派的地位是边缘的，处境是不安的。再次，入清以后诸家记载终于形成比较一致的肯定态度，而这时松江派已经成为过去式，派中画家几乎都已作古。

这不禁令人怀疑，明末和清初两个阶段的文献记载中的松江派是否同一个内涵？

四、两个"松江派"及其互动

（一）本地和外来半职业画家

上述早期文献反复提到的画家之中，除了董其昌，其余皆为专业画家。这个名单可以扩大到一批活动于松江的晚明画家，包括本地人赵左、沈士充、陈廉、吴振、释常莹（凌利中、杨丹霞皆曾撰文辨析此僧并非李日华之子李肇亨）、[14]宋懋晋，浙北人宋旭（嘉兴人）、关思（湖州人）、蓝瑛（杭州人，青年时代在松江活动）。他们的风格其实都深受吴门派影响，笔墨出自"元四家",但时而失于琐碎,能画大幅画,丘壑比晚明吴门画家(如文氏晚辈、张宏、盛茂烨等)要复杂多变,显示出他们对宋元传统的继承要胜过吴门末流。从他们作品上的书法来看,他们都能写楷书、行书甚至隶书,有的还能作诗,都受过一定的教育,是半文人半职业画家,这就有别于苏州画坛或为文人、或为画匠的阵营分立。对此,单国强先生早有专文予以揭示。[15]

这些画家正是晚明文献中那个面目模糊、地位不明的"松江派"的主体,董其昌曾经利用他们代笔作画。但恰恰是这些人,风格承接吴门派,也因此使得松江派与吴门派难以区分。本文第一部分所述"晚明地方小画派多为吴门派附庸",就体现在这部分画家身上,他们的艺术个性不够突出,也没有核心人物。如果仅仅是这批画家构成的松江派,必然会成为美术史上的过眼云烟。好在松江画坛还有另一股力量。

(二)本地文人画家

松江画坛的文人画家主要有莫是龙、顾正谊、孙克弘、董其昌等。

莫是龙,字云卿,号秋水,华亭人。出身官宦之家,其父莫如忠为嘉靖十七年(1538)进士,董其昌少年时曾从莫如忠学书法。顾正谊,字仲方,号亭林,松江人,万历时以国子监生仕为中书舍人,晚年归乡。顾与董的关系在师友之间。莫是龙和顾正谊的山水都取法黄公望而有所变化,董其昌的绘画从元人尤其是黄公望入手,与这两位画坛前辈的引导有密切关系。他比较两人画格时说:"吾郡顾仲方、莫云卿二君皆工山水画,仲方专门名家,盖已有岁年;云卿一出,而南北顿渐,遂分二宗。"[16]《宝颜堂秘笈》所刻《画说》(提出"南北宗"论)署名莫是龙,使得不少人认为莫是龙是"南北宗"论的提出者。近年虽已将"南北宗"论的首倡之功复归董其昌,但是从董其昌的语气看,莫是龙与董其昌应当讨论过这个思路。

孙克弘(1533—1611)字允执,号雪居,华亭人。父孙承恩(1485—1565),嘉靖中官至礼部尚书、太子少保,善画美人,卒谥文简。孙克弘以荫入官,曾官汉阳太守(知府),隆庆五年(1571)免官归里,究其原因,当是在首辅高拱(1513—1578)与其前任、华亭人徐阶(1503—1583)的政治斗争中受波及。从此无意仕进,以治园、收藏、宴客、作画的风雅生活自娱。他为人慷慨好客,挟一长技者都可以得到接纳和金钱报酬。人们把他视为战国时期的魏公子安陵君,把他的东郊精舍视为唐代王维的辋川别业。[17]

陈继儒(1558—1639)不以画家知名,能书法,个性不强,受董其昌影响。

他主要以著述、出版事业获取声誉和生活来源,也为松江画坛的崛起提供了独特的传媒资源(详见后述)。

(三)从蓝瑛的三件作品看松江文人画家与半职业画家的关系

万历三十五年(1607),孙克弘与诸家合作《朱竹墨石图》卷(上海博物馆藏),首为孙克弘所画一小段(图3),其次为张忠(图4)、孙枝、蓝瑛(图5)、许仪所画的竹石,皆为朱竹墨石,繁简不一,有的画家有自题,接裱为一长卷。蓝瑛所画的一段风格接近沈周,这是他现存最早的纪年作品。

崇祯《松江府志》卷五十六"画苑"记顾谨中画竹,引《妮古录》:

> 朱竹古无所本,宋仲温在试院,卷尾以朱笔扫之,故张伯雨有"偶见一枝红石竹"之句,管夫人亦尝画悬崖朱竹一枝,杨廉夫题云:"网得珊瑚枝,掷向筼筜谷,明年锦棚见,春风生面目。"[18]

这段话不知从何处抄来,姑视之为《妮古录》自撰。不无巧合的是,孙克弘所画正是一段悬崖竹,虽然自题"红竹生峡州宜都县"云云,但画风纤柔(其

图3、图4、图5　孙克弘与诸家合作《朱竹墨石图》卷(图3孙克弘作、图4张忠作、图5蓝瑛作),上海博物馆藏

后张忠的一段也画风纤柔),学管道昇的意图很明显。在这件作品里,孙克弘利用了本地风雅指南《妮古录》提供的文本资料,向元代文人画的朱竹传统复归,蓝瑛则以沈周画风加入这一阵营,而沈周的渊源则可以上溯元末画家吴镇。

万历四十一年(1613),二十九岁的蓝瑛曾与董其昌、李绍箕、陈廉、吴振等人合作,在一幅纸上连画山水《鲈乡杂画图》卷。[19]其中董其昌所画即为后来对蓝瑛影响很大的青绿重设色山水。蓝瑛所画的一段则笔墨温和秀雅,学文徵明而略显劲硬(图6),谢稚柳对此画的观感是:"(蓝瑛)骨体大似华亭派,……乃知其早年,亦在董其昌之藩篱中。"[20]但是李绍箕所绘一段黄公望样式的浅绛山水(图7),从中已经能感受到蓝瑛中年以后学黄的苍老笔法、破碎结构,从而也可以推想蓝瑛这一路最具"浙派"特色的画风,来源可能是李绍箕。李绍箕(1550—1631后)为顾正谊婿,字懋承,华亭人,出身官宦世家,以太学生官南京鸿胪寺序班,后官江西都昌主簿。山水师顾正谊,多涉历山川胜景,画艺益进,晚年运笔苍劲,年八十余尚挥洒不倦。[21]吴振所画一段仿倪瓒山水(图8),皴线搭接之间颇显锋芒,已经全无倪瓒的温和,后来蓝瑛所画仿倪山水也与之一脉相承。

从这件合作画看来,蓝瑛确实广泛而深刻地受到松江派画家影响,但这时华亭派(松江派)的面貌并非董其昌文字中所描述的一派"董巨"与"元四家"的温润,它本身就呈现出南北兼容、吴浙合流的复杂面貌,蓝瑛的许多风格特征,正是直接来源于松江派这个"大杂烩"。

蓝瑛青年时代先后追随过孙克弘、董其昌和陈继儒,更接近市场的布衣陈继儒对蓝瑛的欣赏和推许,要超过拥有更加纯正文人趣味的孙、董。崇祯十一年(1638),即陈继儒去世之前一年,八十一岁的陈继儒跋蓝瑛《仿黄公望山水图》卷(芝加哥大学博物馆藏),给予了极高的评价:

> 江山浑厚,草木华滋,此张伯雨题子久画。若见田叔先生此卷,略展尺许,便觉大痴翻身出世作怪。珍藏之,勿令穿厨(橱)飞去。

其后当时的一批士大夫和画家名流(包括范允临、王思任、杨文骢、马士英,陆续在本幅上题跋,对蓝瑛都推许备至,将其誉为"黄公望再世"。这件作品至今尚存,作为蓝瑛的早期之作,笔法温润,不同于他成熟期的苍劲凌厉,可谓深得黄公望神髓,因此获得了文人士大夫们的广泛认同。不过,陈继儒跋语称之为"黄公望再世",可谓定下了赞赏的基调,范允临等人显然是附和陈继儒。这么多的题跋赞誉在蓝瑛作品中几乎是仅有的一个例子,陈继儒的引领作用是

图6、图7、图8　松江诸家合作《鲈乡杂画图》卷局部（图6蓝瑛作、图7李绍箕作、图8吴振作），首都博物馆藏

关键性的。[22]陈继儒显然希望松江再出现一个黄公望式的人物，可惜陈氏去世后，蓝瑛的风格向刚猛劲硬发展，而文人世界对他并不接受，这些皆非陈氏所能预料。

如果说吴门派中诸人通过家族、师生、婚姻等关系紧密联结，形成盘根错节的网络，松江派则是半文人半职业画家和社会中上层的文人士大夫构成的松散联盟，这些文人士大夫并不局限于松江本地，而进一步向外吸纳同好，扩大文人画圈子。

五、外地文人画家和"画中九友"问题

崇祯元年（1628），嘉定县令谢三宾将唐时升（1551—1636）、娄坚（1554—1632）和寓贤程嘉燧（1565—1644）、李流芳（1575—1629）四人的诗文合刻为《嘉定四先生集》，其中唐时升、娄坚为嘉定人；程嘉燧是休宁人，初寓杭州后居嘉定和常熟（当时皆属苏州府），暮年归乡；李流芳祖籍歙县，自其祖父起徙居嘉定。[23]

"嘉定四先生"前三人都出自苏州昆山人归有光门下，诗文风格清雅恬淡，是晚明最后一个有较大影响的诗派。"四先生"中娄坚能书，其余三人皆能画，李流芳并善书法和篆刻。程嘉燧字孟阳，号松圆、偈庵，工山水，宗倪瓒、黄公望，画花卉沉静恬淡，格韵并胜，笔墨枯淡，偏于闲静，为新安派先驱（图9），李流芳字长蘅，号檀园，擅画山水，好吴镇、黄公望，出入宋元，逸气飞动，笔墨苍劲清标，墨气淋漓，开晚明湿笔画法新貌（图10），写生亦有别趣。程诗李画都得当时在南京的诗坛宗主钱谦益推重，李流芳曾对钱说："精舍轻舟，晴窗净几，看孟阳（程嘉燧）吟诗作画，此吾生平第一快事也。"钱笑答："吾却有二快，兼看兄与孟阳耳。"[24]而谢三宾正是钱谦益的门生，合刻之举不但提升治地文化，也传播了钱氏的欣赏趣味。

程、李都与董其昌有交游，而媒介也是谢三宾，他工画山水，曾与董其昌、程嘉燧和李流芳讨论画法。嘉定虽属苏州，但与上海、青浦二县接壤，来往便利。更重要的是，程、李二人的画风取法"元四家"中的倪、黄、吴，景致简括，笔墨率性，与他们的诗文审美旨趣相合，又与董所提倡的"南宗正脉"完全一致。董其昌《画旨》即有专条论李流芳画法及李与程嘉燧的交往，称李流芳"出入宋元，逸气飞动"。[25]程、李二人都比董其昌年轻许多，应当是他们在理论上和画法上受到了董其昌的影响。这说明松江与它北边的嘉定，乃至常熟、太仓的一些文人（钱谦益为常熟人，吴伟业为太仓人）已经形成了一个新的趣

图9 明 程嘉燧《远山古屋图》轴，安徽博物院藏

味共同体，迥异于吴县、长洲的文氏风格（一种纤弱做作的文人画）及工匠精工细作的趣味。或者说，苏州已经发生了分化，最富裕、人口最繁密、工艺美术最发达的吴县、长洲被孤立，留在了一个旧时代。

由董其昌、程嘉燧、李流芳，以及受董其昌影响的更年轻的画家——太仓人王时敏（1592—1680）和王鉴，容易令人想到一个画家群体——"画中九友"，这个名称来源于明末清初与钱谦益齐名的诗人吴伟业（1609—1672）的《画中九友歌》，很容易让人以为"画中九友"是一个互有交游的群体，一个跨越地域和时间的画派。但据研究，该诗创作于清顺治十三年（1656）七月间，当时吴伟业在北京任国子监祭酒，身为贰臣，心情悲凉。他只与九名画家中的部分有过交游，[26]九名画家彼此也并非有往来，吴伟业将他们组合成"九友"，一是这批人画坛声名煊赫，故比附为友，二是借其高逸之状，寄托自己归隐之期[27]，当然还有很重要的一点是为写作上仿杜甫《饮中八仙歌》方便。不过，这个"人造的画派"能够被画史接受，说明这个概念有内在合理性，这些画家的风格与审美旨趣是一致的。

九人中除了前述五人，另四人为苏州人卞文瑜（约1576—1655）和邵弥（约1592—1642），绍兴人张学曾（顺治十二年[1655]曾任苏州知府）、贵州贵阳人杨文骢（流寓南京）。可以说，除了一位松江人董其昌，一位贵州人杨文骢（在文化上属于南京），一位苏州父母官张学曾，其余六人都是苏州人，这是一个带有浓厚苏州色彩的画家群体，但董其昌一人就足以代表这个群体的风格和趣味。可以说，董其昌得以和文徵明分庭抗礼，是因为在他周围也汇聚了一批苏州文人画家（响应"南北宗"论的也有苏州人沈颢），他代表的不是松江，而是松江加苏州，甚至南京、浙北，几乎是整个江南的文人画圈子；他的绘画观念和创作，代表的是迥异于苏州的工艺美术风格的、一种诗文书画相融的、更为纯粹的文人画。这种理想，在沈周、文徵明身上曾经部分地实现过，但是随着他们的故去，已经湮灭在苏州日益工匠化的画风中。这样，我们再回过头来看范允临对苏州的批评，就会恍然大悟。这里的"苏州"，实际上指的是以吴县、长洲为代表的职业画家，不包括嘉定、太仓、常熟的文人画家："今吴人目不识一字，不见一古人真迹，而辄师心自创。唯涂抹一山一水，一草一木，即悬之市中，以易斗米，画那得佳耶！"[28]

比董其昌年长约五十岁的松江华亭人何良俊（1506—约1573），与文徵明（1470—1559）有交游，他的《四友斋丛说》中的"论画"，与苏州名家（包括较年轻的王世贞[1526—1590]）的画学观念并无明显差别，还可以视为苏州趣味在松江的代表。但到了董其昌这一辈人，地域画史概念已经受到重视。崇

图 10　明　李流芳《雨中山色图》轴，安徽博物院藏

祯《松江府志》卷五十六的前半部分"画苑"，以画家传记的形式，为松江勾勒了南朝到明初的绘画脉络，但不限于本籍，还包含了寓居者（这是修志的惯例）。这些画家包括南朝顾野王，唐代顾况、张志和，北宋朱象先、李甲，元陶叔彬、张观、张远、任仁发、马琬（寓居）、曹知白、瞿智、僧时溥、黄公望（寓居）、沈瑞、柯九思（寓居）、章瑾、王蒙（寓居）、倪瓒（寓居）、陶焕章、湘子先、朱芾、高克恭（寓居），明初金炫、顾谨中、顾应文。这部画家传记集将马夏传派（如张观、张远）作简化处理；而若属于董其昌、陈继儒所梳理的"南宗正脉"，就大书特书。至于松江本地"画苑"是否存在过职业画家以及"行家画"传统，则付阙如。其中多处引用董其昌的言论（题管夫人墨竹、题倪云林画、题高克恭画、题王西园画、题周贞静画），也带有鲜明的陈继儒个人印记（如论及墨竹时，引《妮古录》记载的朱竹画源流）[29]。考虑到这部《松江府志》是陈继儒参修、董其昌撰序并亲笔书序，这些"巧合"就变得意味深长。

六、松江趣味的扩展

和有官场背景的孙克弘、董其昌不同，陈继儒给松江带来的资源是出版文化，这是一种能将文化影响呈几何级放大的新兴传媒。如果说从沈周、文徵明到文彭、项元汴这些旧日名家都把藏书作为自己文化事业的基础，那么陈继儒代表了一种新的文化资本持有方式——刻书，并在这一轮竞争中超过了苏州旧家望族文氏。

在晚明出版文化中，相较于南京、徽州和杭州、建阳较为纯粹的坊刻，以及浙江绍兴地区较为纯粹的家刻，苏州以及附近的嘉兴、湖州和松江一带，流

行的是一种家刻和坊刻的混合体制，或者说披着家刻外衣的坊刻，在扩大文化影响的同时也能盈利。

松江在五代到南宋曾经隶属于嘉兴府，嘉兴在苏州与松江的文化传播竞争当中扮演着微妙的角色。除了早就被人注意到的嘉兴收藏家项元汴（1525—1590）、鉴赏家李日华（1565—1635）两人从吴门派后期到松江派兴起时期起过的桥梁作用，另一名嘉兴人周履靖（1549—1640）在出版方面则是陈继儒的先声。周的《夷门广牍》（初刻于万历二十六年[1598]）率先刊刻松江人曹昭的《格古要论》（洪武二十一年[1388]成书），这是一部"文人风雅生活指南"，这一种类的书经过明代初中期艰苦沉闷的二百五十余年，在晚明的奢靡时代又大行其道。首先流行的"新作品"是署名陈继儒的《妮古录》。它属于陈继儒名下的《宝颜堂秘笈》（《尚白斋镌陈眉公订正秘笈》），但这部《秘笈》实非陈继儒所编撰，而是当时浙江秀水人沈德先、沈孚先兄弟的"托名"之作。[30] 其中所包含的《妮古录》虽有伪书之嫌，但从前文所述陈继儒参修《松江府志》"画苑"内容引用《妮古录》的情况来看，应由陈继儒默许。《宝颜堂秘笈》（及其续集）的刊刻时间在万历后期，可以说经过嘉兴文人的"助力"（虽然以盈利为目的），明初云间曹昭的"风雅权柄"成功地传递到新一代云间风雅教主陈继儒手中。

而在这个"风雅复兴"过程中起过关键性作用的当属杭州人高濂的《遵生八笺》（成书于万历十九年[1591]，高氏自刻本），它在内容上对《格古要论》进行了整合与扩充，尤其是它的刊刻出版，开启了晚明的"风雅出版"潮流。鄞县（宁波）人屠隆（1543—1605）的《考槃余事》（万历三十四年[1606]成书）初刻本同样出自《尚白斋镌陈眉公订正秘笈》，成书可能早于《妮古录》，可能对后者有所启发，但因出版时间相近，也成了陈继儒系统下的一个分支。与

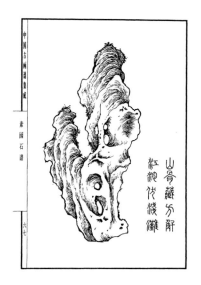

图 11　明　林有麟《素园石谱》（万历四十一年 [1613] 林氏原刻本）第六六页、六七页。

之相比，文徵明曾孙文震亨（1585—1645）的《长物志》（刊刻于崇祯七年 [1634]）已经落后了一代人的时间。文震亨在青少年时代已经能读到前述这些书，他的趣味只能被视为陈继儒们的衍生品。在这场引领时尚趣味的竞争中，松江实际上已经胜出。

松江文人的地域竞争意识不仅表现在刻书上，更表现在刻帖上。明代苏、松二府也是帖学的核心地域。其中以文徵明为核心的吴门刻帖，选录了丰富的宋、明人书法，形式多样、书体丰富、排序合理，且刻工精良，起到了书法史和书法教材的作用；以董其昌为核心的松江刻帖，则着重汇集明代松江籍书家作品，形成"个人作品集"特色，但质量差参不齐，刻工不佳。[31] 这显示了松江文人急于出版、以量取胜，意在宣扬本地域书法，与吴门书家争胜。

在各种风雅或者说生活艺术当中，赏石之风融汇了居住（宅院园林）、比德、入画多种功能，因而具有特殊的重要性。这方面的第一部经典之作是南宋山阴（绍兴）人杜绾的《云林石谱》（成书于绍兴三年 [1133]），但目前所见最早刻本也是《夷门广牍》本。周履靖与松江文人圈交游颇多，十几年后，松江文人林有麟自刻《素园石谱》（万历四十一年 [1613]），也可以纳入这个以陈继儒为首的苏州竞争格局中来观察——林有麟（1578—1647）三妹（或三姐）嫁给了莫是龙九弟莫是彦。[32]

图 12　明　孙克弘《写生花卉蔬果图》卷（局部），首都博物馆藏

和带有地质学色彩的《云林石谱》不同，《素园石谱》的兴趣则在于文化典故的汇集，并且用图文并茂的方式呈现，以至于它更易于被看成一部（能提供谈资的）画谱（图11）。林有麟的父亲与孙克弘有交往，林有麟应当也认识孙克弘。《素园石谱》中的石块画法，可以在孙克弘的某些作品（如故宫博物院藏《文窗清供图》卷、上海博物馆藏《云林石谱图》卷、首都博物馆藏《写生花卉蔬果图》卷）中找到部分原型（图12）。而早岁赴松江、深受孙克弘影响的蓝瑛，更是终生画石乐此不疲。[33]

与活动于北方的米芾后人米万钟（1570—1628）相比，孙克弘嗜石、访石、赏石似乎没有那么出名，但是他要比米万钟早一辈，而且他题石、画石（亲手作画而不必假手于其他画家），并以身体力行影响了周边的年轻文人和后辈画家。将他看作晚明赏石之风的引擎和代表人物，是比较合理的。

董其昌则通过他的肉身——旅行、交游和提拔，扩大了松江文化资源的空间。以杭州为例，他一生十八次游杭州，饱览湖光山色，为艺术创作提供"以天地为师"的灵感，更重要的是与杭州收藏家形成鉴赏书画、交流藏品的共同体；他对唐代画家王维的认识、他的禅悦活动，也都是在杭州充分发展起来的。可以说，频繁的杭州之行，对于董其昌的思想、审美和艺术理论（尤其是"南北宗"论）形成，提供了极为重要的资源。[34]杭州实际上成为松江趣味空间的拓展，在这方面，它所起的作用要比松江文人画向嘉定、太仓的渗透更为重要。

呼应松江趣味的文人队伍里甚至还可以加上苏州府常熟的虞山琴派。在著录中有一件《青林高会图》，董其昌与虞山琴派的代表人物严澂同时出现。而虞山琴派的美学宗旨"和静淡雅"，与程嘉燧的"清雅恬淡"如出一辙。

商业化（艺术生活化）的文人文化本来是苏州的特色，但在明末因为苏州缺乏富有个人魅力的精神领袖，这块金字招牌被外地文人争夺，并最终停留在松江陈继儒身上。孙克弘和董其昌从不同方面对这种新的流行趣味做出了补充，董其昌更进一步将之升华为具有文人士大夫色彩的新趣味。

七、董其昌在松江画坛的作用

如前所述，很难将董其昌界定为松江派的开派人物、领袖或者代表画家，但他又是当仁不让的松江画坛核心人物。他不强调自己的画家身份，却敏锐地指出古今众多画家的得失；他很少谈具体的画理画法，却以鸟瞰古今的画评家角色，雄踞一切画家之上。他跳出传统品评标准——也就是唐志契所说的、苏州画家所重视的"画理"，代之以笔墨、气韵，也在全新意义上开宗立派。这个"宗""派"不是松江一地之"派"，而是"南宗正脉"，松江只是因为地近之便，首先承载了他的新思维；但放大一点来看，则是松江在晚明的地方文化意识和趣味变化，在董其昌之前就已次第展开，并在董其昌达到了高峰。被视为松江派的那些半文人半职业画家，本身在松江也是比较边缘的，甚至不能代表松江本地的这条主脉。

董其昌强调地域画派意识，评论文字中使用"吴门画派""浙派"概念，这对于松江派从吴门派支流逐渐获得独立形象身份是有帮助的。不过，他并没有提到过"松江派"概念，如果他心中有这个概念，指的大概也是那批半文人半职业画家，并不会将自己和顾正谊、莫是龙这批人等量齐观。可以说，他有鲜明的阶层身份意识，他的目标是"为簪裾树帜"[35]。因此他的强大话语权，并没有改变松江大多数半职业画家的命运，反而模糊了松江派的面目。

董的交游、个人创作与评论写作（书画思想），加上孙克弘、陈继儒等人的作为，已经不限于松江画坛的范围，当时就联络了一大批周边地区（嘉定、嘉兴、杭州、太仓，乃至苏州府城）的文人士大夫，其中有书画家、收藏家、出版家，用他们共同接受（或熔铸成）的趣味来规约画道——以书法为画法，以清雅恬淡为审美旨趣；其中也有一些社会层次稍低的半职业画家（如杭州人蓝瑛）。这些跨越时空局限的响应者和追随者，在当时并无统一名号，但有了一定的历史距离后回望,就呈现较为一致的趣味和面目。清初人记载松江派,名目尚且不一,褒贬则已一致,其实他们认可和推许的是"董派",这又扩大了松江派的影响。"董派"后来衍生出"四王""虞山派""王原祁派",正如沈宗骞(乾隆、嘉庆[1736—1820]时人)在《芥舟学画编》中所说:"吾朝初年,巨手累累,其尤者为烟客(王时敏)、廉州(王鉴),接其武者为石谷(王翚)、麓台(王原祁)、黄尊古(黄鼎)、张墨岑(宗苍)诸人,盖皆绍思翁(董其昌)而各开门径,恪守南宗衣钵者也。"[36]其实董其昌也间接影响了"四僧"。"董派"的名目并不存在,表面上不存在这个流派,却构成一个庞大的风格和趣味共同体,是一个"没有围墙的"巨型流派,传递到清代,也传播到北京,是真正意义上的全国性流派。

和吴门画坛相比,松江画坛缺少了一个重要板块——手工业匠人式的画工群体。在苏州,这个画工群体就是"苏州片"的生产者。他们的缺失,是松江比起苏州相对边缘一些的经济环境所致,也是松江派的特色所在——更强烈的文人色彩。

从空间上看,吴文化的地域分布,以苏州为核心,松江相对边缘;在苏州本地,又以吴县、长洲(即苏州府城的两个部分)为核心,其余各县州为边缘。从内部结构上看,吴文化由上下两层构成:上层是文人士大夫的"市隐"文化,下层是市民、商人的精致手工业趣味。相对边缘的松江要取代苏州成为新的中心,必须实行有效的地域文化战略,即由当地社会精英(孙克弘、顾正谊、董其昌、陈继儒、莫是龙、林有麟等)择取吴文化中的上层文人士大夫文化,切割它与市民商人趣味的关联,并团结附近地区包括嘉兴、杭州,以及苏州的嘉定、太仓,甚至苏州府城的文人士大夫画家、文学家,形成一个跨地域的趣味共同体。

〔1〕 澳门博物馆编：《南宗北斗——董其昌书画学术研讨会论文集》，北京：故宫出版社，2015年。

〔2〕 （明）范允临：《赵若曾墨浪斋画册序》，《输寥馆集》卷三，上海图书馆藏清顺治刻本。

〔3〕 （明）杜琼：《南村别墅图》十开册后董其昌跋，上海博物馆藏。

〔4〕 《画旨》（式古堂书画汇考本）卷上，于安澜辑《画论丛刊》（上），北京：人民美术出版社，1989年，第78页。

〔5〕 清中期常熟人王应奎（1684—1757）概括说，"湖广全省额征二百三万，而苏州一府之数浮之；福建全省额征一百万有奇，而松江一府之数浮之"，就是说苏松二府的税额超过较穷省份全省（尚非最穷省份），转引自周岐琛：《明代苏松重赋的成因》，《淮阴师范学院学报》，2014年第1期，第84页。

〔6〕 侯官响：《明代万历时期苏州府的赋税结构》，《地方财政研究》，2017年第1期，第97页，第98页。

〔7〕 苏州府信息据侯官响：《明代万历时期苏州府的赋税结构》引《万历会计录》，万历六年（1578）夏税秋粮数据，第92—93页；松江府信息据崇祯《松江府志》卷八引万历六年《户部会计》（即《万历会计录》所据），北京：书目文献出版社，1991年，第204页。

〔8〕 折银法见前引二条史料。

〔9〕 侯官响：《明代万历时期苏州府的赋税结构》，《地方财政研究》，2017年第1期，第97页。

〔10〕 崇祯《松江府志》卷三十四，第861—875页。

〔11〕 范金民：《明清江南进士数量、地域分布及其特色分析》，《南京大学学报（哲学、人文科学、社会科学版）》，1997年第2期，第174页。该文数字据《明清进士题名碑录索引》统计，松江府为424人，与《松江府志》所载略有出入。崇祯四年之后会试五次（七年、十年、十三年、十五年[特科]、十六年），未及详细统计，以每次25人左右计，约125人，则明代总计松江籍进士560人左右，与范金民统计数据差异更大，记此待考。

〔12〕 《绘事微言·画要明理》（《景印文渊阁四库全书》），于安澜辑《画论丛刊》（上），北京：人民美术出版社，1989年，第121页。

〔13〕 《绘事微言·苏松品格同异》（四库全书本），于安澜辑《画论丛刊》（上），北京：人民美术出版社，1989年，第121页。

〔14〕 凌利中：《董其昌代笔人常莹是否就是李肇亨》，杨丹霞：《李肇亨、释常莹书画之考辨》，二文皆辨析僧人常莹并非李日华之子李肇亨，载澳门艺术博物馆编：《南宗北斗——董其昌书画学术研讨会论文集》，北京：故宫出版社，2015年，第324—339页，第340—371页。

〔15〕 单国强：《晚明两大传统的融合趋势》，《新美术》，1993年第1期。

〔16〕 （明）董其昌：《画禅室随笔》卷二，《跋仲方、云卿画》。

〔17〕 据《无声诗史》卷三，页五四，孙克弘小传，见于安澜编《画史丛书》第三册，上海：上海人民美术出版社，1963年。

〔18〕 崇祯《松江府志》，北京：书目文献出版社，1991年，第1472页。

〔19〕 首都博物馆藏，纸本设色，纵24厘米，横278.7厘米。画分八段，作者依次为董其昌、庄严、诸念修、李绍箕、陈廉、释蕉幻、蓝瑛、吴振。首段董其昌画没骨山水，自题"芦乡秋霁"，又有陈继儒题，称以"鲈乡"名图更佳。蓝瑛署年款"癸丑（万历四十一年[1613]）"，吴振署"壬子（万历四十年[1612]）"，但位置在蓝瑛之后，可见是陆续画成并装裱成卷的。诸念修亦为华亭人，与董其昌为同乡及同时代人。

〔20〕 《鉴余杂稿（增定本）》，《北行所见书画琐录》，上海：上海人民美术出版社，1989年，第44页。

〔21〕 《明画录》卷四，页五四；又见徐昌酩主编《上海美术志》第五编，"人物"，上海：上海书画出版社，2004年，第362页。

〔22〕 题跋文字著录于杨恩寿《眼福编》二集卷十五，页三六至四一，清光绪间杨氏坦园丛稿本，载徐娟主编《中国历代书画艺术论著丛编》第6册，北京：中国大百科全书出版社，1997年。

〔23〕 "嘉定四先生"生卒年及籍里略有异说，此据张义勇：《程嘉燧的绘画与应酬活动关系研究》，南京艺术学院硕士学位论文，2011年，第5—6页，。

〔24〕 （清）钱谦益：《初学集》卷八十五《题长蘅画》，上海：上海古籍出版社，1985年，第1790页。

〔25〕 《画旨》（式古堂书画汇考本），于安澜辑《画论丛刊》（上），北京：人民美术出版社，1989年，第98页。

〔26〕 吴伟业与董其昌似无直接见面机会，但吴曾至松江访陈继儒，据《梅村家藏稿》卷十《〈白燕吟〉诗序》，第277页。见毛益华：《〈画中九友歌〉研究》，山西师范大学硕士学位论文，2012年，第14页。

〔27〕 毛益华：《〈画中九友歌〉研究》，山西师范大学硕士学位论文，2012年。

〔28〕 （明）范允临：《赵若曾墨浪斋画册序》，《输寮馆集》卷三，上海图书馆藏清顺治刻本。

〔29〕 崇祯《松江府志》卷五十六，第1472页。

〔30〕 汪世清：《〈画说〉究为谁著》，《汪世清艺苑查疑补证散考》，石家庄：河北教育出版社，2009年，第13—15页。

〔31〕 于博：《明代苏州府和松江府刻帖比较研究》，《古籍整理研究学刊》，2015年第6期。

〔32〕 参看孙田：《书籍史与艺术史中的〈素园石谱〉》，打印稿第7页，2018年

11月上海图书馆"书籍之为艺术:中国古代图书中的艺术元素"学术研讨会论文,未发表,感谢作者惠允引用。

〔33〕 参看孙田:《书籍史与艺术史中的〈素园石谱〉》,打印稿第9—15页,2018年11月上海图书馆"书籍之为艺术:中国古代图书中的艺术元素"学术研讨会论文,未发表,感谢作者惠允引用。

〔34〕 参看任道斌:《董其昌与杭州》,澳门艺术博物馆编:《南宗北斗——董其昌书画学术研讨会论文集》,北京:故宫出版社,2015年,第50—57页;颜晓军:《董其昌杭州诸问题综考》,中国美术学院硕士学位论文,2009年。

〔35〕 (明)董其昌:《画禅室随笔》卷二,《题画赠朱敬韬》。

〔36〕 《芥舟学画编》(冰壶阁原刊本)卷一《宗派》,于安澜辑《画论丛刊》(上),北京:人民美术出版社,1989年,第325页。

文人画的发展与董其昌

邵琦／上海师范大学美术学院

文人画的发展与董其昌的关系，若用一句话概括，可以这样说，今天意义上的"文人画"其实就是董其昌所厘定的文人画。换言之，晚明以来，中国画语境中的"文人画"，其语义乃是董其昌所给定的。

也许这样的表述会给人一种武断的印象，但如果我们从用白话文写就的各种版本的《中国绘画史》来看，就不难发现：一百多年来中国画的研究者在运用"文人画"这一概念时，都以董其昌对绘画的认识与理解为标准，不仅是在界分绘画类别时，甚至在评论绘画、撰写绘画历史时，都是如此。董其昌之所以能有如此地位，当然和他的学识修养、书画造诣相关联，尽管董其昌在诗文方面并不享有大名，但在书法绘画的创作和收藏鉴定上，他却是鲜有能出其右的大家，书、画、鉴、藏、禅集于一身，确实是难得。或许正因为如此，董其昌才有界定文人画的资本。界定一个概念并不困难，难的是要能得到公认；而一个能得到公认的概念，必得对这一概念所指称的对象有着全面而精准的认识。因此，要客观地呈现董其昌与文人画的关系，以及他对文人画之发展所起到的作用，也就须得从"文人画"的历史演变发展着手。

一

关于文人画，从史实的角度看，是先有"文人画"之实，后有"文人画"之名。从名称的角度来看，"文人画"其实是从"士人画""士大夫画"中演化而来的。"士人画"和"士大夫画"的名称始见于北宋中期，其中，"士人画"见于苏轼《跋（宋）汉杰画山》第二首"观士人画如阅天下马，取其意气所到";"士大夫画"见于韩拙《山水纯全集》:"今有名卿士大夫之画……多求简易而取清逸。"另外,《宣和画谱》在论及墨竹时,亦有诸如"多出于词人墨卿""士人文同辈""唯士人则不然,未必能工所谓形似"的说法。宋人笔下的"士人画""士大夫画"其实主要是用于区别"画工画"(包括"行家画""院体画")。因为,"士人画"或"士大夫画","未必能工所谓形似",也就是在造型的精准度上是有所欠缺的,不能与"画工画"或"行家画""院体画"相提并论。但是,士人和士大夫的身份地位以及他们对绘画的兴趣、热情,则是无法被忽视的;士人或士大夫在宋代的地位之高,是其他朝代所无法比拟的。从这一意义上来看,"士人画""士大夫画"一如在品评中,于"神品""妙品""能品"之外单独列出"逸品"的做法所代表的含义一样,都是对原有名称不能指覆的新现象的一种认识与认同。"多求简易而取清远"的这种画风,虽然有着未必能工"形似"的缺憾,但技法上的不足,无法否定其在意趣上的丰赡。

画者,形与色也。"未必能工所谓形似",也就是说,画面形象并不能工整地画。如此,虽然从绘画的本体来看似乎有所不及,但却能别开生面。这就涉及对绘画本体的认识与评价的问题。

就绘画的源起来看,无论是中国还是西方,绘画都源起于巫教之需,亦即上古的绘画,都是先民用来表达对神灵的祈求。岩画、洞窟壁画等夸张变形的形象,便是先民心目中神灵的样子;至于今天我们用"抽象""装饰"之类的词语来概括它们,则全然是误解。因为神灵是现实之外的,所以,这些画面形象都遵循"离人越远,离神越近"的原则。尽管这些上古绘画至今仅有零星的遗存,但其存在的时间却比近代以来的"绘画"更久远。如宁夏大麦地岩石距今有 2 万—3 万年,换言之,在过去的 2 万—3 万年间,绘画并不是以今天我们所认识的或以为的样式存在的。因而,现今我们所有的关于绘画的诸种理论、观念,并不适合于上古绘画。这不仅是因为现今对绘画的要求不同了,也因为我们对上古绘画的了解太少、误解太甚。

倘若我们把远古时期的绘画称为"神灵时期"的话,那么,尽管我们对其知之甚少,但至少可以确定,这些形象是先民们内心真诚的写照与纯粹的呈现——人与物的关系。亦即,上古的神灵既是人是物,又非人非物,所谓天人合一之"一",实是天与人之外的第三者。

如果说,绘画的原始阶段呈现的是"人—物"的关系,那么,第二阶段则是指向于"人—物"中"人"的一端。从先秦到晋唐,绘画的主要功用是"人伦教化"(张彦远《历代名画记》)。在题材上,也就出现了以描绘圣贤为主的人物形象，中国历史上评价最高的"画圣"便出现在这一时期，而顾恺之、吴道子也都以人物画（圣贤、佛像、帝王……都是社会人伦教化的楷模）为主要题材，故这一时期可以称为绘画的"圣贤时期"。

在技法上，这一时期的特点是注重程式化，因为程式是对应社会教化规范的视觉表现。

绘画的第三阶段，乃是在"人—物"关系上，由"人"移向"物"。这种对"物"的表现既是人的物欲的体现，也是人对自然的认识的表现。在中国，这一阶段表现为唐宋以来精工华丽的工笔重彩样式；在西方，则是以古典主义、印象主义与照相主义为代表。故这一时段可以称为绘画的"造化时期"，总体特征表现为技法上以精准还原为特点，"人"让位于"物"。

绘画的第四阶段，则是对"人—物"关系的回归，亦即，既不偏于"人"，也不偏于"物"，而是重归"人—物"的"关系"。当然，这种重归，不是简单地回到原位，而是重构；画面形象也由神像、人像、物像而转向心像。因而这一阶段可称为绘画的"心性时期"。这一时期的绘画，大抵和通常所谓的"文人画"相对应。

当然，所谓的各阶段的样式，并不是后一阶段会全然代替前一阶段。这种简单的观点，不仅是粗暴的，而且也是无补于事的。事实上，一种样式在艺术中的呈现并不等同于库恩在科学史中提出的范式，其一旦出现，也就有了生存的权利，只是在重要性上有所减弱而已。因此，在"圣贤阶段"只是人像的重要性高于神像而已；同样，在"造化阶段"也只是物像的重要性高于神像、人像而已。一种绘画的样式，一经生成，多半会和后成者并存，尽管只占有次要的地位。即便在某个时期因鲜有传承而濒于湮灭，也不能排斥其在后来的时期中得到复兴的可能。这是我们对待历史应有的态度和襟怀。

绘画作为人类文明历史进程中早于文字的一种样式，往往比文字有着更敏锐的感知度和更深刻的反映能力。

秦的改制，或许到今天仍有异议。但也正是从那个时候，绘画开始进入了以宣扬圣贤为主的人像时代，神像退居到了次要位置上。唐宋时期由于科技、经济兴盛而激发起的强烈物欲，正是绘画由人像转向物像的动因。可以说，秦汉至唐宋，对"人—物"的探究是分别在"人"与"物"的两端展开的，并且都得到了应有的成就——作为一种绘画样式的生成与完善。因此，重新审视"人—物"的关系，也就成为一种逻辑的必然。正如由"理学"而"心学"一样，对"人—物"的整体性关注，并不是绘画才有的孤立的现象。

从这一意义来看，以心性为指归的文人画的生成，并不是某个人的能力所能及的，而是中国文明演进的逻辑必然。

因此，在"形似"上不足的文人画，就其绘画技法而言，是有损于绘画本体的；但就其绘画旨趣——文明性而言，则是筑基于绘画本体的。

二

任何一种艺术的样式，其发展演化的历程是易见的，但其发生的源头却往往是难寻的。固然，我们在宋代就已经可以见到文人画了，但文人画是否就源起于宋代？

尽管宋代已经有"士人画""士大夫画"的名号，也出现了文同、李成、范宽、郭熙等大家，可谓是"浩浩汤汤"矣，而其涓滴细流的源头，却要上溯到唐代、魏晋，甚至更早。比如，唐代的王维通常被奉为文人画的鼻祖——王维并无作品传世，但有了苏轼"画中有诗""诗中有画"的评说，大家也就默许了这一说法。其实，文人画真正的源头，大抵可以上溯到更早的宗炳、顾恺之时代。

宗炳的"畅神"（《叙画》）说，就其对绘画功用的认识和创作的实践而言，更符合后世文人画的概念指称，而以人像为主的顾恺之，其传世的《洛神赋图》卷则可以看作是诗歌与绘画结盟的标志；因此，后来文人画倡导的"诗画一律"，并不要等到王维才出现。而顾恺之的这幅既没有神教功用、亦没有人伦作用的佳作，乃是人类艺术史上的第一件纯艺术作品。尽管后代文人画家的名录中很少出现顾恺之的名字，但将他的《洛神赋图》卷（图1）视作文人画的涓滴源头，当是不存异议的（这也和文人画多以山水、花鸟为题材有些许关系）。

至此，可以大体梳理出文人画的发展演变历程。如果将之比喻为长江，那么春秋战国时以老庄为代表的"解衣盘礴"的描写，是后世文人画的涓滴源头——沱沱河、通天河；魏晋时的宗炳、顾恺之便是理论与实践的二大支流——嘉陵江与岷江的汇合；至唐代王维完成"诗画一律"的开拓，一如闯过三峡的夹峙，已蔚成宽阔的干流；而宋代诸多支流的汇入，则有如上下荆江之谓；其后，如果说"元四家"是蓄势的鄱阳湖，吴门画派是八百里洞庭，那么，董其昌则是疏通湖口后的浩渺大江了。

比喻固然是跛足的，但有时却是最能说明问题的。在文人画的发展长河中，任何的断言都既是当下的，也是历史的。传世作品是有形的成分，理论观念的传承则是无形的。一旦形成，自然会辐辏支流，蓄纳湖泊，汇成大江洪流。

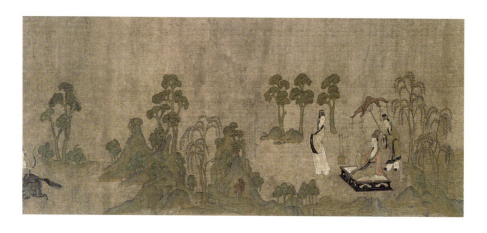

图 1　东晋　顾恺之《洛神赋图》卷（北宋摹本）局部，故宫博物院藏

　　文人画的历史发展演变中，根本的动因来自源头。有了通天河，借助地理山势，便有了辐辏支流、蓄纳湖泊的逻辑力量。所谓源头的动因，乃是春秋战国时期"敬鬼神而远之"的观念。正是这一观念，把之前浑然的"神灵"落实为"人—物"的现实。此后，尽管在"人""物"的分别确认中，绘画充当了不可或缺的鼓吹手，但"人"与"物"的关系，却始终是规范"人""物"极端化的堤坝，因而会在"人像"盛行的时期，出现"畅神"的观念和《洛神赋图卷》这样的作品；在"物像"鼎盛的时期，会出现王维的"诗画一律"，以至于苏轼等人提出"士夫画""士大夫画"这些概念。所有这些其实都是"敬鬼神而远之"这一文化观在不同时期的体现。在人类文明的各种族群文化样式中，只有中国文明明确提出了这一观念，并且始终以此为目标。

　　远离神教，或许并不困难，难的是去向何处。"娜拉出走"是艰难的，但去向何处却是迷惘的。中国文化两千年来，始终不懈探究的便是这个问题。无论是书画、诗文、音乐、哲学以至于礼制、政体，可谓全方位各领域协同展开。

　　远离神灵，亲近人，大抵就是自秦汉至隋唐的探究方向。当然，这个"人"是社会的、族群的。构建人与人的族群生活规范与秩序，是秦汉，尤其是秦，重法制、礼制的体现。当这一秩序基本构建起来后，便由族群社会移向了个体自我，这集中体现在魏晋时期。当这种"人性""人本"的探究步入到"药"与"玄"的境地，并呈现出向"神灵"回归的趋势时，对"物"的探究，便有了扭转与规导的功用。当然，人们对"物"的探究，在五千年间并没有中断过，但到唐宋，尤其是宋代，得到了全面兴盛。从"物之形"到"物之理"，对理的追究，必然引起对心的反观。一如理学引发的心学，绘画的心性之究，也是

图2　《鹊华秋色图》，台北"故宫博物院"藏

在"物之形"以及"物之理"之后的逻辑发展。文人画在宋代已见端倪，至明清蔚为大观，这是一个历史演化的过程。在这过程中，文人画由两宋的"隐学"到明清的"显学"，这一方面和社会大背景有关，另一方面也是中国文化观念先行的特性在绘画中的体现。

所谓的观念先行，其实就是"敬鬼神而远之""解衣盘礴"的种子在萌芽、生长。在其尚幼稚的时候，便只是以潜隐方式存在与延续。因此，无论是宗炳、顾恺之，还是苏轼、米芾，一脉延传，但仅仅是"一脉"而已，亦即是小众的，而非大众的。当然，就绘画自身而言，也有一个技法、图式上的逐步完善与丰赡的过程。

若结合画家与作品，就能有更直观的理解。提出士大画的是苏轼，但苏轼的画作已不可见，他也题过不少他人的画作，不过从他最激赏的画家文同的作品来看，苏轼的士人画和明清所谓的文人画是有很大差距的。从画面形象上看，显然，文同的画更多地符合"写形"而非"写意"。宋画中，符合我们所理解的"写意"概念的大概是梁楷；而梁楷的画，其实有一个更准确的名称——"减笔画"，换言之，梁楷的文人画身份，更多地来自后人的追认。同样，在宋代追随苏轼、黄庭坚的僧人惠洪，提出了"笔墨亦是大佛事"的观念，由此而产生重意趣、轻形似的符合文人画的作品，只是同样，他们也有一个更贴合的名称——"禅画"。这一风格对日本产生了巨大而深远的影响，但在中国却被宋元之际的赵孟頫用"古意"抑制了。

赵孟頫在画史上的地位，堪称既是一个时代的终结者，又是一个时代的开启者。他的《人马图》《红衣罗汉图》以及《鹊华秋色图》（图2）等，既是两宋绘画的集大成，也是两宋绘画最后的辉煌，而《双松平远图》《水村图》

等则是有元一代水墨山水的先声；被后人奉为文人画典范的"元四家"，不是受赵孟頫的亲炙，就是私淑于赵孟頫，而所有这些又都可归根于赵孟頫的"古意"倡导。对于什么是"古意"，赵孟頫并没有严格的理论界定，但他的实践示范，却实实在在地从绘画本体上完成了对文人画的建构。虽然不免误读，但从历史的角度来看，赵孟頫的"古意"，其语义指向绘画源头的种子——"敬鬼神而远之""解衣盘礴"，以及之后的"传神""畅神"。换言之，赵孟頫的绘画不仅在"人像"上，同时也在"物像"上，分别达到了近乎极致的境界：前者如《红衣罗汉图》，后者如《秋郊饮马图》；之后的《双松平远图》《水村图》，不仅是图式上的变革，更是对功用的超越，亦即，既超越了"人像"的人伦教化，也超越了"物象"物欲世情，顿入心性修养的新天地——以黄公望、倪瓒、王蒙、吴镇为代表的元代画家的山水画和无处不在的墨竹，便是这片新天地的样貌。

元代不仅社会文化礼制特殊，而且存续时间短暂。明替代元之后，在社会全面复兴的过程中，绘画也随着社会的大潮而趋归于人伦教化与物欲世情之用。明代早期的浙派和中期的吴门，尽管在画面形式上与两宋有所差别，但在主要认知与功用上都与宋相呼应。因此，从某种意义上来说，绘画呈现出的是一种历史退回。

这一历史退回，其前阶段是社会秩序重建的需要，后阶段则是资本力量的左右，所谓"城市山林"，既是对市民生活的一种反映，更是受制于市场（资本）的体现。如《东庄图册》等大量具有高还原度的园林题材作品，其实都是资本驱使下的产物。

社会动荡，绘画的人伦教化功能被启用；社会安稳，绘画的世情物欲表达被青睐，随之其后，则有心性修养之需。

明末董其昌对文人画的振兴，既得益于其超凡的禀赋，也是绘画演化的必然。

三

明确文人画的提法是董其昌的功绩。在《画旨》中，董其昌有"文人之画自王右丞始"之言，但董其昌没有在理论上对文人画进行界定，而是直接当作一个既成的概念加以使用。所以在指出文人画的端起后，董其昌直接列出了他认为符合文人画的历代画家，即"文人之画，自王右丞始。其后董源、僧巨然、李成、范宽为嫡子；李龙眠、王晋卿、米南宫及虎儿，皆从董、巨得来；直至元四大家黄子久、王叔明、倪元镇、吴仲圭，皆其正传；吾朝文、沈，则又遥接衣钵。若马、夏及李唐、刘松年,又是李大将军之派,非吾曹易学也。"从这段文字中可以看到,"文人之画"在董其昌这里直接被用作梳理历史的一个标准。

夫子所谓,名正言顺,然后可事成。文人画的提出便是一种正名,亦即由原先的士夫画改为文人画。

士夫画用在宋代是合适的,从苏轼、米芾、文同到赵孟𫖯都是簪裾中人,但到元代和明代就有名不副实之嫌了。元代盛行隐逸之风,倪瓒、吴镇等不符合"士夫"之谓。明代就更是如此,沈周、唐寅之流,不仅没有官职,甚至连功名都没有。因此,用"文人"这一更为宽泛、宽容的概念来指称,方是合于史实的务实态度。

董其昌在顺时而为,用"文人"替代"士夫"的同时,还对绘画以及画史做了更进一步的界分,这就是他的"南北宗"论:

> 禅家有南北二宗,唐时始分。画之南北二宗,亦唐时分也,但其人非南北耳。北宗则李思训父子着色山水,流传而为宋之赵幹、赵伯驹、伯骕,以至马、夏辈;南宗则王摩诘始用渲淡,一变钩斫之法,其传为张璪、荆、关、郭忠恕、董、巨、米家父子,以至元之四大家。

结合"文人之画"与"南北宗"这二段文字来看,可以发现,董其昌对绘画的认识与界分,首先是界分出"士人画(文人画)"与"工匠(画师魔界)",其中的工匠画(他称之为画师魔界)是不在他讨论范围内的。其次是把士人画分为"南宗"与"北宗"——他倡扬的是"南宗",贬抑的则是"北宗"。这是一个大前提,之后讨论都当在这一前提下进行。当然,在大多数情况下,后来所谓的文人画是与董其昌的"南宗"相对应的。

如果以"文人之画"代替"士夫之画"是顺时的话,那么,借禅之南北二宗喻画,则是对"人—物"两端分别探究的一种超越,亦即对汉唐人伦教化的"人像"和宋明物欲世情的"物像"的超越,从"人"与"物",进入到"人"与"物"的关系上——"人—物"。

作为整体的"人—物",也就是人与物的"关系",是人非人,是物非物,一如太阳和地球之间存在的引力一样,是一种客观存在,却看不见摸不着,只有通过相应的知识去认识。"引力""信息"等都是现代才有的概念,在没有产生这些概念之前,很多时候是用"神"这一个符号来指称的。事实上,"神"从秦以后,其指称的就不再限于远古的"神灵",而更多地用来表达文学艺术中高超的技艺,进而成为品评优劣的标准,比如"神来之笔""神品"等。一个更典型的例子是"神韵""神采""风神""神情""神气""精神"等词语，不是指称"神灵"，而是描绘人的情貌。

在绘画中，"神似"与"形似"一起成为绘画理论的硬核。从"传神""以形写神""畅神"到"神似""神品"，或许对"神"的解读会各执其义，但始终围绕着一个"神"字展开，则是显而易见的史实。这个"神"之所以解释不清楚，固然和这个文字符号本身麇集的含义太多、太复杂有关，更重要的在于，和对举的"形似"关联太紧，而之所以与"形似"紧密携手，则又是缘于绘画本体的召唤。若无"形"的锚定，"神"必然背弃"形与色"而演化为一种观念。因此，被形锚定的"神"，因着与形似的纠葛而使自身模糊不清，只是以一种指向的方式呈现。在很多场合，甚至是不可解的"神乎其神"。

当然，这种模糊也有一个好处，那就是让每一位后来者都可以跻身为阐释者，亦即都有参与其中的权利与可能。这是理论观念的开放性所带来的未来缔造动力。

"神"在宋以后，其核心地位便有所下降，取而代之的是"逸"。"逸"在宋代还是"另类"的雅称，因着元代隐逸高标，"逸"荣升为绘画品评的最高标准，相应的"神"也降落为"形"的品评的高级阶段——相对"妙""能"而言的高级阶段。

细究"逸格"标准的具体应用，可以看到其出现并僭越的合理性。"神"由于是一个被引入的概念，再加上固有的语义丰富性，决定了其在绘画语境中的语焉不详；相比之下，"逸"的原生性远在"神"之上，因为"逸"是在对既有的绘画作品样式的归纳中产生的，是本土的而非外来的。其次，"逸"的突破性含义，既有规范外的含义及其超然性含义，又具有将原有的"神"的所指具体化、绘画化的作用。尽管同样都有语焉不详的特征，但相比较而言，"逸"更具有绘画的专属性，而这也是文人画更加青睐"逸"，甚至许可其霸占成为标识文人画之为文人画的独享专利的缘由所在。从这一意义看，"逸"是"神"的所指的绘画性表述，也是对"神"的僭越。

"逸"对"神"的僭越，其本然的原因，在于"神"在"关系"上的疏远，亦即在"人"一端上的疏远，在"物"一端上的渐次坐实，腾出了被代替的可能与空间，因而，这种被僭越亦是时势的逻辑。然，虽有其时势的合理性和必然性，但也不可避免带有其本然的破坏性。首先是僭越者，必须承接"神"所本应有的担当指向，这就是"逸"在"形"的方面所体现的对"形似"的突破。过度的抽象概括，伤及了绘画须据于形的生存根本。其次，"逸"的别出、逃逸的本义，有引领绘画走向观念的潜在可能，并且在绘画实践中，这一潜在的

可能正被利用与放大。因此，明清以来，诟病文人画的声音可谓屡见不鲜。（详见阮璞《画学·文人不满文人画》）

从画史本身来看，北宋黄休复在《益州名画录》中将"逸"置于"神""妙""能"之上，定为品评"四格"；至南宋，便有了水墨泛滥的情状。这与"逸"在品评中的升格是同步的，或相关的。

率先看到这一点并加以匡正的是赵孟頫，他提出了一个新的观念："作画贵有古意。"遗憾的是，赵孟頫没有进一步论述"古意"是什么。可能是因为他觉得绘画理论，从诗文的角度来看，只是小技小道而已；也可能是因为自信自己作为画坛盟主的权威，只要发个号召就可以了。结合赵孟頫"须知书画本来同"那首论书法与绘画的诗，以及他自己的绘画实践，我们大抵还是可以推测出他"古意"的所指。

赵孟頫的"古意"，就其现实针对性而言，是反对"用笔纤细，敷色浓艳"，这里显然是针对南宋宫廷画风而言的。同时，注重笔墨，以书法笔墨入画，在"简率"中发挥线条的抒写性。

首先，色彩的装饰性和线条的抒写性，是赵孟頫"古意"的指向所在。形（线）与色又恰恰是绘画之为绘画的根本，所以"古意"便有了坚实的基础。其次，装饰性和抒写性，又恰恰是"神"的本然（未落实到"人"时期的所指）指向所在。因而，可以说，赵孟頫的"古意"所含的"古"正是"神"的本然时期，于是，"古意"也就是"神"的本然指向的新符号。

将此重新置回到历史之中，就十分清楚地表明：赵孟頫的"古意"具有绘画从"人—物"阶段到"人"阶段，再到"物"的阶段后，再次归复到"人—物"状态的指向，所不同的是前一"人—物"状态指向神灵，后一"人—物"状态指向心性。

由于装饰性更接近"神灵"，所以在赵孟頫之后，画家的共同选择是后者，即更接近"心性"的抒写性，由此而造就了文人画的第一个高峰。

因此，"古意"是一个新指向，指向一个新的绿洲，以"元四家"为代表的一代大家便是隐逸于这片绿洲上的高士。

超越人伦教化的"心性"之作，自然是不受皇家青睐的，而"元四家"们也大多无意于仕途，然到元明易祚，情形就发生了变化。在明初，以浙派为代表的绘画，在"复古"的社会大潮中，恢复的是物欲世情、人伦教化的绘画功用，也正是这种回潮，使明院体（或浙派）的很多画作往往与宋画难辨真伪。之后，以"元四家"为代表的元代文人画的余绪多在松江地区，后流播到苏州，形成了吴门画派。吴门画派所承担的是一个过渡性的桥梁作用。吴门画派既不

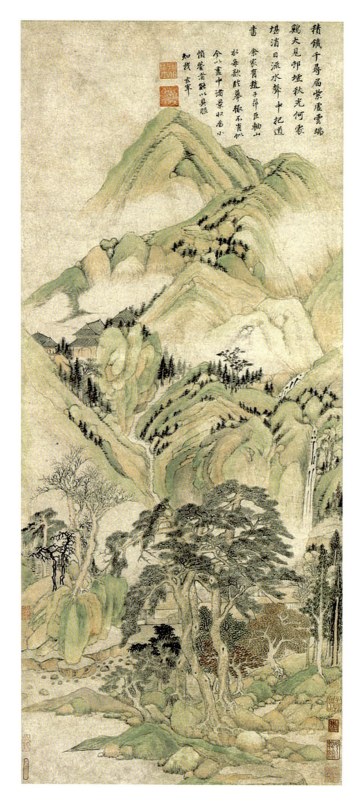

图 3　明　董其昌《仿赵孟頫秋山图轴》，上海博物馆藏

愿意循依人伦教化，又难舍世情物欲，故所谓"城市山林"便成了其贴切的标牌。"城市山林"大抵只是观光客的旅游照片，是生活的理想场所，而不是最终的精神归所。这正是后来者——董其昌所要扭转的。

董其昌尽管对沈周等吴门大家的山水画有过不少的称誉，但根本上是不太放在眼里的，因为他要"血战"的是赵孟頫。董其昌（图3）和赵孟頫一生纠葛，实质上是董其昌要接武赵孟頫，重新规导绘画的发展指向。这是一项艰难的任务，但董其昌做到了。

具体来看，董其昌的工作重点在以下几个方面：

首先明确提出"文人之画"，这一方面是把原来的"士大夫"拓宽为"读书人"，另一方面，也在一定的程度上把"人伦教化"排除在外。当然，如前文所及这一顺时之变，本身就有现实的基础，但在客观上，还是强化了"读书"对绘画的重要性和必要性。

其次，强调了绘画的"心性修养"。在这一点上，董其昌采用了摆史实而不讲道理的强行切入手段，亦即罗列"物欲世情"派往往短命，而"心性修养"大多长寿这一史实，切入其"以画为寄"的以画养人观点：

> 画之道，所谓宇宙在乎手者。眼前无非生机，故其人往往多寿。至如刻画细谨，为造物役者，乃能损寿，盖无生机也。黄子久、沈石田、文徵仲皆大耋。仇英短命，赵吴兴止六十余。仇与赵虽品格不同，皆习者之流，非以画为寄，以画为乐者也。寄乐于画，自黄公望始开此门庭耳。

从上述所论中，可以看出，多寿，在于得生机，而生机源于"宇宙在乎手"。"宇宙在乎手"，一方面是不为造物所役，另一方面是"以画为寄""以画为乐"。不为造物所役，是从"物"的一面，对"物"（物欲世情）的超越；"以画为寄"，是从"人"的一面，对"人"（人伦教化）的超越。超越的境况是"眼前无非生机"。因此，多寿是表现，生机是内质。由此，画之道，由"存形"（陆机）而"明劝诫，著升沉"（谢赫），变为"生机"，董其昌完成了对绘画的新的界定。

需要强调的是，董其昌认为"生机"的获得途径是"宇宙在乎手"。《淮南子·齐俗训》曰："往古来今谓之宙，四方上下谓之宇。"因此，宇宙包含哲学上所谓的时间和空间，也就是合万物之总称。故，在董其昌对绘画界定时，主张绘画关注的既是"人"，又不限于"人"；既是"物"，又不限于"物"，而是"人""物"整合体——作为一个整体来对待，即"人—物"。所谓"在乎",乃是绘画的认知方式与呈现。董其昌举画树为例:"山行时见奇树,须四面取之。树有左看不入画而右看入画者,前后亦尔。看得熟,自然传神。传神者必以形,形与心手相凑而相忘,神之所托也。"

"相凑相忘",也就是物我两忘,超越具体的物与具体的我,那么,所得所居者便是"神"——"人—物"关系。明乎"人"与"物"的关系,也就知道了如何处理人与物的关系;不役于物乃可畅神达性、天人合一,于是宇宙在手,满目生机,复自出机轴,乃得大耋多寿。

这也就可以解释千百年来中国人为何会如此执着于山水画——这种在西方只有宗教才能做到的事情。潜蕴于绘画中的这条文脉是绘画——文人画生生不息的生机所在,尤其是山水画乃是中国文人的精神家园的图像呈现。

最后,是董其昌对笔墨的推扬,董其昌有一段"怪"论:"以径之奇怪论,则画不如山水;以笔墨之精妙论,则山水绝不如画。"这也就是说,从"存形"的角度看,画总是稍逊一等的;从"抒写"的角度看,则唯笔墨能胜擅。对笔墨的推崇,实际上是给"心造"颁发的认证书。"心造"或"意造"一方面是对自然造化的超越,另一方面也是心性舒畅的途径,笔墨只是媒介而已。因此,表面上看董其昌是对赵孟頫"书画同源"观的一种落实与推进,实际上完成的则是对造化的超越。当然董其昌也深知,这种超越只能对那些真知画者而言,若不设前提地推而广之,则难免"护短者蹿入其中"。因此,对他的"笔墨精妙"之论,当从超越造化的角度去理解,不可当作"失于自然而后神"的超逸观点来解释。在这一点上,可以借助书法理论来辅佐说明,书法中对"书意"的论述充分而完备,移来作解读董其昌"笔墨精妙"之论的他山之石,当是有益的。

董其昌一生血战赵孟頫,表象原因有很多,但究其本根还在于董其昌自己绘画理想的落实。赵孟頫以"古意"为路标指向,指导了宋元之际的画坛,创造了元明的画史,但其语焉不详之处,又在客观上规定了文人画未来的发展空间。因此,董其昌要做的是为文人画全方位地"正名",以期名正言顺,言顺事成。

概括起来看,董其昌的"正名",主要在三个方面。

第一,画家身份,明确文人(读书人),而不必是士大夫,强调的是读万卷书本身。

第二,绘画功用,超越于人伦教化和物欲世情的心性修养。

第三,表现对象,整合现实的"人"与"物"而为"人—物"的关系。在图像上则是由"人像"而"物像""心像"。

当然,这三个方面是董其昌就文人画而给出的具体界定,至于诸如"以形传神""畅神""外师造化,中得心源"等既有的相关观点与理论,在董其昌的文人画观念下都或有传承，或有补充，或有修正，这也保证了董其昌文人画论的历史根脉。

从现有的史料、文献研究来看，晚明时期，能对绘画（文人画）作出这一新的规导，应该是当时有识之士的共识，至少莫如忠、莫是龙父子，陈继儒等都有相似的见解。当然，阐述得最为系统、深刻的还是董其昌。更重要的是董其昌除了理论上的阐述外，更有创作上的实践和示范。

四

从历史到现实，从理论到实践，董其昌对文人画（南宗）的重新界定，不仅影响广泛，而且深远，以至于在当今依然发挥着文人画实践与理论的根基作用。

首先是影响广泛。承接董其昌衣钵的重要人物是王时敏。受董其昌亲炙的王时敏，可谓是不折不扣，全面地、创造性地继承和发挥了董其昌倡导的文人画理论与实践。而受王时敏影响的王鉴以及他们弟子后人王翚、王原祁，构成了清初"四王"，他们不仅是正统的代表，且影响了皇家的趣味。以董其昌文人画理论为指导的"四王"成为有清一代的画坛正统，后又有由"小四王""后四王"等等，衣钵相传，绵延三百多年。

董其昌不仅开启了其后三百多年的画坛正统，且诸多被视为野逸派的画家，其实也是在董其昌的绘画理论规导之下，甚至从学董其昌入手，如八大山人等。而日本直到20世纪仍在编辑出版《南画大成》等论著。

其次是影响深远。自董其昌倡立文人画（"南北宗"论）以后，"南宗"不仅是绘画实践中的范本，而且也是品评高下的标准。合"南宗"者声隆价高，不合者则归入工匠。这一点从新文化运动中康有为、陈独秀等要"革王画的命"的号中就可推想出"四王画"对历史和当时的影响。

第三，董其昌的理论观点成为画史的梳理标准，亦即绘画史观的核心观点都来自董其昌。无论是清代还是近代，甚至是当今各家绘画史，虽详略各有不同，但在绘画史观上基本都是一致的，即以"南宗"的标准，梳理流派技法、遴选画家的作品。20世纪上半期出版的十数种绘画史是如此，20世纪末以来的绘画史亦是如此，只是有了更多的版本而已。

第四，新文化运动以来，一边是在高喊"革王画的命"，一边则是在"学王画以出新"，如齐白石、黄宾虹、陆俨少、吴湖帆等都是源出于"四王"，至如李可染到晚年时亦对董其昌推崇备至，可以说，董其昌和"四王"对文人画的规导力至今仍在。

董其昌书法创作观散论

金丹 / 南京艺术学院

董其昌的书法以淡雅著称,无论是楷书、行书、行草,抑或是狂草,都是一派萧散简淡的风致,这不能不说与他的书法思想紧密相关。他的书法风格的形成,是他独特的书法创作观的映现,而他的书法创作观又在他大量的题跋中流露出来。

一、妙在能合 神在能离

谈董其昌的创作,是离不开临摹的。他的临摹中有自己,创作中见古人,这是他的独特之处,与米芾"集古字"的创作实践形成鲜明对比。我们知道,历代书家都有一个从临摹到创作的过程,而董其昌与众不同地处理好了这种关系。董其昌对自己的书法有这样的描述:"出入钟太傅、王右军、大令、颜平原、杨少师、米海岳诸家。""出入"二字表明了他在临摹与创作过程中的一种态度。

对于临帖的目的,人们都很清楚,不是为临而临,而是通过临帖,学习古人的长处,再自成一家。他在临帖时除了"实临"以外,"意临""背临""参合""溯源""借径""变通"[1]的态度,为他的创作奠定了坚实的基础,但怎么处理临帖与创作之间的关系?董其昌有一著名的论断——"离合论":

盖书家妙在能合,神在能离,所以离者,非欧、虞、褚、薛诸名家伎俩,直欲脱去右军老子习气,所以难耳。哪吒拆骨还父,拆肉还母,若别无骨肉，说甚虚空，粉碎始露全身。晋、唐以后，唯杨凝式解此窍耳，赵吴兴未梦见在。[2]

我们可以将他的"离合论"看作是从临摹到创作的重要观点。所谓"合"和"离"是相对于古人而言的，也就是妙在能与古人合，神在能与古人离。合是最初的基本要求，离是最终的目的。合是合乎传统的法度，离是真我面目的显现。他用哪吒"拆骨还父，拆肉还母"的故事来说明对传统的超越。董其昌的"离合论"实际上是古人通变思想的延续，早在《易经》中就有"生生之谓易"。较早在文学艺术中提出变的思想的，可见读到西晋陆机在《文赋》中的论述，他说："收百世之阙文，采千载之遗韵，谢朝花于已披，启夕秀于未振。"提出作文在融会古人的基础上贵有新意。梁时刘勰在《文心雕龙》中有"通变"一章，主旨是通古与变新，近代学者范文澜在《文心雕龙注》中说："通变之术，要在'资故实、酌新声'两语，缺一则疏矣。"而董其昌的"妙在能合，神在能离"与这种思想是吻合的。"离合论"的提出，为我们的临摹和创作提出了要求，也就是我们平时所说的，在临摹时能有"他神"，在创作中能有"我神"，这已经是书法学习的人所尽知的要求，也成为艺术创作的一个普遍规律。纵观董其昌的临摹历程，毋庸讳言，他在临帖时也常常是有"我神"的，他在创作中也不时追求"他神"，他总是在离合之间，这种别样的书法学习法是不是能给我们一些启示呢？

从董其昌的言论中，我们可以看出，他是主张临帖有古人也有自己的，他在《容台别集》中将临帖作了一个颇为形象的比喻："临书要如李光弼入郭子仪军，旌旗一变。又如苏、张纵横，同出于鬼谷，不为其笼罩，虽肖似不足称也。"[3]这里有两处典故，唐代大将李光弼加入郭子仪的军队，与郭子仪齐名，世称"李郭"。纵横是古九流之一，鬼谷子为战国时纵横家之祖。传说苏秦、张仪均出其门下，苏秦主张合纵，合山东六国以抗秦，张仪主张连横，说六国以奉秦，因成纵横两派。这里的意思是说临帖要不被原帖所囿，肖似并不足取，要入而能出，出而能自成一家，表明了董其昌的创造性临帖观，实际上，这也是创作观的前提，入古而又有己意。董其昌在一则作品的题跋中说："以杨凝式书书此数诗，欲离不欲合，与唐人虞、褚辈不近也。"[4]

董其昌有一个特点，常常以古人法为自家书，这是我从他的作品落款中读出的。就像他的绘画，也常常是"仿……""拟……"，实际上更多的是他自己。据《墨缘汇观录》著录，董其昌在万历四十六年（1618）所书《桃花赋》时，"以虞永兴法书此赋"。天启元年（1621），六十七岁的董其昌

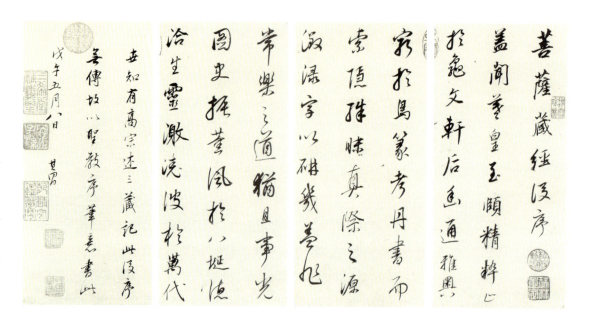

图1　明　董其昌《菩萨藏经后序》（选四），台北"故宫博物院"藏

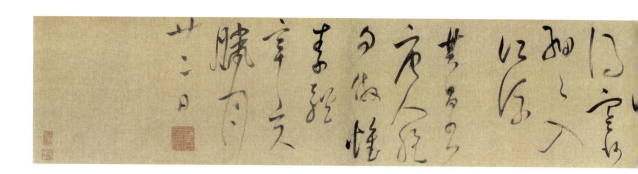

图2　明　董其昌《仿怀素体》（局部），无锡市博物馆藏

重书此赋时说："今年八月，从京口张太学修羽观永兴《庙堂碑》真迹，叹赏之次，更有悟入。因重书一通。"山西博物院藏有董其昌《楷书千字文册》，在落款中有"以虞伯施、褚登善笔法参合书此"，我们读到的仍是他的个人意趣。董其昌曾书《菩萨藏经后序》，是以《集王圣教序》笔法为之（图1）。还有他的《唐人绝句草书手卷》，注明是"仿怀素体"（图2）。还有《草书扇面》，注明"学杨少师书"（图3）等，这些作品都不是临摹，而属于创作。他在创作中不避讳仿古人法，认为"书家未有学古而不变者"，这在他的创作中流露无遗。董其昌在创作中追寻古人不在似，而在意、在势，他

图 3 明 董其昌《学杨少师书》,荣宝斋藏

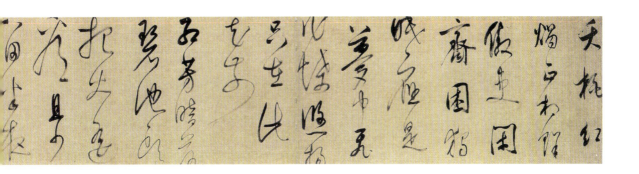

在一则跋中说:"余此书学右军《黄庭》《乐毅》,而用其意,不必相似。米元章为集古字,已为钱穆仲所诃,云须得势,自此大进。"[5]他在书《黄庭内景经》跋中说得更直接:"《内景经》临者不能以数计,然皆不改故步,所以无出人头地处。须明古人之法不可弃,亦不可守。赵吴兴一生受病处,唯在守法不变,今世罕有知者。余之为此一洗故习,知我罪我,听之而已。"[6]与他的"守法不变,书家奴耳"的观点是一致的。

从董其昌书法的多则题识中,我们可以读出一些信息:

> 此册是拟虞永兴者……余以意想之,出入于《汝南公主志》及《斋僧帖》耳。(《石渠宝笈续编》第三十三册)
> 以杨少师《韭花帖》笔意,书仲宣《登楼赋》,亦兼用陶隐居《华阳帖》,欲一洗媚艳之习耳。《容台别集》卷三)
> 余书坡公《大江》词,即以其笔法书此。(《容台别集》卷三)
> 因书《伯夷传》,稍用苏法及之。(《容台别集》卷三)
> 以米元章笔法,书渊明辞,差为近之。(《画禅室随笔》卷一)
> 以虞伯施《庙堂碑》法书此偈。(《容台别集》卷三)
> 因观颜鲁公《田神功八关斋会记》,拟其笔意书此经。(《容台别集》卷二)

这些都是他的创作感受,董其昌善于借古人的笔意来抒发自己的情感,那种不拘泥于古人一点一画的精神,造就了一个神态自若的董其昌。他与古代书家若即若离,又新意时见。

二、作书之法　收纵攒捉

"善用笔者清劲,不善用笔者浓浊。"董其昌对于书法技法和书法风格有着不少独特的见解,也就是董其昌所谓的笔墨和形象。他认为:

> 作书之法,在能收纵,又能攒捉。每一字中失此两窍,便如昼夜独行,全是魔道矣。[7]

"收纵""攒捉"是董其昌笔法的重要内容,收,聚合内敛;纵,放任外展;攒,蓄力前行;捉,急停转向。此论同前人所谓"擒纵"之妙。他对于笔法的微妙体会何至于此,他还能体会"发笔处出锋如抽刀断水",等等。此外,涉及书法技法方面的,诸如笔法、笔势、结构、章法、墨法,等等,这些零散的论述是他书法创作的直接感受,他对于具体的技法有自己细微的体会。

他论笔法,在说到发笔时认为:"发笔处便要提得起笔,不使其自偃,乃是千古不传之语。"在说到藏锋时认为:"书法虽贵藏锋,然不得以模糊为藏锋,须有用笔如太阿剸截之意,盖以劲利取势,以虚和取韵。"[8]他自解"锥画沙、印印泥、屋漏痕"三喻都是指藏锋,并言明"出锋之遒,成藏锋之浑"。他既强调不能以模糊为藏锋,同时也强调"作书最要泯没棱痕,不使笔笔在纸素，成板刻样"，这与王羲之的"须存筋藏锋，灭迹隐端"是一致的。他也欣赏苏东坡的"天真烂漫是吾师"诗句，并认为此一句为丹髓。在说到笔力时认为："盖用笔之难，难在遒劲，而遒劲非是怒笔木强之谓，乃大力人通身是力，倒辄能起？"又说到"笔画中须直，不得轻易偏软"。这些都是董其昌对于笔法的具体要求。在说到运笔时认为："作书须提得起笔，不可信笔。盖信笔则其波画皆无力。提得起笔，则一转一束处皆有主宰。转、束二字，书家妙诀也。今人只是笔作主，未尝运笔。"[9]他在题跋中多次表示出反对信笔作书。

他论笔势："予学书三十年，悟得书法而不能实证者，在自起自倒、自收自束耳。过此关，即右军父子亦无奈何也。转左侧右，乃右军字势。所谓迹似奇而反正者，世人不能解也。"[10]他很自负地认为找到了书法技法的诀窍在于"自起自倒""自收自束"，当然，我们从他的作品来看，的确用笔起倒收束十分自由，得心应手。

他论结构："古人作书，必不作正局，盖以奇为正。"[11]又说："古人书皆以奇宕为主，绝无平正等匀态。"他对于状如算子的字是不屑的，王羲之《题卫夫人笔阵图后》云："若平直相似，状如算子，上下方整，前后齐平，便不是书，但得其点画耳。"董其昌深谙此意，他列举王献之字从无左右并头者，王羲之字凤翥鸾翔，似奇反正。他认为结构布置不当平匀，当长短错综，疏密相间；还认为作书所最忌者，位置等匀，一字之中须有收有放，有精神相挽处，并告诫人们"摇笔便当念此"。

他论章法："古人论书，以章法为一大事，盖所谓行间茂密是也。"又对王羲之《兰亭序》的章法表示出由衷地赞叹："右军《兰亭叙》，章法为古今第一，其字皆映带而生，或大或小，随手所如，皆入法则，所以为神品也。"这是他平日留意章法所致，故他的作品常常能"长短错综，疏密相间"。

他论墨法："用墨须使有润，不可使其枯燥，尤忌秾肥，肥则大恶道矣。"[12]并认为要得用墨之法，必须多看古人真迹，不然的话不足以与他谈用墨的诀窍。因为我们面对刻帖、碑版时确实无从追究墨法，董其昌经眼的真迹很多，所以他的感受尤深。

在书法创作上，他还强调巧，而反对拙，他说："书道只在巧妙二字，拙则直率而无化境矣。"[13]他的书法作品是此论最好的注脚。

董其昌在技法上的要求，正是他长期对古代书法经典作品细微解读的结果，他既能体会运笔的瞬间感受，又能追寻笔法的渊源来由，更能高屋建瓴地提出一系列书法创作的方法与要领。

三、不受法缚　乃自成家

《明史》评价董其昌："其昌后出，超越诸家，始以宋米芾为宗，后自成一家，名闻外国。"评论颇为公允。

董其昌既注重"法"，又注重突破"法"，不为法缚。他说："晋、宋人书，但以风流胜，不为无法，而妙处不在法"。他对韵、法、意有自己独到的理解。他还提出："捉笔时须定宗旨，若泛泛涂抹，书道不成形象，用笔使人望而知其为某书，不嫌说定法也。"这里所说的"宗旨"应是对笔墨的要求，"形象"可以理解为今天我们所说的"风格"，董其昌认为书法家必须有自己的笔墨语言，所谓"免重台之诮"，即表明要有自己的特色。他在《周叔宗书洛神赋册》的跋中说："乍开帙，即意为吾友周叔宗书，不待名款，自可鉴定。"[14]说明他赞赏老友书法风格特征的鲜明。他评柳公权"盖不受法缚，乃自成家。"他评米芾"学沈传师、王献之，遂成一家法。"他始终认为，"但能脱去临仿之迹，乃称名家。"他又在自书《雪赋》后跋："客有持赵文敏书《雪赋》见示者，……遂自书一篇，意欲与异趣，令人望而知为吾家书也。"[15]"吾家书"，即具有个人特色的董氏书风。正因为董其昌有这样的观点，所以董氏书风才显得那么鲜明和独特，这是他书法创作观的重要表现。

董其昌注重强调"定法"和"不定法"的差别，如"盖蔡（襄）书多守定法，学景度者乃不定法。"他对变法的古代书家均十分景仰，如"柳诚悬书，极力变右军法。"对于变法，他有这样的认识：

> "世人但学兰亭面，欲换凡骨无金丹"，山谷语与东坡同意，正在离合之间，守法不变，即为书家奴耳。[16]
>
> 予学书三十年，不敢谓入古三昧，而书法至余，亦复一变。世有明眼人，必能知其解者。[17]

"守法不变，即为书家奴耳""书法至余，亦复一变"，变法的重要于此可见。此外，他强调超越，一直将目光锁定在赵孟頫身上："赵书因熟得俗态，吾书因生得秀色。""赵书无弗作意，吾书往往率意。"这样的论述不在少数。实际上，他既认同赵孟頫书宗晋唐，又认可赵孟頫书中龙象，在他的心中，他的复古与赵孟頫的复古是有区别的，他批评赵氏"守法不变"，今人眼目为赵氏所遮障，而他是不受法缚自成一家的。

除了变法和风格的鲜明以外，他还试图契合笔法与内容，他在书白居易《琵

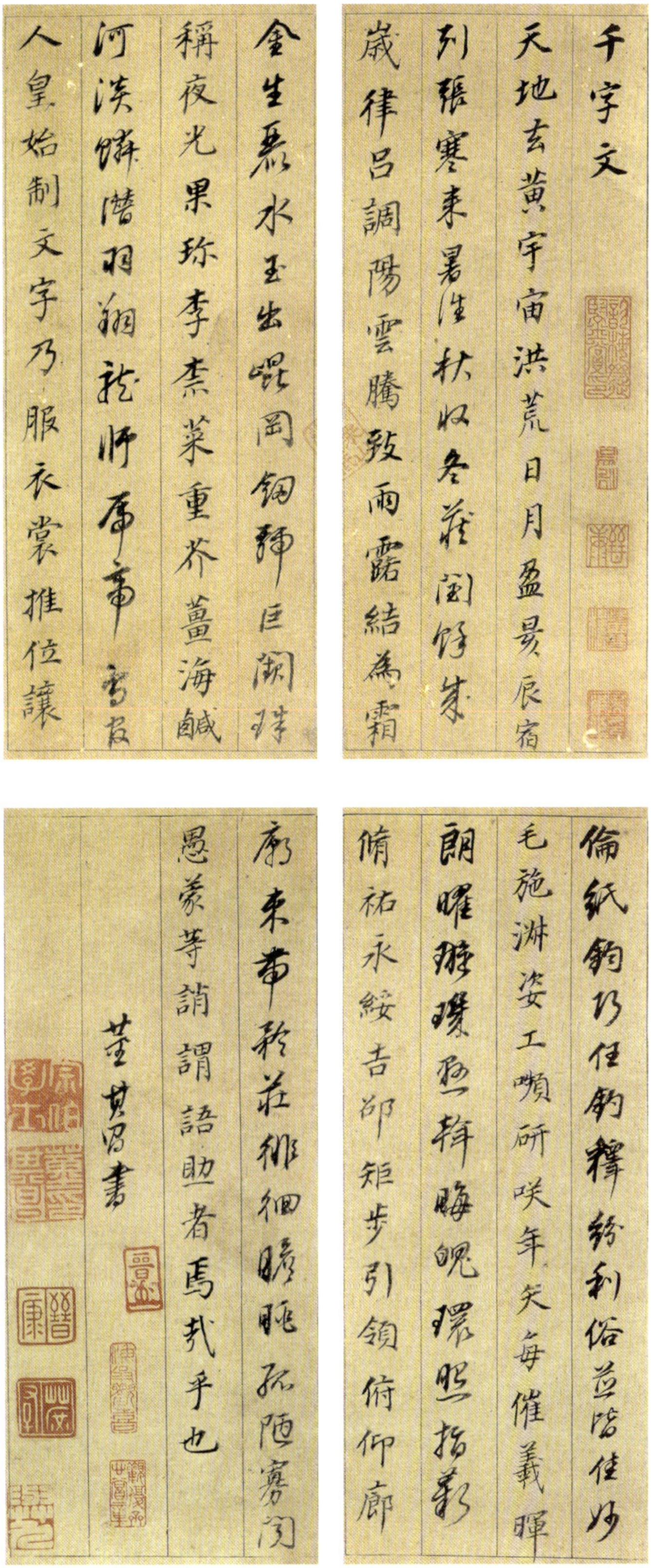

图4　明　董其昌《真草千字文》（选四），南京博物院藏

琶行》时,"用米襄阳楷法,兼拨灯,意欲与艳词相称,乃安得大珠小珠落研池也。"[18]"余书坡公《大江词》,即以其笔法书此。"他在见赵孟頫书《文赋》后说:"此晋人文,当以晋人书书之。"[19]

董其昌还善于塑造一些新的形象,让人耳目一新。《真草千字文》是古人常见的形式,一行楷书,一行草书,内容是重复的,可以对照看,因而可用来识草。董其昌却在他的《真草千字文》(图4)中,用一行楷书、一行行书连续书写,内容并不重复,初看如古人的《真草千字文》一般,细读却让人恍然大悟,这种书法创作真是极具创意。

另外,董其昌不仅有着强烈的形成个人书风的要求,还有着强烈的开派意识,相对于吴门书派,他推出了云间书派:

> 吾松书自陆机、陆云创于右军之前,以后遂不复继响。二沈及张南安、陆文裕、莫方伯稍振之,都不甚传世,为吴中文、祝二家所掩耳。文、祝二家,一时之标,然欲突过二沈未能也,以空疏无实际故。余书则并去诸君子而自快,不欲争也,以待知书者品之。(此则论云间书派)[20]

董其昌一直欲超越文徵明、祝允明之流,年轻时就将文、祝置之眼角,意欲突破吴门书派的笼罩,理出松江籍书家与吴门抗衡,而董其昌本人正是云间书派的提出者,并成为其核心人物,可见他不仅要成家,还要开派。当然,明清之际,崇董书风盛行,也可以看作是董其昌流派了。

四、淡之玄味　必由天骨

董其昌青少年时代受达观禅师和憨山禅师的指点,"沉酣内典,参究宗乘",万历十七年(1589),董其昌在翰林院与陶周望、袁伯修游戏禅悦。万历二十六年(1598)董其昌在京郊庙中与李贽邂逅,谈禅投机,许为莫逆。后来他参禅终有顿悟。禅与艺术常常有着某种千丝万缕的联系,这位"性和易、通禅理、萧闲绌纳、终日无俗语"的画禅室主人,对禅与书法有着许多独到的理解。其中的"淡""生熟""顿悟"是他由禅而论及书法的具体表现,我们称之为"以禅喻书",这是他重要的书法思想。

(一)淡

《黄庭内景经》(图5)说:"两神相会化玉浆,淡然无味天人粮。"[21]

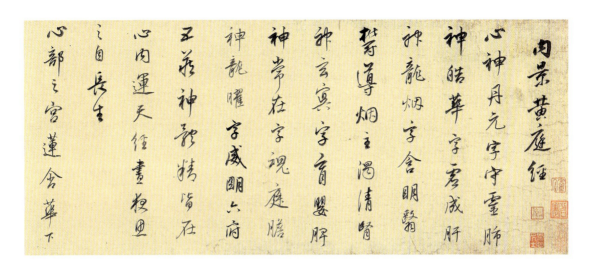

图5　明　董其昌《行书黄庭内景经卷》（局部），上海博物馆藏

董其昌深谙此意，他的书法便是以"淡"作为自己追求的，这是他禅宗思想的显现。他认为：

> 作书与诗文同一关捩，大抵传与不传，在淡与不淡耳。极才人之致，可以无所不能，而淡之玄味，必由天骨，非钻仰之力、澄练之功所可强入。萧氏《文选》，正与淡相反者，故曰六朝之靡，又曰八代之衰，韩柳以前次密未睹。苏子瞻曰："笔势峥嵘，辞采绚烂，渐老渐熟，乃造平淡。实非平淡，绚烂之极。"犹未得十分，谓若可学而能耳。[22]

"淡"是自然。董其昌作书是随着自己性情的，他不同于赵孟𬱖愿意以蝇头小楷书写数以千计的长篇文字，他不属于那种人。他说："余性好书，而懒矜庄，鲜写至成篇者。虽无日不执笔，皆纵横断续，无伦次语耳。"（《容台别集》卷二）这种随性也是他的书法能够自然率真的原因之一，与米芾的"安排费工，岂能垂世"的论调颇为相近。用董其昌的话说，就是"心性者，一彻俱彻，天真自然"。所谓渐近自然，故是禅法，这是禅宗的彻悟，在书法上的表现便是自然天趣。同样是以禅喻书，董其昌要比黄庭坚更为彻底，黄庭坚"字中有笔，如禅家句中有眼"，是由禅宗谈到笔法，而董其昌却直入人心。他创作时的那种率意而为正是对自然的向往。

"淡"由天骨。董其昌认为，"淡之玄味，必由天骨，非钻仰之力、澄练之功所可强入。"苏轼的"笔势峥嵘，辞采绚烂"，可以看作是前一阶段对于技法的锤炼；而后一阶段的"渐老渐熟，乃造平淡"，实际上体现了非后天的人力，更多的是由天分决定的，所谓"非钻仰之力、澄练之功所可强入"。

"淡"无俗气。庄子所谓"不与物交，淡之至也"，董其昌的好友陈继儒在《容台集》的序言中，认为所谓的诗文家客气、市气、纵横气、草野气、锦衣玉食气，在他身上都不复见，认为他"近于平淡，而浮华利落矣、姿态横生矣、堂堂大人相独露矣"。董其昌对自己的评价倒也不客气，自认为"余不好书名，故书中有淡意"，名利的淡泊自然会在书法中流露出来。

董其昌临摹不以"肖似"为终极，创作不以"工致"为崇尚，这正是他对"淡"的人格精神的追求。

（二）生熟

董其昌在书法上提出了著名的论断"熟后生"，颇为耐人寻味，这与他对"淡"的理解是一致的。他认为：

> 画与字各有门庭，字可生，画不可熟。字须熟后生，画须熟外熟。"[23]

他提出了书法要"生"，并且是"熟后生"，那么董其昌强调的"生"和"熟"又是指什么呢？我们从他的片言只语中可以得出一个大致的轮廓，他说："诗文书画，少而工，老而淡，淡胜工，不工亦何能淡。"说明"工"就是"熟""淡"就是"生"，他的"不工亦何能淡"与苏轼的"精能之至，反造疏淡"颇为接近。实际上，我们可以这样认为，"熟"是技法的高度熟练，"生"是不满足于技法的熟练而别开生面。

再来看他有关"生熟"的论述，他将自己的书法与赵孟頫相比较时说："赵书因熟得俗态，吾书因生得秀色。""吾于书似可直接赵文敏，第少生耳，而子昂之熟，又不如吾有秀润之气。"这其中又蕴含着书法的共性和个性的关系，赵孟頫由于技法娴熟，得古人共性尤多，故由熟入俗。董其昌因有个人面目而得秀润之气。所谓"熟后生"，即以生破熟，寻求不与人同的个性内涵，寻求超越。如果将"生熟"和"取舍"联系起来看，也能说明问题，董其昌曾说："取人所未用之辞，舍人所已用之辞。取人所未谈之理，舍人所已谈之理。取人所未布之格，舍人所已布之格。"这种"取新舍旧"的思想不就和他的"生熟观"如出一辙吗？当然，这与他的"离合观"同样暗合，所谓"妙在能合，神在能离","合"是遵循法度,"离"是超越传统。于是,我们对董其昌的"熟后生"有了进一步的认识。

(三)顿悟

顿悟来源于禅宗,这是董其昌将禅宗引入书法的重要表现,他多次阐述顿悟对于书法的重要性。他一生多次回忆两次见到王羲之《官奴帖》的感受,他在五十四岁第二次见到此帖时表达了他顿悟的激动心情:

> 快余二十馀年积想。遂临此本云:抑余二十馀年时书此帖,兹对真迹,豁然有会,盖渐修顿证,非一朝夕。假令当时能致之,不经苦心悬念,未必契真。怀素有言:"豁然心胸,顿失凝滞。"今日之谓也。[24]

悟分为"渐悟"和"顿悟"两种,也就是董其昌所说的"渐修"和"顿证"。对于书法而言,渐修是指一种长期的、对于书法技法的修为,只有经过渐修,才能有朝一日达到出神入化的自由境地。实际上一切都在渐渐成熟之中,就在等待那刹那间突破的机缘。董其昌的"二十年积想"在一时之间"豁然有会",他也承认如果不是"苦心悬念,未必契真",这正是他长期修为的结果。

在绘画上,他的"山水画分南北宗论",把禅宗北宗的渐修和南宗的顿悟引为画派的区分,推重文人画,强调士夫气、书卷气是顿悟的表现特征,有明显的扬南抑北的倾向。显然,他的书画都属于南宗一派,虽然他在书法中承认了渐修的作用,但他主观上是更强调顿悟的。

〔1〕　参见金丹：《论董其昌的创造性临帖观》，《中国书法》，2010年第3期。
〔2〕　（明）董其昌《容台别集》卷二，明崇祯庚午（1630）初刻本。
〔3〕　（明）董其昌《容台别集》卷三，明崇祯庚午（1630）初刻本。
〔4〕　《董文敏鸡毛笔临杨凝式书册》，陆心源《穰梨馆过眼录》卷二十四。
〔5〕　《董文敏小楷卷》，陆心源《穰梨馆过眼录》卷二十四。
〔6〕　《明董文敏公黄庭内景经真迹册》，杜瑞联《古芬阁书画记》卷七。
〔7〕　《论用笔》，杨无补辑《画禅室随笔》卷之一。清康熙大魁堂刻本。
〔8〕　《论用笔》，杨无补辑《画禅室随笔》卷之一。清康熙大魁堂刻本。
〔9〕　《论用笔》，杨无补辑《画禅室随笔》卷之一。清康熙大魁堂刻本。
〔10〕　《论用笔》，杨无补辑《画禅室随笔》卷之一。清康熙大魁堂刻本。
〔11〕　（明）董其昌《容台别集》卷二，明崇祯庚午（1630）初刻本。
〔12〕　《论用笔》，杨无补辑《画禅室随笔》卷之一。清康熙大魁堂刻本。
〔13〕　《论用笔》，杨无补辑《画禅室随笔》卷之一。清康熙大魁堂刻本。
〔14〕　《周叔宗书洛神赋册》，陆心源《穰梨馆过眼录》续录卷八。
〔15〕　《书雪赋题后》，杨无补辑《画禅室随笔》卷之一。清康熙大魁堂刻本。
〔16〕　（明）董其昌《容台别集》卷二，明崇祯庚午（1630）初刻本。
〔17〕　（明）董其昌《容台别集》卷二，明崇祯庚午（1630）初刻本。
〔18〕　《明董其昌书白居易琵琶行册》，金梁《盛京故宫书画录》第六册。
〔19〕　（明）董其昌《容台别集》卷三，明崇祯庚午（1630）初刻本。
〔20〕　《评法书》，杨无补辑《画禅室随笔》卷之一。清康熙大魁堂刻本。
〔21〕　《黄庭内景经》隐藏章第三十五。
〔22〕　（明）董其昌《容台别集》卷一，明崇祯庚午（1630）初刻本。
〔23〕　（明）董其昌《容台别集》卷四，明崇祯庚午（1630）初刻本。
〔24〕　（明）董其昌《容台别集》卷二，明崇祯庚午（1630）初刻本。

关于"上博"藏巴金先生捐赠的董其昌诗册

陶喻之／上海博物馆书画研究部

上海博物馆藏明代书画家董其昌云母笺行书诗册（图1），其来源系1963年6月13日获赠于著名作家巴金先生（1904—2005）（图2）的无偿捐献；巴金先生大名因此荣列上海博物馆大堂一壁文物捐赠人名单的景行榜（图3）当中。

该诗册为粉笺纸质，共一册七开，纵24.4厘米，横13.8厘米，册末署款："赠王大中丞作。董其昌。"钤白文方印："董其昌印"，朱文方印："大宗伯章"。据1985年12月7日，中国古代书画鉴定组赴上海博物馆提取观摩目鉴的专家组成员之一——国家文物鉴定委员、辽宁省博物馆副馆长杨仁恺先生（1915—2008）出版的《中国古代书画鉴定笔记》记录："董其昌《行书赠王大中诗》册，云母笺 沪1—1412 单款 ○。"[1]另一位当年随行列席中国古代书画鉴定活动的上海博物馆学者劳继雄先生出版的《中国古代书画鉴定实录》同样有笔录文字记载："明 董其昌 行书杂诗册（七开）真迹 云母笺 署：'赠王大中丞作'。"[2]由此可见，董其昌的这件诗书册是经过中国古代书画鉴定组过目审定而达成共识的真品；并且对照该原作跟董其昌《容台诗集》卷之三中的七言律诗《赠总漕王宪葵中丞三首》得出的结论是：彼此内容几乎完全吻合，仅极个别字眼略有调整变化；第一、二首诗先后次序、文本和诗册恰好呈现相反序列（校勘情况，参看以下列表所示）。另外，《容台诗集》中该诗题传递的信息，明显较之诗册原迹公布的更为翔实，即这位"中丞"王某的职衔、姓名为"总漕王宪葵"。这应该是《容台诗集》在编纂过程中，经过了董其昌或其子嗣字斟句酌的审定推敲与技术性补充；[3]

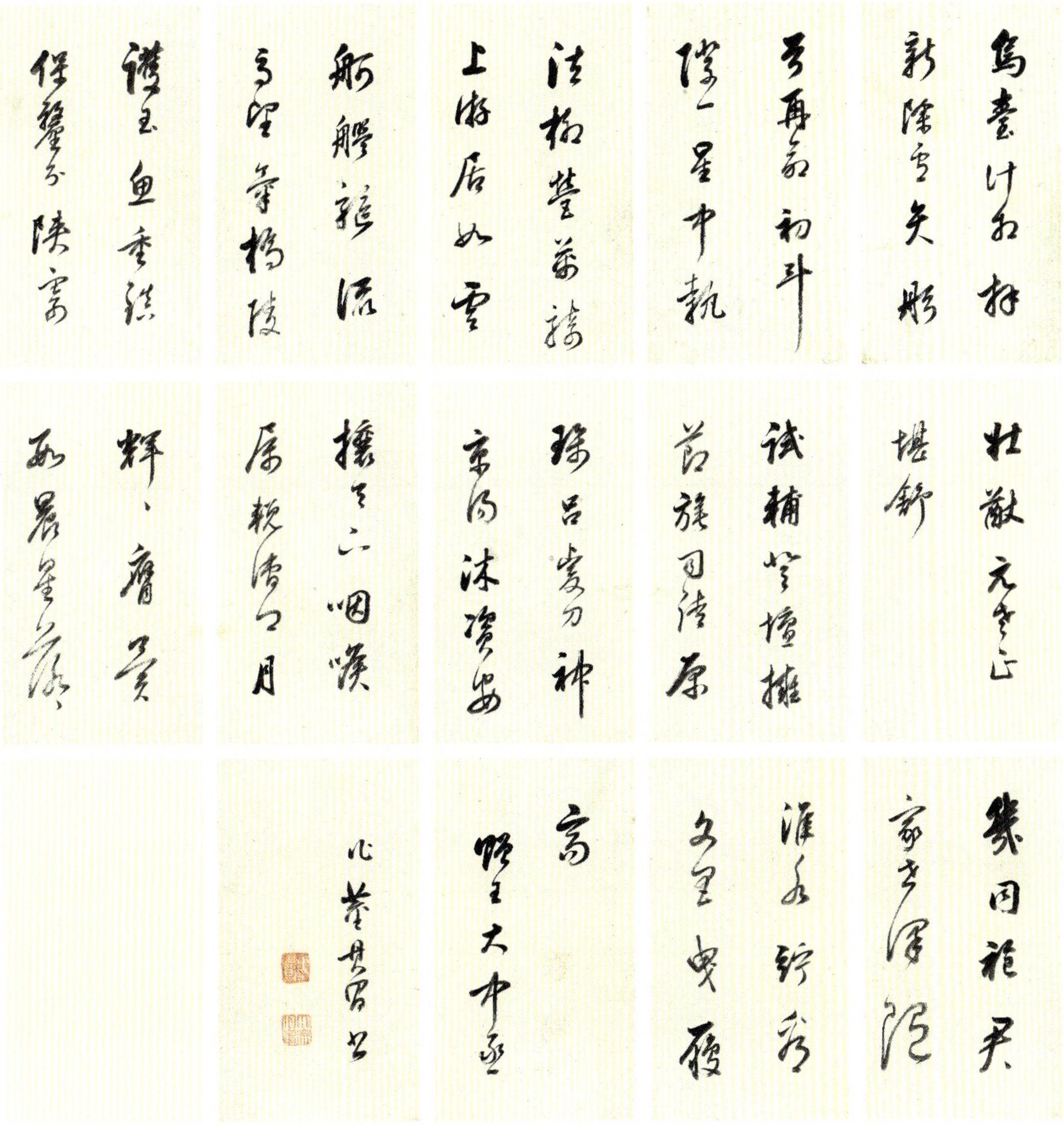

图1　明　董其昌《行书赠王大中丞诗》册，上海博物馆藏

图2　张嵩祖　木刻版画《作家巴金》，1990年

图3　上海博物馆捐赠墙

而此举的裨益之处,在于为当今研究考订提供了可资追索的学术便利。至于见诸《容台诗集》这三首一组诗中的第三首七言律诗诗文为今传世诗册所无,估计是其在收藏递传进程中发生了脱漏失传,从而使之不幸未能与其他两首诗作一起共同流传至今。

董其昌《容台诗集》卷之三　七言律诗《赠总漕王宪葵中丞三首》	上海博物馆藏巴金先生捐赠 董其昌《赠王大中丞作》原迹排列顺序
第一首	第一首
试辅登坛拥节旄,司徒原佩[4]吕虔刀。神京汤沐资安攘,天下咽侯属挽漕。卿月辉辉腊异数,晨星落落几同袍。君家世泽随淮水,伫[5]看文星曳履高。	乌台计相拜/[6]新除卢矢彤//[7]弓再命初 斗/际一星中执//法柳营万骑/上游居如云//舸舰驱流/马望气桥陵//护玉鱼重镇/保厘分陕寄/壮猷元老正/堪舒//
第二首	第二首
乌台计相拜新除,卢矢彤弓再命初。斗际一星中执法,柳营万骑上游居。如云舸舰驱流马,望气桥陵护玉鱼。重镇保厘分陕寄,壮猷元老正堪舒。	试辅登坛拥/节旄司徒原//佩吕虔刀神/京汤沐资安//攘天下咽侯/属挽漕卿月//辉辉腊异/数晨星落落/几同袍君/家世泽随/淮水纡看/文星曳履//高/赠王大中丞//作 董其昌书/白文方印:董其昌印;朱文方印:大宗伯章。
第三首	第三首
天划东南宿重兵,鯈来草木仰威名。丸消赤白三陲晏,马略骊黄九品清。已见风霜行令甲,更将膏雨散呼庚。只今制房无中策,谋国还应倚老成。	阙如[8]

关于董其昌连续作诗三首书赠对象的"王大中丞",亦即"总漕王宪葵中丞"的真实名号、身份与履历生平,当然很值得首先加以考察一番。

根据董其昌《容台诗集》同卷之三中的七言律诗,有诗题作《送郭宪副天谷入贺万寿二首》,自注:"郭曾为吏部"分析。此处的"郭宪副",很容易被解读为是当时郭姓职官的一种习惯性俗称,即"天谷"是"宪副"郭某的表字或别号。因为"宪"字往往是旧时属吏对上司的尊称,如"宪官""宪台"或"学宪"等等,皆然;"宪副"亦然,意为副官。譬如几乎与董其昌同时的明末学者曹学佺(1574—1646)编《石仓历代诗选》卷四百四十一《明诗次集》七十五《送浅斋郭宪副进表之京》中的"郭宪副",指的就是籍贯江西万安，表字守衡，别号浅斋的郭持平。而明泰和王直（1378—1462）《抑庵文后集》卷十九《送郭宪副序》的"郭宪副"，则指的是陕西按察副使兰阳郭秉中（表字）；至于明末内阁首辅申时行（1535—1614）《纶扉简牍》卷四《苔郭宪副》应当也是该郭秉中。据此追踪董其昌笔下"郭宪副天谷"的真名实号路径，大抵同理可证。

经文献梳理认证"郭天谷"确切名字的，唯独明张弘道《明三元考》卷十四，万历三十一年癸卯（1603）科解元，记录在案："湖广郭士望，蕲水人，字应璜，号天谷、治易。年二十五，[9] 甲辰（万历三十二年，1604）进士，历任浙江副使。"[10] 其他如明湖北嘉鱼籍兵部尚书方逢时（1523—1596）《大隐楼集》卷十七，附录《同乡公揭》"吏部文选司主事"；明金日升《颂天胪笔》卷十四上，起用《孙铨部》；明诸生沈国元《两朝从信录》卷二十二，天启四年（1624）四月；《皇明从信录》卷三十八"万历三十一年（1603）"，卷三十九"万历四十年（1612）"；明末兵部尚书、军事战略家孙承宗（1563—1638）《高阳集》卷十六《制词·分巡汝南抚民河南按察司兵备副使郭士望》；明末遗民王世德《崇祯遗录》之"崇祯二年（1629）"条；明大学士文震孟之子文秉《烈皇小识》卷一"崇祯元年（1628）"；《先拨志始》卷下《郭士望·赞导》；明末抗清文学家吴应箕（1594—1645）《启祯两朝剥复录》卷四"天启七年（1627）八月"条，卷六"崇祯元年（1628）八月"条；明末兵部尚书熊明遇（1580—1650）《文直行书诗文·文选》卷九《提督操江兼管巡江南京都察院右佥都御史臣熊明遇谨》；明万历年间上海四大藏书家之一俞汝楫《礼部志稿》卷四十三《主事》；明万历十四年（1586）进士、军事家、学者袁黄《游艺塾续文规》卷十《破题》、卷十一《承题》、卷十二《小讲》、卷十三《正讲一》、卷十七《正讲五》；明末"东林七君子"之一周起元（1571—1626）《周忠愍奏疏》卷上《西台奏疏》之《题为铨臣蔑旨擅权恋位修怨谨循职掌纠参以肃朝政并祈勅令停推三臣以俟论定以存台纲事疏》；清江南淮扬道傅泽洪《行水金鉴》卷一百三十《运河水》转引《南河全考》；清官修《明臣奏议》卷三十五"万历四十二年（1614）"一条中的周起元《劾赵焕疏》；清初遗民、东林党领袖李应升之子李逊之《三朝野纪》卷四《一交结近侍又次等》；清稽察户部官员钱仪吉（1783—1850）《碑传集》卷七援引《大名府志》之《内秘书院大学士成公克巩传》；明末清初史学家谈迁（1594—1658）《国榷》卷八十一"万历四十年（1612）八月"，卷九十"崇祯二年（1629）三月"；清万斯同《明史》卷三百五十二列传二百三《周起元》；清张廷玉《明史》卷二百四十五列传第一百三十三《周起元》，等等，举凡涉及郭士望的史料，均未道及其别号天谷。

而董其昌，另如明万历二十三年（1595）榜眼、"宣党"首领汤宾尹《睡庵稿》文集卷二十四《书韩求仲（敬，1580—？）易序》；明湖广提学副使邹迪光（1550—1626）《始青阁稿》卷七《铨部郭天谷以微服过访衡门酒间赋赠一首》，卷二十二《与郭天谷》；明末清初文学家龚鼎孳（1615—1673）《定山堂古文小品》卷上《郭天谷宗谱序》，又只称郭别号而不及本名。但不管怎么样，现经以上《明三元考》明确鉴证，足以认定郭天谷本名士望，他很可能是董其昌万历三十三到三十四年间（1605—1606）在湖北任湖广提学副使时期，特别是三十四年督学蕲州公署避暑时结识的蕲春士子。而据董其昌赠诗："骊歌声里重踟蹰，为忆当年启事余。兼隐自开秋宪府，祝厘行指太清居。枫宸尚忆明光草，桃观难消月旦书。十载鱼肠空在袖，烟波何处式吾庐。"字里行间传达的两个"忆"字，似乎表明彼此在官场既相处甚欢，但同时又有一丝壮志未酬的无奈与惆怅。

同样，另检董其昌、郭士望共同的湖北潜江籍挚友、万历二十六年（1598）进士，官至监察御史，曾巡视两淮，万历四十年（1612）巡按山西与河南的按察副使苏惟霖（字云浦，号潜夫）《同郭天谷夜话》诗云："我客并州君向燕，回头楚水总茫然。幸它一片新秋月，独照潇湘万点烟。"[11]仿佛苏、郭同在山西首府太原，彼此联床夜话，而郭即将分袂北趋燕京。这跟董其昌赠诗诗题暨注解表述郭天谷身份"冰壶玉尺迥无俦，清切持衡照九流。吏部文章悬北斗，史公留滞蹔南周。天阶蓂荚千秋镜，幕府芙蓉八咏楼。圣主祈年颁瑞后，新恩定向旧人求"涉及的时事能够一一印证；换言之，董其昌《送郭宪副天谷入贺万寿二首》诗的系年，很可能同为万历四十年。因考王宪葵其人其事，感及董其昌另一同道同僚郭士望简历，漫考于此。

然而按照以上探讨"郭宪副天谷"识别官职、姓名的途径、方法，来研判核准董其昌《赠总漕王宪葵中丞三首》诗中官员姓"王"名"葵"，未免失望而不应验奏效。换言之，王某的"总漕""中丞"确为官衔别称；可是，"宪"字并不符合上述推定查考规律。恰恰相反，经过以下钩沉考证，可判断"宪"字实系王某别号词组中间的一个字，即其姓王名纪号宪葵。就此，从两种当时人撰写史料中有望获取求证答案。其一是表字明初，别号岵云的万历二十年（1592）进士，官江西布政使、兵部尚书太仓王在晋（？—1643）《三朝辽事实录》卷八、壬戌（天启二年）三月载：

解经邦[12]褫削[13]后，人无肯任经略者，阁臣沈公㴶[14]语冢宰张公问达[15]云："王宪葵有福相，其人似可当重任。"盖司寇王公纪也。冢宰谓予云："宪葵与公善，可往一探之。"予谒王公，告以故。公不辞不任。即以复冢卿。次日，王公会予于朝房，执予手曰："此乌程[16]以宿忿害我也，公向冢卿勿怂恿。"又一日，而王公疏参阁臣之修怨矣。人情之畏避若此，予如坚意再辞，岂不轻朝廷而羞当世哉。

其二是表字文宁，号平涵，出任万历首辅大臣，总裁《国史实录》。在任体恤民情；万历三十六年（1608）苏湖洪灾，上疏解民困苦的董其昌好友朱国祯（1558—1632）《朱文肃公集》之《光禄大夫柱国少傅兼太子太傅户部尚书武英殿大学士赠太傅谥文恪养醇朱先生墓志铭》载：

大司寇王宪葵纪，以狱事触圣怒，几不测。公当直拟不究，御批径褫职，具揭力救，上终不允。慨曰："去一大臣如丞吏，时事渐不可为矣。"自劾求罢。

循此记述检索，董其昌当初书赠自作七言律诗三首的对象王宪葵庐山真面目终于显露出来。王名纪，表字惟理，号宪葵。生年不详，山西芮城人。万历十七年（1589）进士，初授安徽池州推官，后任仪制郎中，秉礼持正，颇负时望。天启二年（1622）代为刑部尚书，评议明光宗（泰昌帝朱常洛）一月继位离异暴亡"红丸案"；弹劾首辅方从哲，主张逮治进呈仙丹鸿胪寺丞李可灼、内侍崔文昇。又劾罢阿附魏党之主事徐大化、阁臣沈㴶交结宦官。被明熹宗天启皇帝朱由校斥责，罢黜为民，四年（1624）卒。崇祯初复职，卒赠太子太保，谥号庄毅。《明史》卷二百四十一，列传第一百二十九有传。

王纪的大义正直，主要体现在冒死进谏弹劾奸臣沈㴶，和与明熹宗乳母客氏彻底切割决裂斗争中；就此，时人多种记载较之正史更为生动纪实。譬如表字真长的明末重臣，清初学者，号称"浙东三黄"，明末被冤杀的"七君子"之一，思想家黄宗羲父亲黄尊素（1584—1626）《黄忠端公集》之《说略》卷六载：

王宪葵夙负时望，言官攻乌程[17]，王亦挺身出敌，疏中有"夜半叩客氏之门，直通于帝座"等语。次日削籍，骑驴以出都门，人共荣之。

而表字谦止，号垒阳，天启二年（1622）进士，同样因上疏弹劾阉党降职外调，回籍候补，最终因效法王纪批评内阁首辅、奸相温体仁（1573—1639）被诬陷入狱备受毒刑，甚至于崇祯十二年（1639）横遭凌迟处死惨祸的郑鄤（1594—1639）《峚阳草堂诗文集·文集》卷十六《天山自叙年谱》中"天启二年壬戌·年二十九岁"条载：

> 王宪蕤司寇，以参辅臣沈潅及奉圣夫人客氏，为民出都，予作寒驴行送之，颇为人传诵。

除此而外，生卒年不详，表字体国，号虚台，别号直心居士，万历十六年（1588）举人，次年进士，授刑部主事，刑部尚书王世贞（1526—1590）曾称之有"周世之才"的蔡献臣《清白堂稿》卷十二下《七言律诗·别王宪蕤光禄王为仪郎疏请册立礼成晋卿勋寺告归》诗；万历二十四年（1596）前后在世，表字异羽，工词，得清初文坛领袖王士禛（1634—1711）称道的范凤翼《范勋卿诗文集·诗集》卷八《五言律诗·同王衷白王宪蕤上陵有感》；万历三十五年（1607）进士，天启五年（1625）礼部尚书兼东阁大学士，次年改户部尚书，进武英殿大学士的丁绍轼（？—1626）《丁文远集》卷十七《书牍·王宪蕤老师开府》，均关乎王纪平生履历政绩，可资参考不赘。

有关董其昌赠诗三首涉及王纪担任总督漕运兼巡抚凤阳诸府时代背景，当为万历末年事。先是，"四十一年（1613），纪自太常少卿擢右佥都御史，巡抚保定诸府。连岁水旱，纪设法救荒甚备。税监张晔请征恩诏已蠲诸税，纪两疏力争，晔竟取中旨行之。纪劾晔抗违诏书，沮格成命，皆不报。居四年，部内大治，迁户部右侍郎，总督漕运兼巡抚凤阳诸府。岁大凶，振救如畿辅。光宗立（泰昌元年，1620），召拜户部尚书，督仓场。"据此可知，王纪出任总督漕运约为万历四十五年（1617）事；换言之，董其昌赠诗三首，其系年同样可能归属王纪总漕任命下达以后不久，即万历四十五年或去此不远。且董其昌诗册冠王纪以"中丞"，正是明清时期对巡抚的本称；如果这一考核评估意见成立，董其昌《赠王大中丞作》诗的最初版本，应该是他六十三岁流落江湖，家已不家，但对治国理政国是大政方针，反而倾注更多心力之作，这从他书赠包括王纪在内一批国之栋梁一系列诗文作品，足见一斑。[18]

另外，从下列传世明人诗文集，也能够发现跟王纪出任总漕、巡抚相关线索，反映出当初包括董其昌在内朝廷有识之士，都把重振朝纲的希望，寄托在为人正直不阿的王纪身上。上述丁绍轼《丁文远集》卷十七《书牍·王宪蕤老师淮抚》曰：

时政多有所停阁，而独老师真定之命，与今淮抚之命，不后期报可也。主上之眷注诚深，而天之于老师，不可谓无意也。甘棠之乡，闻者额手；荐绅之林，谈者喜色；而况门生其人乎。初牌指河南冀便，侍函丈因入永城，见驿中严枉道之禁，遂徙路山东，仕途之畏人如此。北望龙门，可胜恺怅。固不俟老师翰示，而知老师注望之情矣。淮上去敝乡益近，被泽益亲。国家咽喉之地，真非老师不办。大禹玄圭，老师今日事矣。奏议久知为名言，彚刻当可传世；老师命之弁言，门生附青云之幸也，敢不图之？

而表字绍夫，号钟梅，民间称其为"黄五部"的万历八年（1580）进士，刑部、工部、兵部（两任）尚书，晚年吏部尚书不就，多次上疏力陈弊政，天启间与东林党人不合，被阉臣魏忠贤（1568—1627）视为同党，后又与魏不合，卒谥襄惠的黄克缵（1550—1634）《数马集》卷四十五《书·答王宪葵漕运》则曰：

公家之事，知无不为，不佞窃常有志，然为之不无得失。故取信于人者以此，而取咎于人者亦以此。即如国家有事，征兵四方，若无一人急公先发，臣子之谊，谓何兵行，岂无微扰而咎之者至矣？大司农征饷南户，兵二部一时解三十五万，又解事例银十二万，既殚厥力矣。尚欲取水兑米银，及将南粮尽折。二年解辽，是南京军士两岁之间，无升斗粮秋毫金以给之也。不得已，上疏争之，至失欢同年，而取讥僚友，岂知南帑只有三万余金，若非任怨催取，则此十月支折色及运军启行，何以应之？大臣公心体国如台台者，能有几人？不佞谓天下信之不为多，一人信之不为少。但弘奖过实，谬以铨枢许之，则增不佞之愧耳。筋力已衰，精神尽耗，代庖得释，即束装待放，何敢望入春明门乎？查参揭帖附览，此亦任事之过也。一笑。

此外，别号曙谷，万历十七年（1589）进士，官至礼部尚书，主纂《河渠志》，平生富有传奇色彩的诗人吴道南《吴文恪公文集》卷二十四《书·王宪葵巡抚》尺牍曰：

畿甸之民，不幸有饥岁，而幸有仁兄，其所以为民请命者，无不极拮据之苦心当事，自宜分猷念以相从，无劳台嘱也。近见一疏中谓乱无象，泄泄沓沓即其象。又一疏中，有"时哉，不可失"之语。弟读之，不觉悚然。日夜循省,真伴食矣。将何以荅属望之惓惓。

"当时明王朝面临严重的内忧外患,董其昌忧心忡忡。针对满族入侵,《容台集》中充满排斥与批判,'建夷''建奴''奴酋'等字眼时见于字里行间。"[19]他还曾先后多次临书北宋书法家米芾书东汉永元元年(89)文学、史学家班固,随大将窦宪北征大破北方匈奴取得关键性决胜,撰写勒石激昂慷慨的《燕然山铭》;上海博物馆藏其天启三年(1623)后约古稀之年行书《燕然山铭》卷(图4)即然,从中不难窥见其北伐外侮志向,而本文重点论证的其行书《赠总漕王宪葵中丞三首》诗亦然。虽然其中第三首诗并不见于今传诗册,但文本俱在,昭然可鉴。像第一首的"试辅登坛拥节旄,司徒原佩吕虔刀";第二首的"柳营万骑上游居,如云舳舰驱流马""重镇保厘分陕寄,壮猷元老正堪纾";特别是第三首"天划东南宿重兵,虨来草木仰威名""已见风霜行令甲,更将膏雨散呼庚""只今制虏无中策,谋国还应倚老成",等等,充分体现出董其昌希望倚重王纪运用军事手段防微杜渐的坚定信念。

总之,在此"民抄董宦"、家门不幸之后不久的特殊时间,或许也是在他居无定所、游走江湖的浪迹江南环境之下,董其昌这位朝廷命官居然还有心思胸怀国家和江山社稷命运前途,产生这样的思想寄托,实在是让人很难以想象而又难能可贵的事。其不足为外人道的心绪,想必诚如追随南宋爱国诗人陆游的南宋末年诗人苏洞《家国》诗里所云:"长安五月火云堆,客子光阴鬓发催。谋国已嗟无位及,忧家只怕有书来。榴花照眼何曾摘,萱草惊心不要开。焉得儿男备征戍,等闲挈取版图回。"[20]

最后谈谈就本册董其昌《赠王大中丞作》诗创作时间、地点厘定的个人见解。

前已论及,《赠王大中丞作》诗册末尾董其昌钤有朱文方印:"大宗伯章"。按一般认识理解,这至少为天启三年(1623)董其昌七十岁之后,甚至天启五年(1625)其被任命为南京礼部尚书以后作品的标志;而如上考述,董其昌《赠总漕王宪葵中丞三首》原作早曾约万历四十五年(1617)书赠王纪。因此,《赠王大中丞作》诗册应当是他天启五年之后的复本。当时王纪因得罪明熹宗被罢黜,甚至已于天启四年愤懑忧郁而卒,且尚未被平反;董其昌则于天启五年出任南京礼部尚书一年后就辞官归田,回松江老家过起隐退生活。仿佛正是在此期间,其家孙董庭开始替他纂辑起《容台集》来。按照董其昌老友陈继儒崇祯三年(1630)叙《容台集》透露:

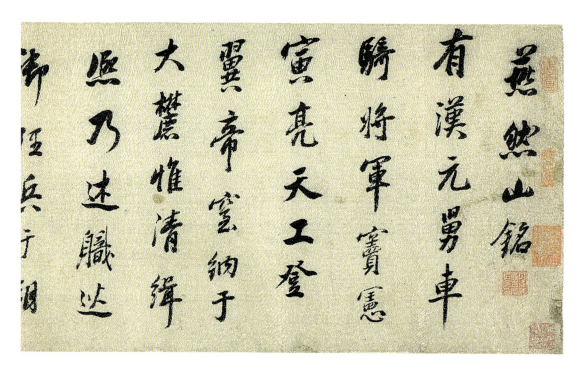

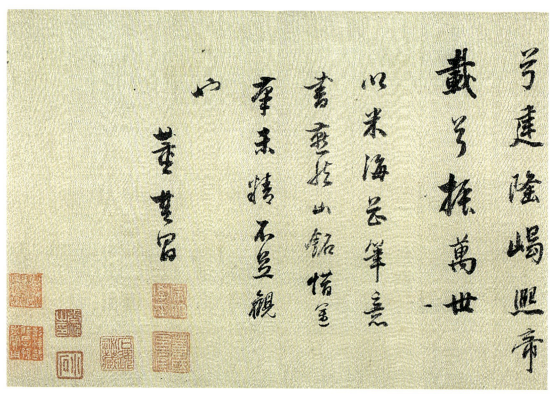

图4 明 董其昌《行书燕然山铭》卷，上海博物馆藏

> 公摇笔万言,缘手散去,侍儿书记,竟不知转落谁何手也。……其他散见于劈笺、题扇、卷轴、屏障之外者甚夥,赖冢孙庭克意料理,悬金慕之,稍稍不胫而集。呈公省视,乃始笑为己作。不然,等身书几化为太山无字碑耳。

但是,像董其昌送出的,例如赠予王纪的此类诗书原创墨迹,董庭未必能够征集得到,那么他该如何编集。就这类问题而言,陈继儒、董庭均未解释交代。笔者大胆假设是否存在这样一种小心释证的可能性,即此乃董其昌根据存底诗文草稿或复稿,重新加以书写的。换言之,董其昌的这首赠王诗作,至少有先后两个版本和创作时间,前一件原创诗书自然业已于万历四十五年赠送王纪;而巴金先生捐赠上海博物馆纸白版新的这件《赠王大中丞作》,应该属于天启六年董其昌回松江后因编纂诗文集重新书写的第二个稿本。由于当年王纪处于被革职罢官乃至幽愤而死失势境遇,明哲保身的董其昌为免题书王纪全名致引火烧身连累自己,于是,不无玄机地在诗题处理上有意无意作了巧妙技术性压缩删节,只保留王姓而未出现人名,以此曲笔规避麻烦和嫌疑,借此加强自我保护,同时又向心照不宣地明眼同道,以示不忘旧情正义感。[21]

直到崇祯初年,也就是差不多陈继儒作叙的崇祯三年前后,王纪被彻底昭雪恢复名誉,而《容台集》编纂也初具规模,《赠王大中丞作》在被正式辑入诗集时,董其昌、董庭祖孙已无所顾忌会被罗织罪名了,这才终于令它重新彻底回归恢复原诗题目,即今《容台集》中呈现王纪官职、别号俱全的《赠总漕王宪葵中丞三首》,是为该诗第三,也必然是最终定稿版本。

综上所述,笔者倾向于将巴金先生捐赠上海博物馆董其昌《赠王大中丞作》诗册的创作时地,归属天启六年到崇祯三年左右松江时期作品,是为董其昌继贶赠王纪原创原作之后追书的第二个版本。[22]

解决了对巴金先生向上海博物馆捐赠董其昌诗册本身内容本事所涉及的时地、人事、背景等问题的全面综合考察,现在是该回顾探索并解开当年巴金先生是在怎样情形之下,向上海博物馆捐赠这件董其昌诗册之谜的时候了。

追溯跟踪上海博物馆保存文物捐献档案(图5)显示:1963年5月21日上海市文化局副局长方行先生(1915—2000),在致时任上海博物馆馆长沈之瑜先生(1916—1990)的便笺上,[23]是这样简明扼要陈述相关事宜的:

> 此件是巴金同志捐献的,他昨天当面和我谈起而今天就送来了,请你

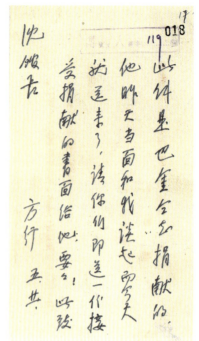

图5 上海博物馆存巴金捐赠档案

们即送一份接受捐献的书面给他,要要!此致沈馆长。方行。五.廿一。

同日档案"发文拟稿单"的"来文号"书"巴金""事由"栏作"由方局长转上捐献董其昌绘画事"[24],下"拟办"栏,为钢笔横体草拟致巴金先生谢函,内容为:

巴金同志:
　　顷接获您捐赠我馆的明董其昌行书诗册壹本,现已编目入藏,妥善保管,谨向您致以热烈的谢忱。此致
敬礼
附上清单壹份,希察存。

显然,这一份向巴金先生的致谢函送馆领导过目并未获得认可通过,因此,

在同一份档案"拟办"空白页面上,尚有上海博物馆文物征集鉴定专家、落款署名"尚业煌(1919—2002)六月十三日"的另一封毛笔竖体褒奖,内容为:

> 巴金同志:
> 　　蒙捐赠明董其昌行书册壹件,我馆已点收入藏特此具函表示感谢,此致
> 敬礼

根据上海博物馆藏档案所揭示的历史真相是,巴金先生是1963年5月20日向方行当面表态,决定向上海博物馆捐赠其藏董其昌诗册的。只是由于诗册作为捐赠文物正式入藏,办理造册登记卡片手续时,已是专函致谢的6月13日了;所以,这一天也就成了巴金先生向上海博物馆落实捐赠移交的确切日子。可实际上,早在近一个月之前的5月20日,他已确定捐赠意向了。

现在的问题是,巴金先生当年究竟是出于什么原因,会在这样一个时间节点表示要向上海博物馆捐赠这件收藏的董其昌诗册?巴金先生的这本董其昌诗册,其来源到底是自己购置还是朋友馈赠?[25]由于作为当事人的他,或许还有其他知情者均不曾留下片言只字,或仅向当年身为上海文物主管部门领导的方行先生袒露实情;并且诗册间也的确不见巴金或之前乃至同时其他藏家鉴藏印鉴可资按图索骥,则这一疑案业已不得其详,看来将会成为查无对证的悬案了。不过,若咀嚼巴金先生捐赠的时机、动机等耐人寻味话题,似乎还是足以剥茧抽丝,梳理出一些蛛丝马迹,发现相关可察端倪来的。

披览唐金海、张晓云主编《巴金年谱》下册"一九六三年五月"的记载:

> 六日　出席上海市第四届人民代表大会第二次会议,并在小组讨论会上发言,强调文艺一定要为工农兵服务,更好地反映伟大时代的风貌。
> 二十日至二十三日　以上海文联主席身份出席上海市文学艺术工作者第二届第三次会议。……其他委员和各方面的代表一千八百人参加了会议。会议表示拥护周恩来在全国文联的讲话。[26]

由此详尽史料不难得出更为确凿的结论:巴金先生肯定是1963年5月20日在参加上海市文联二届三次会议时,向同席的市文化局副局长方行当面表示捐赠意向,次日一诺践行前约的。那么,究竟又是什么缘由,促使巴金先生要放弃他这一个人收藏,慷慨无偿向上海博物馆捐赠这件董其昌诗册的呢?且看1979年10月"第四次文代会筹备起草组"和"文化部文学艺术研

究院理论政策研究室"编写未定稿《六十年文艺大事记 1919——1979》记载的 1963 年文艺界大事记，如果更进一步，从时代文艺大方向、大背景上去发掘缘起，或许能够盘整出更接近于历史真相的精准眉目来。

1 月 1 日

柯庆施（时任上海市委第一书记，华东局第一书记，国务院副总理）在上海部分文艺工作者座谈会上提出"写十三年"的口号。称："旧社会只能培养人们自己为自己的自私自利思想。社会主义、集体主义思想只有社会主义革命成功以后才能开始树立"。1 月 6 日《文汇报》报道了柯的讲话。

1 月 9 日

《人民日报》发表毛泽东同志诗词《满江红·和郭沫若同志》。

2 月 8 日

文艺界举行元宵节联欢会。周恩来同志到会讲话，阐述了"百花齐放、推陈出新"等问题，……他要求作家艺术家，加强同人民群众的联系，"这些仍然是文艺界当前的重要课题。我们生活在当今时代，许多新人新事应该歌颂。"最后，要求文艺家们过好五关：思想关、政治关、生活关、家庭关、社会关。

2 月 12 日

我国伟大的古典现实主义作家曹雪芹逝世二百周年。茅盾、何其芳、王昆仑、张天翼、周立波等发表纪念文章。文化部、文联、作协、故宫博物院联合举办纪念曹雪芹逝世二百周年展览会。

4 月 19 日

周总理在中央宣传部召开的文艺工作会议和中国文联三届全委二次扩大会议上作题为《要做一个革命的文艺工作者》的讲话：一、对革命的文艺工作者的五项基本要求；二、积极参加革命的阶级斗争；三、大力加强革命的文艺战线。关于五项基本要求：（一）政治立场、思想作风问题。（二）树立远大理想。（三）改造自己。（四）要不断考验自己。（五）长期奋斗，至死不已。

4 月

全国文联在北京召开第三届全国委员会第二次扩大会议。周扬作《加强文艺战线，反对修正主义》的报告。新华社以《中国文联全委扩大会讨论当前文艺战斗任务》为题，报道了这次会议。

4 月

中宣部在新侨饭店召开文艺工作会议。会上，就所谓"写十三年"问题，展开了激烈的争论。

5 月 6 日

江青组织的围剿《李慧娘》的文章《"有鬼无害"论》在《文汇报》上发表。……1963 年江青发起批判。从此，全国戏剧界开始打批"鬼戏"。1963 年底文化部举行戏曲推陈出新座谈会，也批判"鬼戏"。……

5 月 20 日

姚文元在《文汇报》上发表《一种新颖独到的见解》，借德彪西问题，抓住音乐出版社编辑部对《克罗士先生》这本论著的内容提出质问：一、介绍的是什么阶级的艺术见解？二、把这样的评论介绍给读者会产生什么效果？开始向音乐界发起攻击。

12 月 12 日

毛主席在中宣部文艺处编印的一份关于上海举行故事会活动的材料上作了批示：各种艺术形式——戏剧、曲艺、音乐、美术、舞蹈、电影、诗和文学等等，问题不少，人数很多，社会主义改造在许多部门中，至今收效甚微。许多部门至今还是"死人"统治着。不能低估电影、新诗、民歌、美术、小说的成绩，但其中的问题也不少。……社会经济基础已经改变了，为这个基础服务的上层建筑之一的艺术部门，至今还是大问题。需要从调查研究着手，认真地抓起来。许多共产党人热心提倡封建主义和资本主义的艺术，却不热心提倡社会主义的艺术，岂非咄咄怪事。

这真是时事形势逼人啊！

而跟美术界，特别是古代美术史论界关系极其密切的，是在巴金先生捐赠董其昌诗册之前两年多的 1961 年 3 月 20 日，北京故宫博物院举办了一次颇具敏感象征意义和树标杆性质的"纪念中国古代十大画家展览会"；至于被公开的"十大画家"名单，虽然如今已不得其详当年制订取舍标准了，但是须经过层层严格把关、讨论删选的"政审"通过，想必是不言而喻的事。他们分别是一千六百二十周年诞辰的东晋顾恺之、一千一百周年诞辰的唐代李思训、九百二十五周年诞辰的宋代王诜、九百一十周年诞辰的米芾、八百七十五周年诞辰的米友仁、八百五十五周年忌辰的李公麟、六百六十年诞辰的元代倪瓒、五百四十周年忌辰的明代王绂、四百四十周年诞辰的徐渭、三百三十五周年诞辰的清代朱耷。同时还展出这"十大画家"书画作品百余件，并召开学术研讨会，探讨了如何加强中国绘画传统的学习与研究。同年4月，《美术》杂志第二期又专门刊登了记者综述《关于山水、花鸟画问题的讨论》，文章重点提出这样三个问题：一、山水、花鸟画有没有阶级性；二、怎样认识山水、花鸟画的阶级性；三、不同阶级欣赏者是不是喜爱同一件作品。由此深入展开了关于山水、花鸟画阶级性等问题的讨论。

　　按理，如果纯粹以书画艺术成就高低论资排辈，董其昌位列"中国古代十大书画家"之前茅，这是毫无悬念的；至少居明代书画家之首，应不在话下。更何况1961年也正好是他的三百二十五年忌辰，完全符合以上纪念适值逢五逢十诞辰、冥诞画家案例。然而，"在上世纪以阶级斗争为纲的六十年代，'民抄董宦'一事又成为地主阶级欺压农民阶级、农民阶级奋起反抗的典型事例，董其昌被贴上了大地主、大恶霸的标签。"[27]纵然他曾经有过以上经证实了的爱国思想也好，抵御外侮情怀也罢，这些几乎全都被统统一笔勾销、抹杀而漠视了。

　　目前我们所了解到的当初推介董其昌书画艺术成就的文字，似乎唯独身为文博系统小字辈中出类拔萃的钟银兰老师，在继谢稚柳、蒋天格、宗典、郑为等四位（共七位）上海博物馆古代绘画研究领域老前辈之后，发表于《文物》月刊1962年第12期《上海博物馆成立十周年纪念专辑》上的《董其昌的水墨、青绿山水画》这样一篇千卅百字介绍性习作，提及董其昌"是明代末期的一位大书画家，也是倡导文人画最力的人，……在不断总结前人经验的基础上自成独特的风格，达到'平淡天真，沉着痛快'的目的。……"云云[28]，除此而外，仿佛再无其他相关文章问世，不论是有关董其昌的政治倾向方面，或还有他的艺术造诣。而如果再过个一年半载，恐怕连钟老师简短的介绍性文字也将难以面世，因为董其昌字画几如大毒草般被打入冷宫，永远无缘与广大观众见面了。

　　总之，在那样的时事政治气氛底下，董其昌被打入另册实在是显而易见，毋庸置疑，再正常不过的事了。而同样不难想象，以上全国宣传文化系统的时政形势，势必会让在上海宣传文化系统担任主要领导职务，和在国内外有着广泛社会影响的知名作家巴金先生，不可避免地得风气之先，受这股政治思潮的波及。因为事情已经再清楚也不过了，对于包括以上"十大画家"评定这样的风向标，举凡认清形势的识时务明眼人，显然都会深刻领会相关精神，敏锐意识到这番山雨欲来风满楼的政治风向与气息了，哪怕巴金先生的界别为文学而非美术。更何况对于像董其昌这样一个确曾纵容孽子欺压乡邻的无行文人行径，想来本身富有正义感而倡导讲真话的巴金先生，对他也确实本

图6 1956年电影版《家》中的冯乐山，表演艺术家郑敏饰

来就没有什么特别的好感。在巴金先生的心目当中，艺术上巨人而人品道德上侏儒的董其昌形象之猥琐，估计充其量一如自己笔下早期代表作"激流三部曲"之一的小说——《家》中垂涎高公馆里年轻、聪慧、貌美的丫鬟鸣凤，而向高老太爷软硬兼施拟纳为妾，却对外标榜仁义道德和三纲五常的蜀中大儒冯乐山（图6），充满着嗤之以鼻的不屑。甚至直到2002年11月25日，《文汇报》尚以《巴老从未要求美化冯乐山 巴金女儿对某些媒体杜撰深表愤慨》为题，报道了记者就此采访将近百岁人瑞巴金先生就此问题的看法。

"电视剧《家春秋》在改编时，我从来没有要求他们美化冯乐山。"昨天——巴金老人99岁诞辰的前一天，在上海华东医院，巴老的女儿李小林告诉记者，巴老十分尊重《家春秋》的改编工作，并托她转告自己的一些意见，但他本人从未要求减轻对冯乐山这个人物的批判力度。对一些媒体不负责任地捏造事实，李小林表示愤慨。

而事情的起因是这样的：

某些媒体报道的"巴老的精神是不刻画坏人，这一点曹禺先生将冯乐山写得太坏了。《家》中的父亲、冯乐山在当时都是成都很出色的人物，他们身上的'坏'来自那个时代、历史，并非自身的问题。如果这个剧中有明显的坏人格调就低了。冯乐山及孩子的叔叔们，过着一种好像'花天酒地'的生活，其实也是顺应了时代进步的潮流，代表了新的生活方式"的说法，完全是不负责任的杜撰。

由此看来，巴金先生始终鄙视自己小说中根据亲身经历现实生活中真人真事塑造的坏角色冯乐山，因而同样一以贯之地瞧不起跟冯乐山颇有相似之处的历史人物董其昌；尤其是在将他划分定性为剥削阶级的时代大背景底下，把自己收藏的董其昌诗册送进博物馆，也许给它的是再完美不过的结局与归宿了。哪怕它被用作批判性展出，都没有什么值得大惊小怪的。

其实，现在看来，当年巴金先生捐出董其昌诗册，估计也是时间早晚的问题；哪怕1963年他尚未意识觉悟到，可是到了1964年下半年，他也必然会主动拿出来。因为就在上述"十大画家"展览、研讨，和他向上海博物馆捐献董其昌诗册后差不多一年，董其昌果然没有逃脱继其在世家遭抄毁，而身后依然被上纲上线遭唾弃的可悲可耻罪名。1964年6月2日，《人民日报》发表了署名"冶秋"的《民抄董其昌一案略述》一文，[29]几乎将他缺席公审般判决为"封建统治者的支柱，是大地主、大恶霸、大官僚、大军阀的代表人物"。又说："董其昌及其三个儿子以及恶仆，在华亭为非作歹，积怨已深。""封定民房，捉锁男妇，无日无之，敛怨军民，已非一日，欲食肉寝皮，亦非一人。""惨酷压榨，荒淫无耻到了极点。"简直把董氏父子累累罪行罗织殆尽了。

所以，从这个意义上讲，巴金先生1963年向上海博物馆捐赠董其昌诗册实属明智之举，因为至少当初董其昌还没有被提上作为人民公敌这样级别的公开批判议事日程。而倘若挨到次年，巴金先生再拿出自己收藏的这件董其昌诗册，文物"捐赠"性质也许完全可能被颠覆降低成"上缴"反面教材，这恐怕就需要具备斗私批修般的勇气了。即便巴金先生继续无动于衷，甚至于超然物外，将诗册束之高阁，深藏若虚；可谁又敢保证它躲得过一年多后他家也被破门查抄，乃至珍藏会因掠夺、充公，或者以窝藏恶霸地主变天账等"莫须有"罪名遭侵吞、挪用，甚至据为己有而流散、流失，或被付之一炬沦为咸阳劫灰的动乱损毁命运呢？

所以说，巴金先生1963年就有先见之明，捐赠其藏董其昌诗册，真是他个人功德无量之幸，同时也是上海博物馆得以藏珍纳宝之幸，更是观众和研究者眼福为之一饱之幸！此亦诚如当年松江大隐陈继儒钦佩董其昌般赞赏的，时人"叹服公之先几远引，坦坦如无事道人，非生平名心淡，识力高，何以有此！……以此而发之心声、心画，虽欲不传，得乎？"

〔1〕 杨仁恺：《中国古代书画鉴定笔记》叁，沈阳：辽宁人民出版社，2015年，第1217页。

〔2〕 劳继雄：《中国古代书画鉴定实录》叁，北京：东方出版中心，2011年，第1522页。

〔3〕 关于原作诗题较诗集简洁，牵涉原作创作时间考定，见下文论述。

〔4〕 （明）董其昌《容台诗集》中"佩"字，原迹为"珮"。

〔5〕 （明）董其昌《容台诗集》中"伫"字，原迹为"竚"。

〔6〕 换行符。

〔7〕 换页符。

〔8〕 （明）董其昌《容台诗集》中第三首诗，巴金捐赠册页原迹阙如。

〔9〕 据此推定郭士望大约出生于万历六年（1578）。

〔10〕 这与朱保炯、谢沛霖编著：《明清进士题名碑录索引（下）》之《历科进士题名录》（上海古籍出版社，1979年，第2570、2584页）记载万历十七年己丑科（1589）二甲第一名董其昌，和万历三十二年甲辰科（1604）三甲郭士望登科时间先后吻合，由此推测董其昌应该年长于郭士望。

〔11〕 （清）丁宿章：《湖北诗征传略》卷三二，《江陵》。（明）苏维霖，字云浦，万历进士，官案詧，有《两淮游草》。

〔12〕 （明）解经邦，字嵩磐，陕西韩城人，万历二十三年（1595）进士。天启间，辽东战事吃紧，明熹宗任命经略辽东，三次上疏力辞重任。

〔13〕 明熹宗将解经邦"著革职为民，永不叙用。"

〔14〕 （明）沈㴶（？—1623），字铭镇，浙北乌程南浔人，万历二十年（1592）进士。明光宗即位，召为礼部尚书兼东阁大学士。结党营私，独揽朝政。天启二年（1622），刑部尚书王纪劾沈勾结魏忠贤，劣迹比之蔡京。未几，王纪被削职去，沈亦自感不安，遂明哲保身，引退归里。天启三年病卒。

〔15〕 （明）张问达（？—1625），字德允，陕西泾阳人，万历十一年（1583）进士。征召授官形科给事中、刑部右侍郎，提升礼科都给事中。屡担重任，持论公正，天启二年致仕，五年遭劾死。

〔16〕 此即心照不宣暗指籍贯浙北湖州乌程的奸臣沈㴶。

〔17〕 此即心照不宣暗指籍贯浙北湖州乌程的奸臣沈㴶。

〔18〕 （明）董其昌《容台诗集》大抵按编年先后排定，如卷一《七言古风·丙申闰秋舟行池州江中题陈征君仲醇小昆山舟中读书图》为万历二十四年（1596）事；之后同卷《五言排律·中秋朱太常园梅花盛开诗以纪异》后为《壬子九月八日同范长倩朱君采董遐周西湖泛舟次遐周韵》，系述万历四十年（1612）事；最后为《己巳子月饮关使君浴元林司农署中次韵诩首倡》，应该是记崇祯二年（1629）事。又如卷四《七言绝句·画家霜景与烟景淆乱余未有以易也丁酉冬燕山道上乃始悟之题诗驿楼云》当谈万历二十五年

(1597)事，此后同卷《辛亥秋仿吾家北苑笔于渼川山庄寄邢子愿侍御》当叙万历三十九年（1611）间事。而卷三似乎收录较多万历四十五年（1617）诗作。譬如任道斌编著《董其昌系年》之《送瞿稼轩黄门应召北上》即为万历四十五年作品。北京：文物出版社，1988年，第155页。另据郑威编著《董其昌年谱》披露：万历四十四年（1616）松江"民抄董宦"事发后，六十二岁的董其昌出走避乱于苏州并往来镇江张观宸、吴兴朱国桢家。次年，骚乱平息，他于元宵前返回松江以东未被尽毁的上海别业，随后去嘉兴书画鉴藏家汪珂玉（1587—?）家小住，此后始终泊舟留宿松江城外凤凰山下舟中。此举表明他痛定思痛，对进城将面对此前不堪回首往事，仍不无余悸而逡巡再四；旋辗转往来于苏州、镇江，并去绍兴、杭州等地。相关史实，均见郑谱钩沉。

〔19〕严文儒：《董其昌全集》前言，上海：上海书画出版社，2013年，第2页。

〔20〕（宋）苏洞：《泠然斋诗集》卷五，《七言律诗》。

〔21〕由于本董其昌诗书册无年款，形同为人们拓展探讨边界预留了空间和理由；但将它视为天启五年（1625）后获悉王纪郁闷而卒写的缅怀诗则不尽合理。因如前所考，赠王纪诗三首本事必系于万历四十五年（1617），方与王纪履历时地俱符。反之，将其当作董其昌鉴于王纪下野甚至下世而作悼亡诗，既与诗歌反映的时事内容等浑然无关不合，更大大低估了董其昌的文学才情。试想，如若他确实打算悼念王纪，势必另行新作寄怀诗，绝不会以旧诗替代充数。所以，王纪过世天启五年以后董其昌再度书写赠王纪诗，当是他为编纂诗文集而立此存照的可能性居其大半。

〔22〕至于董其昌赠王纪原作为立轴还是册页，已难周其详。

〔23〕以此类大小不一而貌不惊人小纸片，乃至香烟盒外包装纸向下级发送办事指令意见，乃方行先生一贯办事工作作风，笔者也曾有幸领教而面授机宜。

〔24〕档案显示如此。

〔25〕巴金先生仿佛并没有特别的文物收藏癖好、兴趣；为此，他甚至曾经责备过倾注毕生精力搜集古籍版本文物的郑振铎先生（1898—1958）。参看巴金先生1989年春动笔，1999年元月修改、续写的追忆纪念文章《怀念振铎》："敌人的枪刺越来越近了，我认为不能抱着古书保护自己，即使是稀世瑰宝，在必要的时候也不惜让它与敌人同归于尽。当时是我想得太简单了，缺乏冷静的思考。我只讲了一些空话。他从未提及它们，他也不曾批评我。……我批评他'抢救'古书，批评他保存国宝，我当时并不理解他，直到后来我看见他保存下来的一本本珍贵图书，我听见关于他过着类似小商人生活，在最艰难、最黑暗的日子里，用种种办法保存善本图书的故事，我才了解他那番苦心。我承认我不会做他那种事情，但是我把他花费苦心收集起来、翻印出来的一套一套的线装书送给欧洲国家文化机构时，我又带着自豪

的感情想起了振铎。"（载《文汇读书周报》2003年11月22日；另见上海鲁迅纪念馆编：《郑振铎纪念集》，上海：上海社会科学院出版社，2008年，第511—517页）所以，本件巴金先生藏董其昌诗册，绝对不像出自他自己的主动征集收藏，别人贶赠留存可能性居其大半。总之，巴金先生藏该董其昌诗册来源，将是一个有待可持续研究的学术命题。

〔26〕唐金海、张晓云主编：《巴金年谱（下册）》，成都：四川文艺出版社，1989年，第964页。

〔27〕严文儒：《董其昌全集》前言，上海：上海书画出版社，2013年，第4页。

〔28〕钟银兰：《董其昌的水墨、青绿山水画》，《文物》，1962年第12期，第56页。

〔29〕此文作者是否原国家文物局局长王冶秋先生（1909—1987），有待确认。安徽文艺出版社1985年4月出版现代皖籍名作家丛书《王冶秋选集》，国家文物局编、文物出版社1997年9月出版《王冶秋文博文集》均未收录此文。

宝绘妙迹 神韵特超

——故宫博物院藏董其昌书画撷英

汪亓 / 故宫博物院
关键 /《紫禁城》杂志社

董其昌,字玄宰,号思白,又号香光居士,华亭(今上海松江)人。明万历十六年(1588)进士,曾官至南京礼部尚书等职,卒谥文敏。工书法,擅绘画,创作讲求师古求新,笔墨重视拙中带秀,从而彰显平淡天真的个人风格。精于鉴赏,喜言理论,有《画禅室随笔》《容台集》等著述行世。

作为中国古代书画史鲜见的一位书画巨擘,董其昌自明末以来便饱得社会关注,其艺术泽被之广,后世难有可及。所作的书画遍及海内外,存于博物馆、美术馆者为数不少,民间亦有诸多作品。目前,故宫博物院收藏董其昌书画近600件,是在清宫旧藏的基础上,经过多次收购,并广泛接受社会捐献和国家调拨,最终汇聚而成。现选取故宫博物院所藏董其昌书画名迹,略作介绍。

一、绘画

明代画坛流派迭现,异彩纷呈,晚期"华亭派""武林派"等异军突起。其中,华亭派领袖人物董其昌推崇倡导的摹古风气对后世画坛的影响尤为深刻。

对于绘画创作,董其昌认为应先以古人为师,"(作画)要须酝酿古法,落笔之顷,各有师承。略涉杜撰,即成下劣,不入具品,况于能、妙",道出了师古的观念。在悉心摹写名贤画迹的基础上,其将笔墨技法、布局构图于心中融会贯通,尤得古人笔墨意趣。然而,董氏并未止步于此,又进一步谈到"画以古人为师,已是上乘,进当以天地为师"(《画禅室随笔》卷二)。可知师法自然,也是其汲取创作灵感的一个途径。梳理其一生的绘画创作,能够清晰看到他对自己的主张是身体力行的。

"南北宗"论无疑是董其昌画论中最为引人瞩目之处，也是他区别于寻常书画名家的重要理论成就。借鉴佛教禅宗于唐代分为南宗、北宗两派之例，董其昌认为画家也有南、北二宗，同样始自唐代，南宗尊王维为祖，张璪、荆浩、关仝、董源、巨然、米芾父子、"元四家"络绎相继，北宗自李思训父子而下，赵幹、赵伯驹、赵伯骕、马远、夏圭紧随其后。董氏独尊南宗，疏远北宗，旗帜鲜明。尽管"南北宗"论具有划分标准不一，甚至自相矛盾之处，但因董其昌在艺苑的声望与地位等诸多因素，被后学广为信奉，尊作经典。

清后期的秦祖永评论称，"思翁（董其昌）于画学，实有开继之功焉。明季画道之衰端赖振起。文（徵明）、沈（周）虽为正派大家，而其源实出梅道人（吴镇）、倪（瓒）、黄（公望）一派。至思翁独得心传，开娄东正派，故必以思翁为冠首"（《桐阴论画》），堪为的论。虽然对董其昌的理论，聚讼纷纭，对董其昌的创作，褒贬不一，但是无论理论阐释还是绘画实践，董氏都有过人之处，更能启发后世来者，这是不争的事实。

万历四十四年（1616）创作《高逸图》（图1）之时，董其昌已然六十五岁，其绘画正是处于不断体味前贤笔墨，细心观察自然山水之后，将自家画法、观念融会贯通而成心手合一的成熟时期。前一年的三月，董氏居家赋闲之际，因其子董祖常以势凌人，横行乡里，致使宅第被三县民众烧毁，资财俱无，所蓄书画亦大多付诸一炬。"民抄董宦"事件半年之后，事态方才趋于平息。遭遇如此剧变，董氏只能借助频频出游，来排解心内的忧惧。《高逸图》上有题跋两段，"烟岚屈曲径交加，新作茆堂窄亦佳。手种松杉皆老大，经年不踏县门街。（见《容台诗集》卷四，题为《题画赠眉公》）《高逸图》赠蒋道枢丈。丁巳三月，董其昌。""道枢载松醪一斛，与余同泛荆溪舟中，写此纪兴。玄宰又题。"由此可知，此图是董氏乘舟西行途中，至荆溪（宜兴）时，为好友蒋守止（道枢）所作。道枢素与董氏友善，也同陈继儒相熟，所以请陈氏题写五律一首于诗堂之上，自己也书以五绝相应和。

董其昌在《高逸图》中采用了"元四家"之一——倪瓒的经典笔法与构图方式。他曾经提到："作云林（倪瓒）画，须用侧笔，有轻有重，不得用圆笔，其佳处在笔法秀峭耳。"（《画禅室随笔》卷二）在笔落纸端的时候，画家正是使用了侧锋行笔的折带皴，写出两岸的缓丘平坡。全图则借重倪氏绘画"一水两岸"的构图，突出旷远清和的意境。用笔、构图二者融合一处，令人望而知之这是仿学元人的佳作。不过，董氏并没有为倪氏画风所束缚，着意将自家的特点清晰地印在了图上。对于画树，董氏向来极为重视，既善于总结"画树之法，须专以转折为主。每一动笔，便想转折处，如写字之于转笔用力，更不

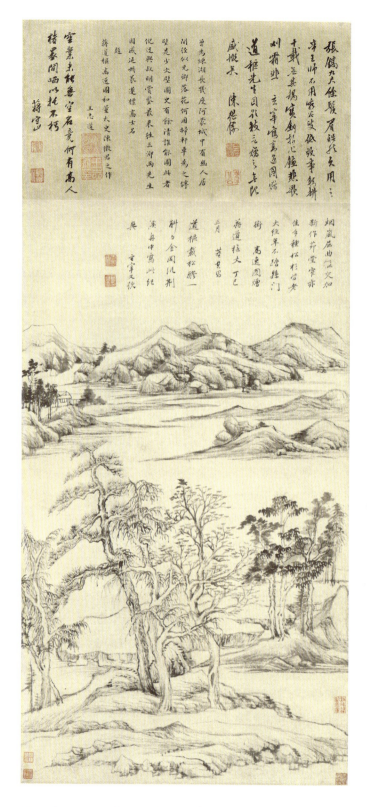

图1 明 董其昌《高逸图》轴,故宫博物院藏

可往而不收。树有四枝，谓四面皆可作枝着叶也。但画一尺树，更不可令有半寸之直，须笔笔转去。此秘诀也。""画树之窍，只在多曲。虽一枝一节，无有可直者。其向背俯仰，全于曲中取之。或曰，然则诸家不有直树乎？曰：树虽直，而生枝发节处，必不都直也。"（《画禅室随笔》卷二）等等画法，又将历代名家作品中的树形以墨笔勾勒下来，装裱为卷册，以便创作时取法（如故宫博物院藏《集古树石画稿》卷）。此图近处树木数株，皆虬曲盘屈，各具姿态，恰是实践了画家的个人观念，避免了树木形体单一导致的缺乏变化，进而削减盎然生意的弱点。这同倪瓒画树多直笔而上的风貌是迥然有别的。董氏能在前人笔墨之间，独出己见、自树风标的优势，观者不难从此图中领略出来。

《仿古山水图》册（图2）作于天启元年（1621）三月，时董其昌自杭州回乡，途中抽暇绘制出八开图画。每开册页分称仿自杨昇、卢鸿、惠崇、李公麟、米友仁、吴镇、倪瓒、王蒙等唐及宋元诸家，是董其昌仿古绘画中不可多得的妙品。此册中"仿卢鸿草堂笔"一开，则重在追求"唐人用笔高简，意到而笔不到"的妙绝境界，山石皴法偏疏，草木信笔写就，突出意境以外的笔情墨韵之美。"仿李伯时山庄图"一开，汲取北宋名家李公麟"以立意为先，布置缘饰为次"的优长，虽然构图饱满，但疏密相宜，令人不感到壅塞；山川浑厚，水木华滋，又使得观者对归隐茫茫青山的生活方式不由得产生一种由衷向往。米友仁为宋代米芾长子，字元晖，擅长书画，山水画用水墨横点，状写景物，颇富烟云变灭、生意无穷的意韵，自称"墨戏"。董氏曾藏米友仁《云山墨戏图》《潇湘奇观图》（两者均藏于故宫博物院）《潇湘白云图》三卷，于"墨戏"之笔多有体悟。册内"仿米元晖"一开，以墨法多变称美，远山近树尽用重重卧笔点染而成，墨韵澹澹，引人入胜。董氏跋《云山墨戏图》时对"米家云山"的评判为"元气淋漓，布景特妙"，这不正是此开册页带给我们的感受吗？王蒙为元末明初人士，号黄鹤山樵，画作以构图宏阔、皴法细腻著称。"仿黄鹤山樵"一开，前有密树重林，后则山体雄壮巍峨，村舍隐然，经营位置正与王氏相近，只是山石皴法简括，仅仅撷取王氏笔意而已。

董氏水墨山水名重于世，设色山水也别具一格。"仿唐杨昇"一开，在对题上言及，曾见杨氏《峒关蒲雪图》，便以其没骨法作画，丛树峰峦等都用石青、石绿、朱砂、赭石等色染出，敷彩清朗，山石树木几无勾皴，与李思训一派线条硬劲、设色浓丽的青绿山水情趣各异。惠崇是一位北宋诗僧，兼擅绘画，其绘画被董其昌认为是学自南宗之祖王维。"仿惠崇"一开，绘出草木葱郁、烟雾弥漫之景，借仿学惠崇笔意之机，远追王维"云峰石色，迥出天机，笔思纵横，参乎造化"的画法。元代吴镇，号梅花道人，其画以山水、墨竹著称，

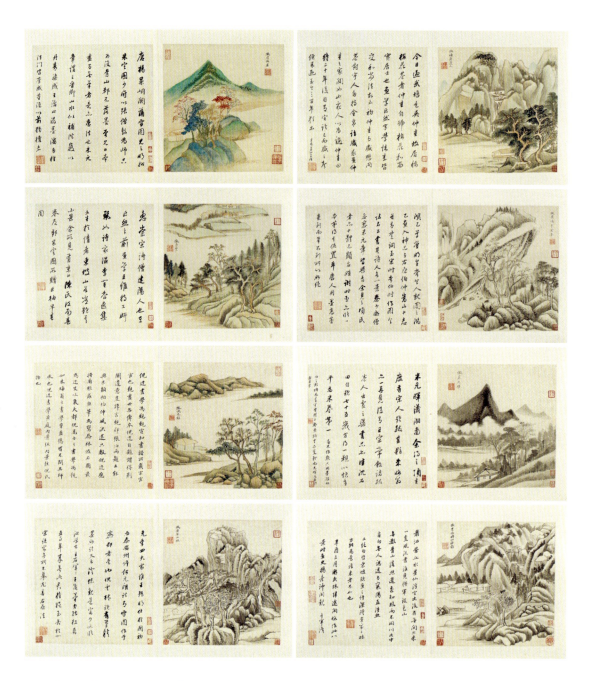

图 2 明 董其昌《仿古山水图》册,故宫博物院藏

终生不仕，与黄公望、倪瓒、王蒙并称"元四家"。"仿梅花道人"一开，不求吴氏墨色苍润、层次丰富的特点，转倩色彩浓淡的交替运用，体现画面远近结构的空间递进关系，利用笔法多变，皴擦点染，传递出吴镇高超的控笔技巧的艺术魅力。"仿倪元镇"一开，布局疏朗开阔，树、石、山、亭的画法皆源自倪瓒之作，用色近乎《水竹居图》轴（中国国家博物馆藏），以清和冲淡为宗，可谓得倪氏三昧，登堂入室。

董其昌一生宦游南北，得观历代名画甚多，加之家藏巨迹颇富，曾经用心临仿前贤画作，获益殊多。他的临古，自然要从古人笔墨中掌握绘画语言，更要推陈出新，自开天地。此套册页中，每开均以"仿"字冠名，画面却不尽是仿学古人，因为每幅都有独出新意之处。以"仿倪元镇"一开为例，与倪瓒之画呈现的寂寥疏淡的面目相比，其使人感受到的是勃勃生机，此即董氏取诸家笔墨之长，再运用自身的学养、识见加以变化而直抒胸臆的不凡魅力。这一借古求新的观念与方式，董氏引领后世众多画家开辟出文人绘画的新局面，功绩是显而易见的。

《岚容川色图》轴（图3）是董其昌在崇祯元年（戊辰，1628）中秋时所绘，在题跋中，他讲起见到过"明四家"之首——沈周的同名之作，沈图能与"元四家"笔下的山水并美颉颃，自己是"追想其意为此"。细观图画，树木繁茂，水流潺湲，秀峰兀立，坡石舒缓，景色清旷，风光殊绝。

以画法论，董氏并未拘泥于某一种表现技法，而是兼用披麻皴、折带皴、米点皴，信笔写来，图中山水宛若自然天成，可称是非有炉火纯青之功不能为此。实际上，此图已经远远超出了沈周画作的格局与笔墨，应是董其昌将所观看到的自然山川内化为胸中丘壑之后，再放笔图写，在咫尺之间铺陈所成。对于绘制山水，董其昌有着独到的认识——"读万卷书，行万里路，胸中脱去尘浊，自然丘壑内营，成立鄞鄂，随手写出，皆为山水传神矣。"（《画禅室随笔》卷二）以《岚容川色图》相印证，董氏恰恰凭手中的毛笔在纸绢之间践行着自己的创作观念，默默地为后继者做出了示范。

从构图观之，董氏不因袭前人，重视布局错综变化的形式之美。其论作画时，言道："古人画，不从一边生去。今则失此意，故无八面玲珑之巧。但能分能合，而皴法足以发之，是了手时事也。其次，须明虚实。实者，各段中用笔之详略也。有详处，必要有略处，实虚互用。疏则不深邃，密则不风韵。但审虚实，以意取之，画自奇矣。"（《画禅室随笔》卷二）可知，其对画面上的分合、虚实极为留意。从某种角度来看，此时图上的山水景致或许已然不是画家希望描摹的客观物象，而转为画家专意体现笔墨之法的艺术呈现。图画中

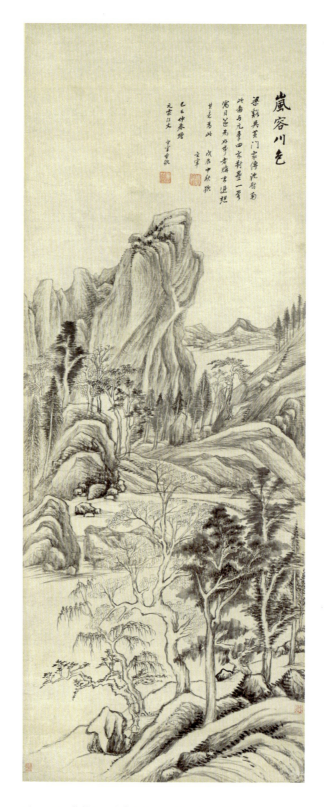

图3 明 董其昌《岚容川色图》轴，故宫博物院藏

段峰峦叠翠，几乎密不透风，前端水面开阔，为观者撑开了一片疏朗空间，上部留白遂成蓝天，更显寥廓旷远。经过精心构画，董氏在封闭的画面上凭借平缓的坡石、耸立的山峰、曲直各异的树木之间的互相揖让，令观者不难感觉出从图中隐隐凸显出的笔墨韵致。如此"奇"景正是由"以意取之"的虚实变幻中生发出来的。

二、书法

身为明晚期对后世最有影响的书家，董其昌在世时书作就"名闻国外，尺素短札，流布人间，争购宝之"。入清后，董其昌书法影响超过明代，顺治、康熙、雍正、乾隆四朝皇帝皆留意董书，康熙帝尤好董其昌书法，谓："华亭董其昌书法，天姿迥异。其高秀圆润之致，流行于楮墨间，非诸家所能及也。"他还曾花费精力专门学过董书，清末民初收藏家裴景福在《壮陶阁书画录》里讲："明末及国初，仍兼习赵（孟頫）、米（芾），未尝以香光（董其昌）为宗师也。至圣祖仁皇帝（康熙帝）始诏华亭沈荃供奉内廷，专重董法。"在南巡途中，康熙帝还亲至松江董其昌家祠，颁赐"芝英云气"匾额，"嗣是二百余载，书家巨子，悉瓣香香光"。因受到皇帝喜爱，董其昌书法开始源源不断进入宫廷被内府收藏。至乾隆年间，乾隆帝自言："内府藏董其昌真迹不下百数十种。"（见董其昌《行书临柳公权兰亭诗》卷前乾隆帝题跋）乾隆十二年（1747），乾隆帝敕令梁诗正等大臣选取内府所藏法书墨迹摹刻《三希堂法帖》三十二卷，其中明人书六卷，六卷中董书就占四卷，可见内府所存董书数量之多、皇帝喜好之深。乾隆十年至嘉庆二十一年（1745—1816）成书的《石渠宝笈》初编、续编、三编中著录的董书数量则更为庞大。

董氏书法，与其绘画一样，重视仿古、临古，从古人书法中汲取营养，于晋、唐、宋诸家遍为临仿，又能从中择善而从，化为己用，加之深厚的文化修养，最终形成了以秀逸、淡远为主要特征的书法风格。而于真、草、篆、隶诸体之中，行书不求甚工、流丽秀雅，最能体现董氏秀、淡的书风，成就最高，其他诸体之名为其所掩。

《行书临柳公权兰亭诗》卷（图4），临传为唐柳公权所书的《兰亭诗》，卷前有乾隆帝三跋，卷后系董氏自识两段，又明宋献，清高士奇、陈元龙、张照及乾隆帝一跋。

董氏自识言："右柳公权书兰亭诗，书法与右军禊帖绝异，自开户牖，不倚他人庑下作重儓，此所谓善学柳惠者也。或曰陶穀书，恐穀未能特创乃尔，

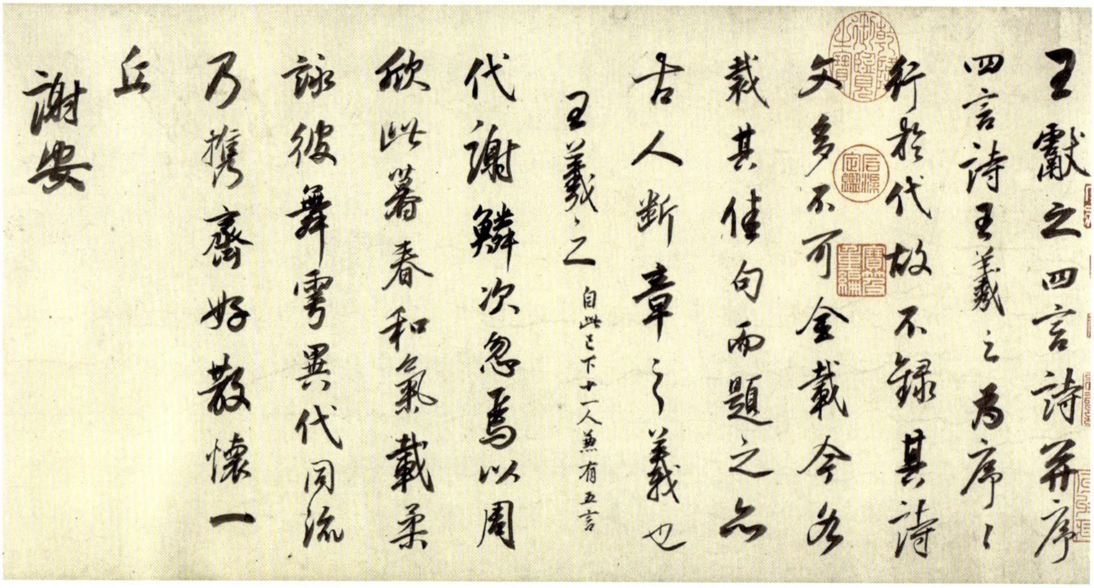

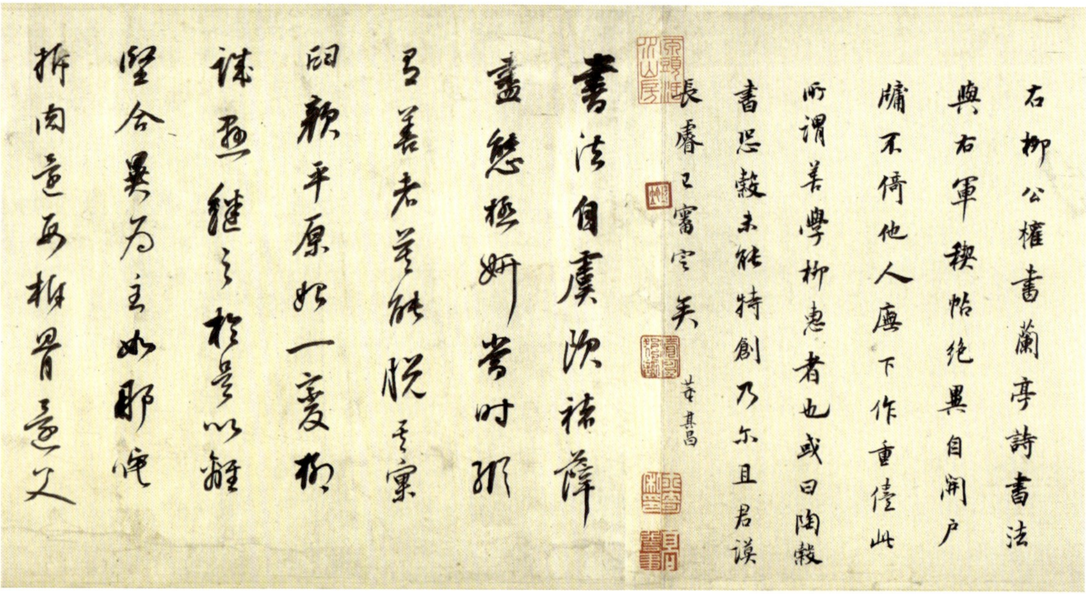

图 4　明　董其昌《行书临柳公权兰亭诗》卷（局部），故宫博物院藏

且君谟（蔡襄）、长睿（黄伯思）已审定矣。董其昌。"又"书法自虞（世南）、欧（阳询）、褚（遂良）、薛（稷）尽态极妍，当时纵有善者，莫能脱其窠臼。颜平原（颜真卿）始一变，柳诚悬（柳公权）继之，于是以离坚合异为主，如哪吒拆骨还父，拆肉还母，自现一清净法身也。米老反诋诚悬，不足称具眼人。若诚悬所书兰亭，要须无一笔似右军兰亭始快，恨予不能无一笔不似诚悬耳。止生过余墨禅轩论书，因一拈之。戊午（万历四十六年，1618）正月廿二日，董其昌自题。"钤"太史氏""董其昌"二印。

此卷为董氏六十四岁所书，虽为临古，但与原作伪迹劣书相比，其行间舒朗，结体松秀，运笔流畅，清秀潇洒的特点表现得十分明显，绝非自识中所谓"不能无一笔不似诚悬"。而这些"不似"之中，章法布局的不同尤为突出。两卷相比，董氏特意拉大行距、减少每行的字数，使行间、字间距离拉大，行与行、字与字之间顾盼映带十分自然，给人以疏离飘逸的感受，这也是董书在章法上的一个特色。行距宽大，与宋初书法如林逋《行书自书诗》卷（故宫博物院藏）、《楷书谢赐御书诗表》（日本东京台东区立书道博物馆藏）的行间布置类似，或是受到那一时期书法的影响。

此卷在明代先后经茅元仪、宋献收藏，入清后流传曲折。初归徐元文，后被宋德宜从徐元文处通过弈棋博得，传至宋大业，被宋大业赠高士奇，又随高士奇孙女高祥而入张照家，张照故后，被割裂为两段，分别入乾隆内府。乾隆帝将其重新合为一卷，并将此卷原本与自己的临本，以及传为唐代虞世南、褚遂良、冯承素分别摹写的《兰亭序》，传柳公权《兰亭诗》卷，清内府勾填董其昌《戏鸿堂帖》刻柳公权书《兰亭诗》，于敏中补《戏鸿堂帖》刻柳公权书《兰亭诗》八件书法作品刻于圆明园坐石临流亭柱上，称为"兰亭八柱"，后又为"兰亭八柱"墨迹配紫檀八屈插屏收储，陈设于紫禁城漱芳斋内。1925年故宫博物院成立后，此卷与其他七卷墨一同成为院内重要藏品。

《楷书三世诰命》卷（图5），抄录董其昌祖父母董悌、俞氏，父母董汉儒、沈氏，董其昌自己及妻龚氏诰命文字三段，每段后书给诰时间"天启四年九月二十九日"及"制诰之宝"四字印文，未署款，卷后系陈继儒长跋一段。据陈跋所讲，此卷为董氏于天启五年（1625）因孙子董庭求书刻石以"发皇祖德"而书写。

董其昌早年并不善书，后因"书拙"在科举考试中吃过亏，故而从十七岁开始发奋临池。最初的师法对象就是颜真卿《多宝塔碑》，也许这是出于颜书庄重谨严，合乎朝廷公文、科举考试书写规范的考虑。但董氏终生服膺颜法，多次反复临写颜帖，或另有原因。

图5 明 董其昌《楷书三世诰命》卷（局部），故宫博物院藏

图6 明 董其昌《行书岳阳楼记》卷（局部），故宫博物院藏

奉天承運
皇帝制曰朕簡任大
僚使掌邦禮華階
峻秩集于厥躬徽
數寵章施于祖廟
所以體子大夫褒
顯先人之意而亦
明子一人尊獎耆
宿之心爾董偲乃
禮部右侍郎兼翰
林院侍讀學士協
理啓事府事其昌
之祖父盛世幽人
海濱遺者備身正
家而聲被於宗黨
慶約履順而福流
于子孫力行方寸
之間浔報百年之
後孫宜錫朋恩誕
元出隧特贈爾為
通議大夫禮部右
侍郎兼翰林院侍
讀學士祖承三錫
之榮用作九原之

岳陽樓記
慶曆四年春滕
子京守巴陵郡
政通人

噫微斯
人吾誰與歸

范希文岳陽記
宋人形以為傳奇
文此東坡醉白堂
乃言家之至體也
文章家之先憂
別不愧其日許矣宋
之古文實由范公掇
手師魯瀚之又以

董氏在艺术上一生脱离不开赵孟頫的阴影,无论绘画、书法皆将松雪以"假想敌"视之。书法上他曾评道:"赵书因熟得俗态,吾书因生得秀色。"(《容台集》卷十一)赵孟頫说过:"近世,又随俗皆好颜书,颜书是书家大变,童子习之,直至白首往往不能化,遂成一种臃肿多肉之疾,无药可差,是皆慕名而不求实。尚使书学二王,忠节似颜,亦复何伤?"(见吉林省博物院藏《宋元名人诗笺》册)赵氏早年其实也曾学过颜书,但为校正南宋书坛疲弊,以复古为旗号终归于王羲之、王献之父子,形成姿媚圆熟的风格,即董氏口中所谓的"熟"与"俗"。董氏自谓其书以"生""秀"异于赵书的"熟""俗",则或是以己之长攻彼之短。他学习颜书至老不衰,则是借赵氏所反对师法的颜书之朴拙,矫正因不学颜而产生的圆熟姿媚的"俗态",进一步确立自己"生"而"秀"的长处,或可以说是董氏针对赵孟頫书法及其师法对象有意识的反复。

颜书"生"有余,然"秀"不足,颜楷更是法度森严,董氏在临颜书时并不严格遵守颜楷的标准,正所谓"临帖正不在形骸之似"(《石渠宝笈》卷五),"临写独师其意,不类其形模"(《容台别集》卷一)。此卷抄写朝廷制诰,以颜楷出之,并非临写而是仿学,更是如此,其结字并未完全如颜一般宽博庄严、重心沉稳,而是在不经意间营造出倾侧的姿态和松弛秀逸的格调,避免了学颜末流傻大黑粗、如布算子的弊端,从中可见董氏在其书法理论与书法实践中顺水行舟、扬长避短的成功之处。陈继儒在题跋中称赞此卷为董其昌"碑版中第一煊赫之书",实为的评。

《行书岳阳楼记》卷(图6),抄录范仲淹《岳阳楼记》全文,卷后附自识一段:"范希文岳阳记,宋人尤以为传奇。文如东坡醉白堂记,一似韩白论耳。文章家之重体如此。若夫希文之先忧,则不愧其自许矣。宋人古文实由范公推尹师鲁开之,又以公书法绝类乐毅论,虽文与书非所以重公,公在此道中,未尝不称当行名家也。己酉(万历三十七年,1609)七月廿七日董其昌书。"卷首钤"玄赏斋"印,尾钤"董玄宰"印。

此卷为董氏五十五岁所书。虽然自识中讲范仲淹"书法绝类乐毅论",但此卷却取法米芾大字行书。董氏自述学书经历:"余十七岁时学书,初学颜鲁公多宝塔,稍去而之钟、王,得其皮耳。更二十年,学宋人,乃得其解处。"(《画禅室随笔》卷一)此处所谓"学宋人",所学为谁,若名额仅有一名,观董氏"自唐以后,未有能过元章书者"(《画禅室随笔》卷一),"(米芾)宋朝第一,毕竟出东坡之上……"(《画禅室随笔》卷一)等评价,则非米芾莫属。而米芾书法中的"势",尤受董氏青睐,董氏自言:"米元章为集古字,已为钱穆父所诃,云须得势,自此大进。"(《容台集》卷二)"襄阳少时不能自立家,专事摹帖,人谓之集古字,已有规之者,曰须得势乃传。"(《容台集》卷二)然而何为书法的"势",王连起先生将其形容为将发未发,即于静的书法中蕴含着动的趋势。书"势"与书法的用笔行笔方式紧密相关。米芾书法的"得势"建立在他八面出锋、刷掠奋迅的用笔、行笔方式之上。董氏此卷,布局、结字,尤其用笔、行笔全学米芾,其用笔多变、行笔迅捷,给人流畅骏迈之感,为其学米"得势"合作。

群星闪耀

——记董其昌《苑西墨禅室画山水图》卷[1]

庞鸥／南京博物院

万历二十五年丁酉（1597），年届中岁的陈继儒取陆机《赠从兄车骑诗》中句"仿佛谷水阳，婉娈昆山阴"之意，在小昆山[2]二陆（陆机、陆云）隐居旧址构筑读书台，颜其居为"婉娈草堂"。10月，与陈氏"函盖相合，磁石相连。八十余岁，毫无间言"[3]的挚友董其昌造访了婉娈草堂，并绘制《婉娈草堂图》为别。在此图中"可见一种激进的新颖结构……暗示出绘画全新的质量与形体（mass and physicality）""为中国画开启了一个新阶段"，[4]"也可视为'董其昌世纪'的肇始"。[5]此后，董其昌依循着自己的绘画创作理念继续实践，在两年之后的万历二十七年己亥（1599）正月，绘制了《苑西墨禅室画山水图》卷，此图的诞生意味着其艺术理念、创作方法与绘画风格均已成熟，预示着中国绘画史上董其昌时代的全面开启。（图1）

《苑西墨禅室画山水图》，绘岗陵逶迤，江流映带，草木蒙茸，溪水缓缓，蹊径屈曲，村舍掩映。画面中的山石、坡陀、林木等均呈现出一种看似简单的重复组合，然而又恰恰是这种形式的组合使得画面有了百看不厌、可以反复玩味的效果。这种效果的获得，既没有依靠重山复水的繁杂景致、栩栩如生的刻画描绘，更没有所谓饱满丰富的复杂情绪蕴含其中，甚至画面中点画用笔的轻重缓急也是平和质朴的，浓淡干湿的用墨也是温和自然的。就好似虔诚的信徒在反复念唱简单的佛号时内心却获得的庄严、肃穆与平静感一样。如果说两年前《婉娈草堂图》呈现出的艺术理念、创作方法与图绘形式是全新的，那么《苑西墨禅室画山水图》就已经成熟完备了，此后三百多年中国画的运行被董其昌牢牢地掌控在手中，无人可以撼动与替代。

明代后期画坛，董其昌"仿佛天上星，那最亮的一颗"。在董其昌的时代，中国画发展已经走过了追求客体形质的五代北宋时期，其后，由于文人主动参与到绘事中来，使中国画借客体景致表现主体意念的主体发展阶段在元代迅速到达高峰，及至明代的中后期，主体发展阶段的中国画正在经历着最后的"垃圾时间"。颓势尽显的吴门画派没落着，粗野狂躁的浙派也在消亡，遮遮掩掩的吴、浙两派融合并没能让中国画"雄起"。在暮气沉沉中，扮演吴门画派"掘墓人"[6]角色的董其昌出现了。他广泛研习古代绘画传统，倡导以一种全新的角度来审视古代的传统，他援佛入画，以禅论画，抛出"南北宗"论，"粗野"地让古代画家"站个队"，笼统、模糊、武断，甚至有些附会之嫌，然而细细想来，准确概括古代绘画传统确非易事，"南北宗"论可谓是中国绘画史上最智慧的绘画系统理论之一，实在是有创造、有见地、有指导意义，大开后人研究中国画的方便之门。董其昌艺术理念的目的是为了要让中国画建立起新的法则和秩序，他将山水画因子还原为相应的传统图式与纯粹抽象技法的创作实践活动。对于中国画创作中笔、墨、构图、取势等本体的这些构成元素，他抽取画史中各位大家最为特质的部分，加以组合构成自己的作品。用他自己的话来说：

> 画平远师赵大年，重山叠嶂师江贯道，皴法用董源麻皮皴及《潇湘图》点子皴，树用北苑、子昂二家法，石用大李将军《秋江待渡图》及郭忠恕雪景，李成画法有小帧水墨及着色青绿，俱宜宗之。集其大成，自出机轴。[7]
>
> 柳则赵千里；松则马和之；枯树则李成，此千古不易。虽复变之，不离本源，岂有舍古法而独创者乎？……今欲重临古人树木一册，以为奚囊。[8]

董其昌像拼图一样，选取传统中最为称心的部件，组建起自己庞大无比的豪华宫殿。他的这种解构性质的绘画创作方式是开创性的，章法中的开合、整乱、虚实、疏密，笔法中的提按、行止、徐疾、方圆，墨法中的浓淡、干湿、水墨色彩、浅绛青绿……中国画本体诸元素一下子似乎变得有迹可循、有法可依，却又可以千变万化、多姿多彩。董其昌在中国画本体发展方面创作实践取得的极高成就，使得我们在看董其昌画时，能够体会到画面中各种物象如棋子般地排列、叠加、呼应、揖让；前景、中景、远景所依存的层面仿佛可以任意更换；而画中的一座山、一株树、一块石，甚至一条线、一个点都具有了独立的美感。董其昌创造出了中国画创作中的新方法，此法为中国画所独有，在清

图1 明 董其昌《苑西墨禅室画山水图》，南京博物院藏

代此法被进一步确立完善，从而造就了中国画技法程式化高度发展以及集成类的各种画谱的出现。正是有了董其昌的理论与实践，明代末年中国画逐渐由主体发展阶段转为向本体发展阶段[9]。这是中国画发展的一次里程碑式的转变，对于延续中国画发展的意义重大，使得中国画的生命力得以延续。

《苑西墨禅室画山水图》是绘制在一种相对光滑、纸质纤维紧实细腻，渗透吸水近乎熟宣的纸上，这正是董其昌最为得心应手的书画用纸，董其昌的许多精彩的书画作品也都拜这种纸所赐。卷后的吴湖帆题跋中亦有言："尝见王廉州题云：董氏好用高丽茧楮[10]。是卷即所谓茧楮是也。"其实高丽茧楮是一种较难掌控的书画用纸，其原因在于这种纸对于笔墨的耐受性十分的灵敏且准确，各种性质的笔墨在这种纸上都能清晰地体现出来，可谓是纤毫毕现。画错了坏了丑了，也就清楚地摆在那儿，试图用其他的笔墨进行掩饰遮盖是徒劳的，其结果只会越来越糟。所以，当时绝大多数的书画家都喜欢用纸质相对柔软，纸张表面纤维绒毛丰富，大约七熟三生，或者半生半熟之类易于操控的书画用纸。然而董其昌是个"异类"，我们看到《苑西墨禅室画山水图》中，在光滑素洁的纸上董其昌自由地写画，用不可计数的柔软、松秀的线条勾皴着山石与林木，清润的墨线就像是从笔尖流淌出来一样，没有挂碍羁绊，也不去计较一点一画的得失，就像是散步式的漫不经心、轻松随意。墨线自淡而浓，由湿到干，从墨到水，一遍遍、一层层，有叠加、有交叉、有排列、有缠绕、有屈曲、有挺直……重复再重复。中锋也好，侧锋也罢，甚至是扫、擦、刷、刮，也都依循着笔中渐少渐干的水墨写在适当的地方，没有刻意安排，只有随心所

欲。对此谢稚柳曾有分析：

> 董其昌画真迹除了功力之外，还充满一种自信，一种爽爽朗朗的内心辉映，使他的作品显得层次多而不乱，重叠往复而爽然透气，干笔皴擦笔不浮于纸，湿笔拖拉笔不涩纸，细笔着纸韧劲有力，粗笔着纸似即似离，精神矍铄，从容不迫，这都是极深腕力控制的效果。[11]

这是一种与众不同的特质，是成为大家的必备条件之一。当然，仅凭"极深腕力控制"也是无法轻易获得的，先天的禀赋，加之后天的顿悟，或许才是要诀。

中国画皴法的出现本是画家在创作实践中根据各种山石的不同地质结构形态等加以概括而创造出来的表现程序，所以皴法有着明确的指向性，然而，已经出现了六七百年的皴法，到了董其昌的手中，已经解构成为了一种纯粹的笔墨程式。在《苑西墨禅室画山水图》中，这些本应是皴法的墨线不同于所谓披麻皴、牛毛皴、荷叶皴、解索皴、豆瓣皴，然而再看看，似乎这些的皴法也都在其中，各种原本个性鲜明的皴法在这里却多变易动起来，依循着山石坡陀汀州的形状走势排布生发。在山石坡陀上，浓墨点虱、勾写小草，这儿有了，那儿没了，明明是山前山后，一气点虱过来却连成了一片，无前无后。在节奏平缓的灰调为主的画面中，那些重复又重复的墨线，既是勾，也是皴，还是染，使得本该沉闷的中间调子显得清润透明、明洁纯净。难怪王原祁说："董思敏之笔犹人所能，其用墨之鲜彩，一片清光，奕然动人，仙矣！岂人力所能得而办？"[12]

既然《苑西墨禅室画山水图》中的笔墨与古人大异其趣，其山石构成又是怎样呢？画面中重山叠水，丘壑纵横，一眼望去，满纸是挂满线条的山石坡陀。在这里，董其昌充分发挥了他"拼图"的本领，他把至少八组相对独立的山石单元组合在了一起，每组独立单元自身的结构合理，然而一旦组合在一处，就很容易产生有违常理的情况，比如画幅左半幅中的两组单元，各自的构成取势一组向左，一组向右，相对独立，董其昌却"突发奇想"地用厚重的石梁将其连接了起来，构成新的一个大单元，问题接踵而来，这个中远景的大单元，又与画幅中部的中前景独立单元在远近关系上产生了明显的错误。再来看，画幅最右端中远景的一组向左延伸的露根石壁与其左侧一组平远土坡，原本相对独立的单元，董其昌却在其间画上了两三间房屋用以连接二者，但是露根石壁与平远土坡都在水中，那么这两三间房屋要么浮在水中，要么便飘在空中。像这样匪夷所思、莫名其妙的关系组合，在图中还有多处。如此说来，董其昌在图中岂不是营造了一个不合理的混乱世界？错了，不是董其昌错了，是我们错了。我们仍然戴着传统山水图式的眼镜在看待董其昌笔下的山水，董其昌所营造的已经不是传统意义上的可居可游的山水，也不是那个承载画家情感心绪的山水，他解构了传统南宗诸大家的山水图式，什么董源、巨然、二米、房山、元四家、明四家，甚至是北宗的绘画元素，能够为我所用的，拿来，于我无用的，下次再说。在《苑西墨禅室画山水图》中，山水景物的关系已经不是通过观察自然所获得的，董其昌所关注的也已经不仅是画面中山水的主宾、远近、取势等固有关系，而更多考虑的是各个单元之间的开合、呼应、破立、虚实、疏密、繁简等本体要素，画面中的每一个单元、每一个细节都重要，都是这个和谐状态的组成部分，看似漫不经心、东拉西扯，实则法度森严、暗藏机锋。我们看到《苑西墨禅室画山水图》的构成摆布走势十分清晰简约明了，无非是纵向向上延伸的山峰、杂树，横向向左右分布的坡陀、石梁、水渚、汀州，以及斜向发展的石壁等的交错排列组合。这些"七拼八凑"的简单构成使得画面中的精彩"全程无尿点"，每一段，甚至是每一处都值得再三再四地推敲玩味，而且在不经意间有了稚拙之趣、生拙之美。董其昌画中的拙趣，也成为了鉴定其作品真伪的重要依据。拙，又所谓"大智若愚""宁拙毋巧""返璞归真"，苏轼在《与侄书》中论为文有言："大凡为文，当使气象峥嵘，五色绚烂，渐老渐熟，乃造平淡。"[13]米芾在论及董源、巨然山水时也有言："董源平淡天真多……不装巧趣，皆得天真。""巨然师董源……步景得天真多……老年平淡趣高。"[14]中国画家作画，求天趣、生趣和拙趣。拙，成为了他们孜孜以求的格调与境界，也是中国画的审美标准之一。董其昌的"拼图游戏"是大智慧的表现，他的拙是藏巧于拙、寓美于拙的表现，这与董其昌的天资、学识、创作理念、创作方法等都有关系。董其昌作画时的状态，就好比金庸在《倚天屠龙记》中描写张三丰传授张无忌太极剑，张无忌边学边练，学成练完，遂将剑法忘得一干二净，却在临敌时完胜。究其原因就是张无忌已将张三丰传授的剑法化成了自己的剑法，从而得心应手，随心所欲。董其昌通过"拼图游戏"将南宗诸家语汇化成了自己的语汇，他就像是一个造物主，山石、坡陀、林木等的结构、形状、上下左右关系等，都在他的笔下一一生发出来，创造出新的创作方法与图绘形式，进而成为明代末年画坛的领袖，居于时代艺术的制高点而推动中国画发展的进程，引领后世三百年的风气。当然，董其昌那一套看似简单的创作方法，其实对画家本人天资的要求极高，即便在"四僧""四王"中，也仅八大山人与王原祁能入其堂奥得其神髓，有所成就。

在画幅的最左端，董其昌用工工整整的小楷题写了款识："己亥正月，在苑西墨禅室画。甲辰上元前二日，遇戴长明重展题。其昌。"没有钤盖任何印章。按吴湖帆《丑簃日记》记录："一九三一年六月十日。孙伯渊（1898—1984）携董思翁小幅，上有陈眉公题字，画为李周生者，余以四百金得之。董书二题俱无印，此庞虚斋（1864—1949）谓：'董画无印者最为得意作。'可信也。"[15]吴湖帆转述了庞莱臣关于董其昌在字画上题署的小发现。当然，庞莱臣收藏有多幅董其昌的画作，其中董其昌六十六岁时创作的《秋兴八景图》册（上海博物馆藏）为其晚年代表作品之一，图册中每页均用工整的楷书题署，不钤盖印章，与《苑西墨禅室画山水图》如出一辙。

在画卷本幅董其昌款识的左侧，有清代官僚、书法家张照（1691—1745）题："此与《江上愁心诗意图》真成双璧也。照。""江上愁心"即苏轼《书王定国所藏烟江叠嶂图（王晋卿画）》[16]中的诗句，王诜的《烟江叠嶂图》卷藏于上海博物馆，董其昌的《烟江叠嶂图》卷亦藏上海博物馆。从图绘形式来看，张照所言不虚。

《苑西墨禅室画山水图》的题跋真是群星闪耀，除了上文提到的张照、吴湖帆之外，从董其昌同时期的杨文骢（1596—1646），一直到20世纪的张大千（1899—1983），可谓是题跋累累，传流有序。

杨文骢的题跋云：

> 玄师全用北苑，而此卷兼用李唐，钩斫分明，落墨深静，真得宋人三

图 2 《苑西墨禅室画山水图》局部，南京博物院藏

昧，不仅以元季气韵胜也。此少年工力，天孙织锦手，韶九宝之。弘光乙酉春夜，题于铁瓮官署。杨文骢。（图2）

杨文骢与董其昌同列"画中九友"，董年长杨四十余岁，故杨跋中称"玄师"。接下来的溢美之词就是常见的拿古人说事儿，"天孙"即织女。值得一说的是"弘光乙酉春夜"是1645年的春夜，正值清军大举南下逼近镇江，渡江之役迫在眉睫，杨文骢作此跋时就在镇江北固山前的铁瓮城官署中，是所谓大战在即气氛最为紧张之时。暮春五月，清军破镇江，入金陵，南明弘光朝覆灭，第二年杨文骢抗清被执，谕降不屈，乃被杀。

杨跋之后是明末清初人万寿祺（1603—1652）的题跋：

南北既分，而秀杰闲远之士守胜国，为门庭舍高鲁而崇孙子。抑知南渡前后，尚有诸人为之开除耶。思翁为其家太守出世说法，而泝源穷本，所以引掖后生者，婆心正切，指示堂奥。正如此卷，割去平日，直就荆李，振衣千仞，不徒取法乎上，使后之学者瞠目，秋天翠屏也。万寿祺。

1645年春，杨文骢"开府常、镇，驻兵京口，……时邢昉、万寿祺、程邃、方文等都来相聚，戎马倥偬，临江洒洒，凭櫜高歌，诸家均有诗纪其事。"[17] 5月，清兵渡江，弘光政权瓦解。万寿祺又在苏州附近举兵抗清，溃败后被执，将及于难，遇救，得脱归江北。正是有着这么一段经历，有着与

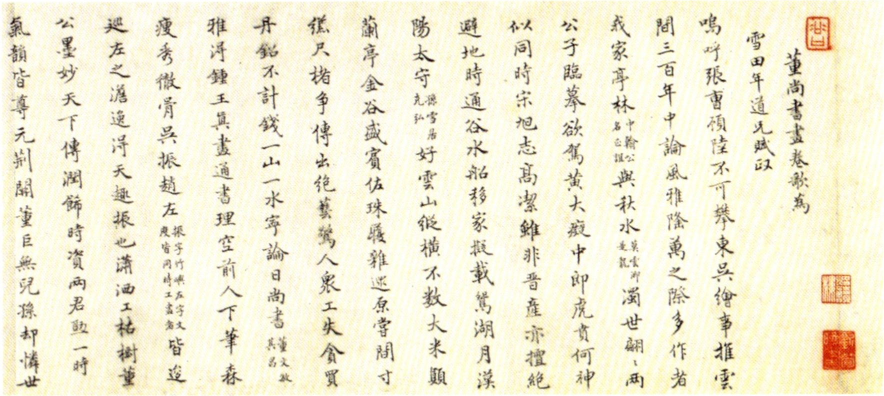
董尚書畫卷歌爲
雪田年道兄賦政
嗚呼張曹顧陸不可攀東吳繪事推雲
間三百年中論風雅隆萬之際多作者
我家亭林（中翰公名正誼）與秋水（莫雲卿是龍）濁世翩翩兩
公子臨摹欲駕黃大癡中郎虎賁何神
似同時宋旭志高潔雖非晉產亦擅絕
避地時通谷水船移家擬載鴛湖月漢
陽太守（孫雪居克弘）好雲山縱橫不數大米顛
蘭亭金谷盛賓佐珠履雜遝原嘗聞寸
縑尺楮爭傳出絕藝驚人衆工失貪買
丹鉛不計錢一山一水寧論日尚書（董文敏其昌）
雅得鍾王眞畫通書理空前人下筆森
瘦秀徹骨吳振趙左（振字竹嶼左字文度皆同時工畫者）皆逡
巡左之澹逸得天趣振也瀟洒工枯樹董
公墨妙天下傳潤飾時資兩君助一時
氣韻皆尊元荊關董巨無兒孫却憐世

图 3 《苑西墨禅室画山水图》局部，南京博物院藏

这些人的相处相交，所以他的跋紧扣杨文骢，对抗清之士进行颂扬，而后才关涉董其昌与此画。

万跋之后是顾大申（1620—1670）的题跋：

董尚书画卷歌，为雪田年道兄赋政。呜呼！张曹顾陆不可攀，东吴绘事推云间。三百年中论风雅，隆万之际多作者。我家亭林（中翰公名正谊）与秋水（莫云卿是龙），浊世翩翩两公子。临摹欲驾黄大痴，中郎虎贲何神似。同时宋旭志高洁，虽非晋产亦擅绝。避地时通谷水船，移家拟载鸳湖月。汉阳太守（孙雪居克弘）好云山，纵横不数大米颠。兰亭金谷盛宾佐，珠履杂还原尝间。寸缣尺楮争传出，绝艺惊人众工失。贪买丹铅不计钱，一山一水宁论日。尚书（董文敏其昌）雅得钟王真，画通书理空前人。下笔森瘦秀彻骨，吴振赵左（振字竹屿，左字文度，皆同时工画者）皆逡巡。左之澹逸得天趣，振也潇洒工枯树。董公墨妙天下传，润饰时资两君助。一时气韵皆尊元，荆关董巨无儿孙。却怜世上多耳食，此事难与常人论。文敏亡几四十载，时移物换风流改。碌碌甘为屠狗驱，栖栖莫救黔娄馁。画师接踵人不同，宿瘤嫫母矜姿容。循声逐影概聋聩，末俗那得知真龙。仆也萧条好泉石，兴酣泼墨不自惜。迩来颇许朱雪田，苦心书画皆工力。尔家先人慕长年，尚书亦授钱铿传。传心尽合参同契，促膝半写黄庭篇。以兹密证忘昏曙，好手初呈凭割据。彩笔还同江令留，丹鸡不逐刘安去。谁道生儿翰墨精，临池走笔多峥嵘。清波门外老屋里，四壁绚烂藏丹青。韩生（旷字平原）陆老（灏字平远）恒携杖，展玩纷然各惆怅。吝惜时虞（世）势家夺，知我无心屡相饷。况此短卷与众殊，庚庚秀削同璠玙。南宫北苑应避席，始知名下真无虚。吁嗟乎，雪田尔之能事已如彼，我有新诗泣神鬼。古人代积如山丘，前贤往往畏后起。何不将取董公之画换酒来，与尔沉醉临高台。我力粗健君未老，广武之叹奚有哉。谷口顾大申具草。（图3）

顾大申为水利学家，官僚，兼善书画，被推作云间派后劲，诗跋前段例数松江画坛名家，后段抒情写意。

顾跋之后是高士奇（1645—1704）的题跋：

溪水幽深辟境奇，峰峦浑厚树华滋。衡山白石瞠乎后，直匹迂翁与老痴。山桥野径寂无人，清露晨流梧叶新。时候渐深黄鸟滑，果然浅夏胜残春。董文敏此卷笔墨灵秀，山润如过雨，树叶如初生，所谓造化在乎手者。每展一过，恍作苕霅间游。唯云林、一峰方与匹敌，其余非所梦见也。戊寅初夏四日，积雨初歇，题于柘上简静斋。竹窗高士奇。（图4）

康熙近臣高士奇，学识渊博，能诗文，擅书法，精考证，善鉴赏，所藏书画甚富。其跋作于康熙三十七年戊寅（1698），跋中对董其昌推崇备至，认为唯有倪瓒与黄公望能与其地位平等、力量相当。

高跋之后是张照两跋，加上画卷本幅尾端一跋，共题有三跋，此二跋为：

重叠峰头翠欲滴，参差树叶绿初滋。板桥西去余家似，老尽桃花真是痴。张照。

砺山妻弟重装此卷成，属题纸尾。时冬深寒剧，灯火荧然，呵冻书诗，亦殊佳绝。张照并识。

张跋之后徐邦达插入一跋，称赞张照书法高妙：

天瓶此数行诗题，书法直透思翁神理，非沈绎堂辈所能雁行也。邦达志。

"天瓶"，张照号天平居士，"沈绎堂"即沈荃，其为清初帖学书法大家，亦宗法董其昌。从徐邦达此跋起之后的题跋，均为松江地区官僚、鉴藏家等所

图4 《苑西墨禅室画山水图》局部，南京博物院藏

题写。

其后为吴云（1811—1883）题跋：

思翁此卷作于己亥正月，按：己亥为万历二十七年。思翁年四十五岁，正中年经意之作也。至其落笔深静，悠然意远，前贤跋中已阐发无遗，无庸再赘矣。咸丰己未夏五月十又八日，归安吴云识于金坛试院。（图5）

"咸丰己未"即咸丰九年己未（1859）。吴云除了此跋之外，尚题有一签条，重装时被放置在天头左侧隔界，其内容是：

董文敏水墨山水真迹名贤题识。

在吴云题跋两个多月之后，吴湖帆祖父吴大澂（1835—1902）有篆书题跋：

咸丰九年，岁在己未秋八月四日，铁岭杨能格[18]、吴邵韩崇[19]、汪锡珪[20]、汪藻[21]、潘曾玮[22]同观于华光室，属吴大淳篆题于左。

咸丰九年吴大澂年二十五岁，署款尚用"淳"字，还没有用"澂"字。吴跋之后紧接黄起凤（1889—1939）的题跋：

135

图5 《苑西墨禅室画山水图》局部，南京博物院藏

思翁此卷，生平所仅见。晓汀居士谨观题。

黄跋之后是吴湖帆的题跋：

此卷乃董文敏四十五岁时中年最精之作也。尝见王廉州题云，董氏好用高丽茧楮。是卷即所谓茧楮是也，与余藏双卷同。曾有人云，董书不署"玄宰"，画不署"其昌"，睹此卷而可知不尽然矣。先尚书公篆书，观款尚未易名，咸丰九年只二十五岁云。丁丑吴湖帆谨识。

"丁丑"是1937年。是年吴湖帆四十四岁。吴跋涉及两个知识点：其一是上文提到的，关于董其昌惯用的书画用纸，高丽茧楮；其二是关于董其昌署款规律。吴湖帆说："曾有人云，董书不署玄宰，画不署其昌。"这说法一直流传至今，叫做"书无玄宰，画无其昌"，成为长久以来鉴定董其昌书画真伪的依据之一。董其昌绝大多数书画作品的署款确实如此，书法作品署款"其昌"，绘画作品署款"玄宰"，但是，我们也发现少量书画作品的署款恰恰是书署"玄宰"，画题"其昌"，如台北"故宫博物院"藏《书画合璧》卷[23]署款即为"玄宰"，此幅《苑西墨禅室画山水图》卷署款便是"其昌"。

吴湖帆除了卷尾此跋之外，在画心右侧隔界处还有一跋：

思翁此卷真是右丞精髓、董巨笔墨造化而成，不可无一，不能有二。吴湖帆题。

此二跋均为吴湖帆中年书风，应是同时题写。
在吴跋之后为谭泽闿（1889—1948）的观跋：

戊寅闰七月廿日，过邦达先生心远草堂，获观此卷，殊矜眼福。谭泽闿记。

又一个"戊寅"年，这是1938年，是高士奇1698年题跋之后的240年，是年，谭泽闿五十岁，徐邦达二十八岁。"心远草堂"为徐邦达书斋。
谭跋之后是张珩（1915—1963）的观跋：

戊寅年八月十一日，吴兴张珩获观敬识岁月。

张跋之后是赵叔孺（1874—1945）的观跋：

戊寅仲秋，仁和姚虞琴[24]、吴县叶潞渊[25]、姚江陈子受[26]、鄞吴林尔卿[27]、赵叔孺同观于心远草堂。

赵叔孺除了此跋之外，也题有一签条，重装时被放置在天头左侧隔界吴云签条的右边，其内容是：

董文敏水墨山水卷精品。心远草堂珍藏。赵时棢署。

赵叔孺系书画篆刻一代名家，又以精鉴闻名于时，家藏商周秦汉铜器近百，书画名印之属亦甚多。门下弟子众多，徐邦达亦求教于他。赵叔孺的签条中点名了此幅《苑西墨禅室画山水图》系"心远草堂"主人徐邦达的收藏。

赵跋之后是吴华源（1893—1972）的题跋：

思翁勾勒细皴，所见真迹《婉娈草堂》《烟江叠嶂》外，仅此而已。与平时所仿北苑、房山、营丘、云林笔法迥殊，大家风规非浅学所能测也。邦达学兄雅擅六法，自有水乳之契，宜其珍爱逾恒，不禁妒羡。戊寅九秋，后学吴华源志于沪上。

吴华源所言不虚，提及的《婉娈草堂图》与《烟江叠嶂图》，确与此幅《苑西墨禅室画山水图》同类风格。吴华源还提到徐邦达善画，据陈巨来《安持人物琐忆》中记载："他（徐邦达）本无师，十五岁时已居然甚佳矣（他用功是死印、硬摹，非任何人可及），十七岁时赠余一帧着色山水（园林景）《安持精舍图》，至今尚存，昨检《急就》残片时，同时取出，今日重观，较之现代自诩大画家之徒，亦无多让也。"[28]可见吴华源说当时的徐邦达便已"雅擅六法"，亦是大实话。

吴跋之后又是徐邦达的题跋：

董思翁水墨小景，名贤题识，真迹一卷。盐官徐邦达鉴藏。

徐邦达，浙江海宁人。海宁在三国吴黄武二年（223），置盐官县，属吴郡，隶扬州，为海宁建县之始。故有"盐官徐邦达"之谓。

以上题跋均题写在同一段纸上，徐跋之后，再接纸，张大千二跋题写其上。跋一：

> 世称画无其昌,字无玄宰。寒斋所藏《钟贾山阴卷》并署其昌,乃知文敏于得意笔始署名而不书字耳。其画法盖出于北苑,《江堤晚景》又一系也。戊子十月既望,蜀郡张大千爰。

"戊子"年,1948年,已是谭泽闿、张珩、赵叔孺、吴华源跋后十年。张大千在跋中接着吴湖帆继续议论"书无玄宰,画无其昌"的问题,认为董其昌得意的画作才题署"其昌",不用"玄宰"。据此我们就知道了,董其昌对自己画作的优劣是心中有数的,凡具备以下四个条件之一者,可为得意的精品力作:一、创作于高丽茧楮之上;二、款识用工整的小楷;三、不钤盖印章;四、题署用"董其昌"。张大千还提到了传为董源的《江堤晚景图》轴,这幅画是他自己的收藏,在为他人的题跋中为自己似是而非的藏画做广告,不禁让人捧腹。

跋二:

> 十二月二十日自百粤来海上,藜青仁兄复出观此卷,平生眼福,自庆不浅。大千居士爰欧湘馆题。

还是这一年,张大千再跋,其中提到了"藜青仁兄复出观此卷",这里的"藜青"系指叶藜青[29]。叶藜青与徐邦达同为赵叔孺、吴湖帆门下。张大千跋中的意思很明确,在1948年时,此幅《苑西墨禅室画山水图》已为叶藜青所收藏。是年,徐邦达三十八岁。在此图迎首左下端有一方"徐懋勋鉴藏印"朱文方印,徐懋勋就是徐邦达的父亲徐尧臣,字懋勋。徐尧臣"乃某国连纳洋行(专收买中国蚕丝者)之买办,……喜遍求当时名书画家作品,以为乐事。"[30]凡过眼名家书画,只要相中,便会不惜重金购进收藏。想来此幅《苑西墨禅室画山水图》本为徐尧臣收藏,传与徐邦达,徐邦达在三十八岁之前又转售与了叶藜青,未能如吴华源题跋中所言始终"珍爱逾恒"。

藏之于私,当然不如藏之于公,时时陈列,可供天下同好欣赏。这幅群星闪耀其中的《苑西墨禅室画山水图》在1956年初售与了南京博物院。宝物流传自有神灵护持,董其昌《苑西墨禅室画山水图》历四百多年,纸白版新,依然神机流动、神采焕然。

〔1〕此图董其昌未题画名。在郑威《董其昌年谱》中有两处提及，但同一幅画用了两个不同的画名，题识抄录也有误：

其一，"万历二十七年己亥（1599）四十五岁。正月，在宛西墨禅室，作《溪山秋霁图卷》，纸本，纵19.5，横112厘米，水墨。（《选学斋书画寓目记续编》卷上、《历代流传书画作品编年表》页九十四。现藏南京博物院。）"郑威编著：《董其昌年谱》，上海：上海书画出版社，1986年，第37页。

其二，"万历三十二年甲辰（1604）五十岁。上元前三日，题旧作《山水卷》，墨笔。《中国画刊》《山水卷》：'在苑西墨禅室画，甲辰上元前三日，过戴长明重展题。'"。郑威编著：《董其昌年谱》，上海：上海书画出版社，1986年，第53—54页。

在徐邦达编《历代流传书画作品编年表》中著录为："《苑西墨禅室画山水图》。"徐邦达编：《历代流传书画作品编年表》，上海：上海人民美术出版社，1963年，第94页。

在南京博物院藏品登记中命名为《山水图》卷。

据此可知，徐邦达在《历代流传书画作品编年表》中的画题命名指向明确，更为合适。本文亦沿用。

〔2〕昆山在松江府城西北25里，高约150丈左右，周围大约8里。由于陆机、陆云曾隐居于此，且兄弟皆以文辞见称，故誉以"玉出昆冈"之意。南梁大同三年（536），娄县改名昆山县，改属信义郡，遂误以马鞍山为昆山。其实昆山不是在那里，而是在华亭，之后松江人便以"小昆山"自名。

〔3〕（明）陈继儒：《白石樵真稿》卷八，北京：首都师范大学出版社，2010年，第166—167页。

〔4〕Fong, "Tung Ch'i-ch'ang and the Artistic Renewal," p.45.

〔5〕[美]石守谦：《从风格到画意：反思中国美术史》，《董其昌〈婉娈草堂图〉及其革新画风》，北京：生活·读书·新知三联书店，2015年，第291页。

〔6〕董其昌曾言："今人从碎处积为大山，此最是病。"（董其昌《容台别集》卷六）所论便是指吴门后学、文氏余绪的绘画创作方法，细碎、繁冗、孱弱、单薄，百病丛生。

〔7〕（明）董其昌：《画禅室随笔》，杭州：浙江人民美术出版社，2016年，第56页。

〔8〕同上书，第52页。

〔9〕所谓本体发展阶段，是指绘画技法无须为神韵或意境服务，在技法完善自身美的建构中，神韵、意境，甚至格调均被纳入其中，继而，绘画技法成熟并进入自律。在本体化时期，中国画则倾向于笔墨形式的完全发挥、运笔、

用墨、设色、构图，均已成熟。本体自律的表现则是程序化的高度发展，而程序化的高度发展促使了近代中国画容纳性增强，这是中国画本体发展的必然，清代"四王、吴、恽"就是中国画本体发展过程中的代表人物。

〔10〕 古代高丽国（918—1392）所产之纸。是以楮皮为原料、运用传统手工方式而制成的传统纸张，亦称"楮纸"。由于它的制作需要上百道工序，因此又称之为"百纸"或"百锤纸"。北宋《负暄野录》记载："高丽纸以棉、茧造成，色白如绫，坚韧如帛，用以书写，发墨可爱。此中国所无，亦奇品也。"

〔11〕 谢稚柳编：《中国书画鉴定》，北京：东方出版社，1998年，第150页。

〔12〕 张庚：《图画精意识画论》，收入黄宾虹、邓实编：《美术丛书》（十一）三集第二辑，台北：艺文印书馆，1975年，第105页。

〔13〕 何文焕：《历代诗话》，北京：中华书局，1981年，第83页。

〔14〕 （北宋）米芾：《画史》，太原：山西教育出版社，2018年，第21页。

〔15〕 吴湖帆：《吴湖帆文稿》，杭州：中国美术学院出版社，2004年，第11页。

〔16〕 苏轼《书王定国所藏烟江叠嶂图（王晋卿画）》："江上愁心千叠山，浮空积翠如云烟。山耶云耶远莫知，烟空云散山依然。但见两崖苍苍暗绝谷，中有百道飞来泉。萦林络石隐复见，下赴谷口为奔川。川平山开林麓断，小桥野店依山前。行人稍度乔木外，渔舟一叶江吞天。使君何从得此本，点缀毫末分清妍。不知人间何处有此境，径欲往买二顷田。君不见武昌樊口幽绝处，东坡先生留五年。春风摇江天漠漠，暮云卷雨山娟娟。丹枫翻鸦伴水宿，长松落雪惊醉眠。桃花流水在人世，武陵岂必皆神仙。江山清空我尘土，虽有去路寻无缘。还君此画三叹息，山中故人应有招我归来篇。"

〔17〕 汪世清：《汪世清艺苑查疑补证散考》，石家庄：河北教育出版社，2009年，第44页。

〔18〕 杨能格（生卒年不详），铁岭人，汉军正红旗人，道光十六年进士，工书，初法右军，晚习鲁公。

〔19〕 韩崇（1783—1860），字符芝、元之，一字履卿，别称南阳学子，苏州元和县人。韩崇是汪鸣銮（1839—1907）和吴大澂的外祖父。韩崇性嗜金石，耽吟咏，冲融淡雅，抒写性灵。工书，入香光之室，又逼肖何屺瞻。

〔20〕 汪锡珪，字秉斋，长洲人。为潘世恩之妻侄，潘曾玮之妻弟，捐纳郎中，三品衔。有《翡翠巢诗钞》。

〔21〕 汪藻（1814—1861），江苏苏州府吴县人，别号鉴斋、小珊。

〔22〕 潘曾玮（1818—1886），字宝臣，又字玉泔、季玉，吴县（今苏州）人。道光二十三年（1843）顺天乡试，挑取誊录，遂弃举子业。益留心经世之学，并肆力于诗古文辞。潘曾玮生性散淡，一直闲居在苏州。常与诸老会文谈燕为乐，以行善、读书为要务。书法喜学颜柳，四十后专摹兰亭，寒暑无间。

间以诗酒陶冶性情。

〔23〕 董其昌《书画合璧》卷,绢本设色,纵26.3厘米,横82.5厘米,故画001647。在此卷中的书法部分的署款即为"董玄宰识"。

〔24〕 姚虞琴(1867—1961),名瀛,字虞琴,渔吟,号景瀛,原籍仁和亭趾(今属浙江余杭),久居上海。以诗画书法之长而驰名艺坛。喜收藏,精鉴赏,收藏甚丰。

〔25〕 叶潞渊(1907—1994),名丰,以字行。江苏吴县人。十六岁从师赵叔孺。1956年被聘为上海中国画院画师。工花鸟,书工四体,尤以篆刻成就最大。

〔26〕 陈子受(1899—1974),字迎祉、浙江余姚人。上海银行家、书画收藏鉴赏家。师从赵叔孺,与徐邦达等交往甚密。擅画花鸟,精于鉴赏,收藏历代名书画颇丰,珍稀名书画碑帖多为博物馆收藏。

〔27〕 林尔卿,江苏苏州人,沪上收藏家,收藏书画精且富。与吴湖帆是世交,往来甚密。为明华商业储蓄银行董事之一。

〔28〕 陈巨来:《安持人物琐忆》,上海:上海书画出版社,2011年,第187页。

〔29〕 叶蔾青(1907—?),名逸,字蔾青,号石林后人,江苏苏州吴县人,居上海。斋号饱香室、照读楼、在涧堂,江苏人。赵叔孺、吴湖帆弟子。民国实业家,工书画,以山水、花鸟见长。借吴湖帆鉴识而极富收藏,所藏古书画、名砚等,名冠天下。

〔30〕 陈巨来:《安持人物琐忆》,上海:上海书画出版社,2011年,第186页。

广东省博物馆藏董其昌书画作品摭谈

任文岭／广东省博物馆

　　董其昌是中国书画史上承前启后的大家，他一生创作书画作品无数，其中流传至今的也很多，分藏于海内外各大公私机构及藏家之手。广东省博物馆（以下简称"粤博"）自20世纪50年代筹备成立以来，一直比较注重征集历代名家书画作品，先后通过购买、接受捐赠、移交、交换等方式，收藏了董其昌书画作品41件（套），包括书法25件（套）、绘画16件（套）。20世纪80年代末，经中国古代书画鉴定组鉴定，其中6件（套）被定为一级文物，10件（套）被定为二级文物。后来，中国古代书画鉴定组编《中国古代书画目录》收录了其中29件（套），《中国古代书画图目》收录了19件（套）。除此之外，《中国美术全集》《中国书法全集》《广东省博物馆藏画集》《广东省博物馆藏法书选集》等图录亦有收录部分作品，张珩《木雁斋书画鉴定笔记》等论著也有相关著录或零散介绍。总体来说，粤博所藏这批董其昌书画作品质量较高，且不乏精品佳构，虽然其中也有少数作品真伪尚存争议，但大多数作品都当为董其昌真迹无疑，是我们研究和探索董其昌艺术创作的第一手资料，具有重要的学术价值和意义。在此，笔者从中挑选部分具有代表性的精品，进行简要梳理与介绍，并就相关问题进行初步探讨与分析，以期引起学界同仁的进一步关注与研究。

一、书法作品

粤博所藏董其昌书法作品中,最受学界关注和珍视的,当为其小楷名作《乐毅论》卷(图1)。董其昌曾言:"吾书无所不临仿,最得意在小楷书,而懒于拈笔,但以行草行世,亦都非作意书,第率尔酬应耳。若使当其合处,便不能追踪晋宋,断不在唐人后乘也。"[1]而"董其昌传世书法作品以行书最多,次草书,次楷书,小楷书最为少见。"[2]从这一角度而言,《乐毅论》卷的重要价值和意义自不待言。《乐毅论》卷作于1620年,为白镜面高丽纸本,纵26厘米、横224.5厘米,一级文物。引首为乾隆(1711—1799)以元藏经纸临小楷《乐毅论》全文,并跋:"董法从米出,此卷乃得晋人笔致,而前幅旧賤,亦滑润可喜。为重临一通,偶然欲书,非与前人较工拙也。"卷中董其昌所书《乐毅论》前后计有两段:第一段因书写时多有脱误,只书不到一半,他即自题"书《乐毅论》二次皆误,因再书于后";第二段书《乐毅论》全文,在跋尾中董其昌还阐述了他的书学观念和创作此卷的缘由:"此卷都不临帖,

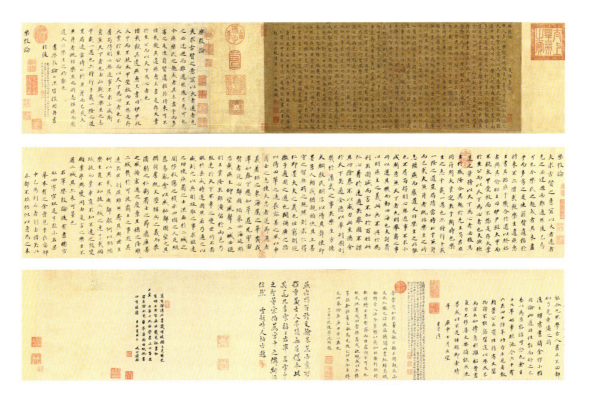

图1 楷书《乐毅论》卷

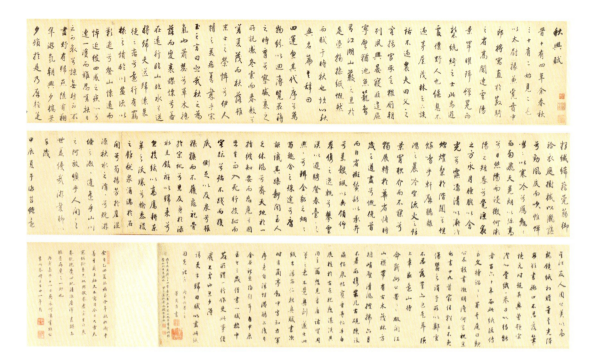

图 2 行书《秋兴赋》卷

但以意为之,未能合也。然学古人书,正不必都似,乃免重台之消。复之甥嗜书,请余作小楷,因论此道,非性能而好之不易,以为昌黎语可念也。"董其昌所言"复之甥"即沈绍曾,华亭人,后为董其昌之婿。沈绍曾之后,此卷还经沈楫、王鸿绪(1645—1723)、高士奇、乾隆、嘉庆、柏古、景剑泉、姚颂南(?—1933)、徐懋斋(1899—约1962)等人鉴藏,《石渠宝笈续编》亦有著录。关于此卷的艺术风格与价值意义,前人已有较多评述,如沈楫在跋中称:"此书纯绵裹铁,极得晋人法外意。想以应酬纷沓,行款时断时续,不甚整齐,而佳处迥不可及也。"高士奇跋亦赞之:"观宗伯作书,不苟如此,所以成名。阅之时时自勉,正随事取益之道也。"张珩在《木雁斋书画鉴定笔记》中亦言"此卷是思翁书中绝精者"。[3] 凡此种种,还有许多,或阐述《乐毅论》卷艺术风格,或点评其重要价值和意义,笔者在此不再复述。

除了《乐毅论》卷,粤博还藏有董其昌楷书《临颜鲁公麻姑仙坛记》册,纸本,共有9开,每开2页,每页纵23.5厘米、横9厘米。后有董其昌跋尾:"鲁公好道得尸解,米海岳言之详矣。至神仙隐逸,碑文必亲撰而书之。立朝品行侃侃,今古贵重。其笔墨书宗二王,后制科之习不无蚕头燕尾。余独以褚河南法临此碑，欲脱其窠臼也。"清代中晚期，此册曾为广东著名藏家潘仕成（1804—1873）收藏，潘氏有跋言："董香光麻姑仙坛，曩在吴石云处，得小字临本结构精严，为香光生平杰作，已刻入海山仙馆藏真三集。此本购自厂肆，字虽较大，与小字本可称伯仲，又与三集所刻内府藏本楷书《孝经》字迹相同。跋内自云用褚法，实能脱去凝重气，如鹰隼摩空，有徐季海笔势，俱余秘笈上品也。"通观此册，并结合董其昌及潘仕成跋文，可以看出董其昌在临习前人名迹时，并不拘泥于成法，而能够转益多师、博采众长，然后融会贯通，最终形成自己的风格和特色。

董其昌虽"最得意在小楷书"，但其书法造诣最高、对后世影响最为深远的还是他的行草书。上文已言及"董其昌传世书法作品以行书最多"，在粤博所藏董书中，行书作品亦占了绝大多数，其中堪称精品的有行书《秋兴赋》卷、行书《闲窗论画》册、行书《临右军天赐帖并东坡书简》册、行书《吴敬庵金孺人墓志铭》册、行书《杜甫七绝诗》轴等。此外，行草书《杜甫诗》册、行草书《欧阳修鸤鸠词》卷等亦甚为难得。

行书《秋兴赋》卷（图2），作于1606年，纸本，纵24.5厘米、横370厘米，二级文物。书此卷时，董其昌年五十有二，正当盛年，又在所喜爱的高丽镜纸上乘兴而书，行笔流畅，行气连缀，秀润精整，颇有兰亭笔意，在其传世作品中实不易得。与此同时，董其昌还在跋尾记述了他创作此卷的背景："甲辰夏，予游茹溪还吴江，友人周公美以高丽镜纸相赠。爱其光泽，每欲书辄止，不忍落笔。忆元时赵吴兴曾题宋澄心堂纸一卷曰：'以待能者。'百六十年，而此纸流传至文待诏，待诏署其尾曰：'魏公不敢书，徵明复何言。'祝京兆书十九首最佳，犹云不免伤蠹之诮。予所以郑重，不忍落笔，亦近是耳。顷上章求还山，待命蕲州公署。公署敞闲，江山襟带，有古木茂林，方塘峭壁，清风披拂，六月不暑。所携棐几古砚陈设，鼎帖泉帖宝晋等帖，手自展校，于古本肥瘦浓淡异同之辨，想见晋唐诸贤用笔之意，不觉兴到，遂出此纸书潘安仁《秋兴赋》。书次时有兰亭叙中字，知右军序意自潘赋滥觞，亦复本金谷记思归引耳。自甲辰至今三岁仅书一赋，嵇中散所谓'一行作吏，此事便废'，不虚也。旦夕得请更书《归田赋》以尽此纸，因先记之。丙午六月二日董其昌书。"从跋中可见董其昌面对好纸时的郑重，而一旦兴起，又能挥洒自如，一气呵成，如行云流水一般，书就此卷。此卷曾经王时敏、吴永（1865—1936）、谭观成、许惠等人鉴藏，卷后有吴永两段题跋。

行书《闲窗论画》册，作于1625年，绢本，共10开，每开2页，每页纵25厘米、横12厘米。此册乃董氏晚年经意之作，董其昌跋尾曰："余旧有论画语，曾为友人沈子居书一卷,已数余年矣。今日蓬窗多暇,偶检此语,重阅一过,遂乘兴书之。未知前后笔力运退如何耳。乙丑嘉平月云阳道中识,董其昌。"后又有文从简(1574—1648)所作之跋:"董尚书画论,语皆晋人口吻,若挥麈而谈。书法出入河南、北海间,另有手腕,不拘拘于矩步,涓洁秀妩,濯濯如春月柳。当公庶尝时,余与相习,态度嫣然,非火食者流,其伎俩大都类其人,后愈尊显。余匿迹衡泌,遂风马牛未卜品地,一如其初。然此册为乙丑所书,已晚岁风韵,犹是当年。壬午重阳双树垄登高漫题,文从简。""壬午"乃崇祯十五年(1642),时董其昌已去世,此跋可反映出时人对于他书法的评价,具有一定的代表性。

行书《临右军天赐帖并东坡书简》册,作于1633年,纸本,共6开,每开2页,每页纵21.5厘米、横14.5厘米。此册前4开临王羲之(303—361)《天赐帖》,即《与谢万书》,紧接着是董其昌自跋,董跋后又书苏轼(1037—1101)《与王庆源》《与言上人》两札各一段。后有刘墉(1719—1804)、沈栻、顾学海三人跋,从跋中可知此册曾为瑛宝所藏,后瑛宝将其赠送给顾学海。此册布局疏朗,结体匀称,行笔流畅,自然洒落,呈现出古朴浑厚、卓然不凡的艺术风貌,堪为董其昌晚年佳作,恰如刘墉在跋中所言:"此数幅乃华亭晚年书,意澹心闲,结习已尽,尤为罕观。"

行书《吴敬庵金孺人墓志铭》册,纸本,共15开,每开纵24厘米、横25厘米,二级文物。此册未署年款,但从铭文中可知吴敬庵去世于"崇祯甲戌(1634)三月十九日",且文中有"七十有九眷弟陈继儒顿首撰文"句,董其昌署款又为"赐进士出身、光禄大夫、太子太保、礼部尚书兼翰林院学士掌詹事府事、纂修实录副总裁、经筵讲官、通家眷侍生董其昌顿首书",综合这些信息可知此册创作时间应为1636年。清初时,此册曾为王澍(1668—1743)所藏,在当时第二开就已经缺失,对此,王澍在跋中言"中有一二断阙处",王文治(1730—1802)在首页左裱边也题到"此下缺一页,余皆厘定可读"。对于此册风格与价值,王澍在跋中言:"文敏此书风格员劲中天趣块然,动多姿态。文敏书出鲁公,此尤令体流露矣。"王文治不仅在首页右裱边题赞此为"董文敏最上乘书",还在后跋中言:"董书晚学鲁公,夫人而知之也。至其得鲁公之神髓,以仰契右军,又以右军之神髓,镕铸鲁公,则非真学书者不知。此册纯以右军神髓贯鲁公者,乃董公最上乘书。"

行书《杜甫七绝诗》轴(图3),金笺纸,纵114.5厘米、横43.4厘米,二级文物。所书七绝诗为杜甫《解闷十二首·其五》,上款人为"鲁一世丈"。此轴格调高雅,骨俊韵逸,洒脱生动,字里行间透露着董氏书法创作主张,

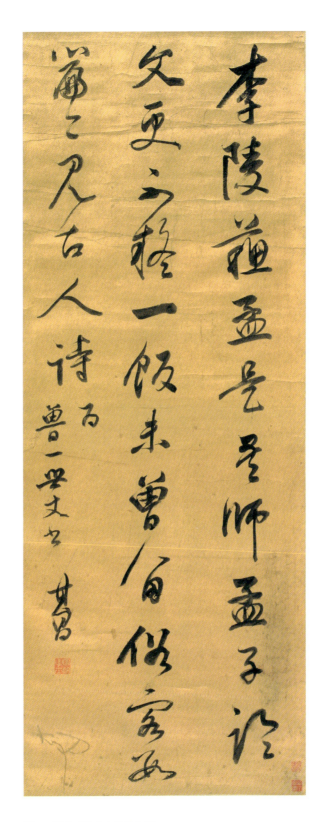

图 3　行书《杜甫七绝诗》轴

可算是粤博所藏董其昌书法立轴中的精湛之作,又经著名画家陈半丁(1876—1970)收藏,更具独特的价值和意义。

行草书《杜甫诗》册,作于1615年,高丽笺本,乌丝栏,共23开,每开2页,每页纵25厘米、横13.5厘米,一级文物。张珩在《木雁斋书画鉴定笔记》中曾言:"此册乃思翁行草之特佳者,原系横卷,改装为册,裁割过小,致损行气,仍宜装卷也。"[4]观此册原件,张珩所言甚有道理。清代吴升《大观录》亦有著录此册,名虽为《董文敏临诸体书册》,但书中所录杜甫十首诗题目及董其昌跋均与粤博所藏此册吻合,其称:"此卷丽光笺二十三页,高八寸阔九寸每页八行,出唐入宋诸体兼备,变化神奇品地超诣,诗载杜集不录止录诗题。"[5]《大观录》成书于1712年,此时该册为23页,每页8行,后来在流传过程中重装时又被裁割为46页,每页4行。全册依次书杜甫诗十首:《同诸公登慈恩寺塔》《玄都坛歌寄元逸人》《今夕行》《夜归》《阆水歌》《忆昔行》《缚鸡行》《哀王孙》《漠陂行》《茅屋为秋风所破歌》。后有董其昌自题:"此书学徐季海,与蔡君谟同参,非元人所能梦见也。东坡先生云:'诗至于杜子美,书至于颜鲁公,尽矣!'而子美之论书,主于瘦硬,东坡以为未公。盖东坡之书出于徐浩,自不以肥为病。昔明皇嘲玉环为更飞不去,玉环曰:'霓裳一曲,足掩前古。'余深服此论,谓可通于书。但笔下有神,何论肥瘦哉!故东坡有曰:'短长肥瘠各有度,玉环飞燕谁相猜。'因书杜诗及之。乙卯四月五日,为舜甫侄孙书。"后又有翁方纲(1733—1818)跋:"董文敏每自称乙卯人,此乙卯是万历四十三年,文敏年六十一,在里居时也。此书杜诗,乍看似随手不用意者,实是圆腴入化之境。"张珩评之:"笔法流丽秀逸,首《同诸公登慈恩寺塔》,及末《茅屋为秋风所破歌》,尤为杰出。此歌字法徐季海,特佳。自题云参蔡君谟,非元人所能梦见。今观册中个别字体,如楷书之'飘',行草之'大''折'诸字,可谓与季海、君谟无异,宜其自诩如此。然通体论之,终逊松雪之能首尾如一也。"[6]

行草书《欧阳修鹎鵊词》卷,作于1607年,绢本,纵32.5厘米、横639.9厘米,二级文物,所书内容为欧阳修《鹎鵊词》。在高不盈尺的细绢上,董其昌率意为之,挥洒作行草大字,纵横恣肆,愈写愈放,不追求细枝末节,通篇气势连贯而起伏跌宕,具有极强的节奏感和韵律感,令人叹为观止。

除了以上作品外,粤博所藏董其昌书法作品中值得一观的还有他早年所作的行书《五绝诗》轴、1612年所作《临怀素圣母帖》册,以及行书《古诗十九首》卷、行书《唐诗三首》卷,等等,囿于篇幅,笔者在此不再一一介绍。

二、绘画作品

粤博所藏董其昌绘画作品中，较受学界关注的是《青山白云红树图》轴、《王右丞诗意图》轴、《山水画稿》册、《山水》册、《秋山图》轴等。

《青山白云红树图》轴（图4），绢本设色，纵187.5厘米、横85.5厘米，一级文物。此幅以全景式构图展开，用笔极尽精微，设色妍丽清雅，图绘秀峰摩霄，群山环拱，丘壑多姿，烟云浮岚，山树藏幽，殿阁屋舍，飞泉流瀑，营造出一种高旷清朗的境界，令人无限向往，堪称是董其昌青绿山水精品。画面上方有作者自题："来雁霜寒楚客归，野情私授薛萝衣。差怜白社酬裴迪，绝胜朱门荐陆机。董玄宰画并题。"诗意与画境有机融合，交相辉映，使观者可以沉浸其间，深入感受其中所蕴含的笔墨情趣和文化内涵。

《王右丞诗意图》轴（图5），作于1624年，纸本设色，纵138厘米、横49厘米，一级文物。此图作者自题王维诗句"人家在仙掌，云气欲生衣"，款署："王右丞诗意，甲子秋七月为侪鹤老先生写，董玄宰。""侪鹤"是东林党首领赵南星（1550—1627）的号，他是当时朝内东林党最有权势的人物。全图以淡雅设色，疏秀笔致表现王维诗意，画面山峦起伏，草木葱茏，茅庐散布，构图严谨缜密，可谓精湛绝伦，体现了中国传统山水画"诗画一律"的特征，从中也可窥探他为赵南星作画时的专注与用心。在赵南星之后，此图曾经江南名士陆廷灿（1678—1743）以及苏州顾氏过云楼等收藏。

《山水画稿》册（图6），纸本墨笔，共16开，每开纵32.5厘米、横28.5厘米，一级文物。董其昌曾绘制了多件（套）带有粉本或课徒性质的作品，如北京故宫博物院藏《集古树石图》长卷、美国波士顿美术馆藏《山水画稿》册等，他还曾在自己的一件仿古册页中题道："此余壬辰、癸巳为庶常请告，家居多暇，与顾中舍、宋太学借画临仿之笔，所谓粉本用贮奚囊者，不下数十幅，遗散渐尽，止存此耳。"[7]粤博此套《山水画稿》册也当属这类作品，各开均有董其昌钤印，博采多家笔法和造型特点，或示范树石画法，或在盈尺方寸之间展示取景布局的法则。其中有多开还尚未完成，1988年中国古代书画鉴定组亦认为是董氏"未竟山水"，但对于初学山水画者来说，此册的学习、借鉴乃至启发意义则因此而更为难得。如广东书画名家谢兰生（1769—1831）初学山水即是从此册入手，他在为此册所书跋中言："余初学山水，从此册入手，喜其有门径可寻，至今作画亦得其萧疏澹远之致。学画如参禅，须向宗门老法师为之导，方不堕入野狐也。"严格来说，此册虽然不能算作一套完整意义上的艺术作品，但不可否认，除了可供后人作为范本进行临摹学习外，对于

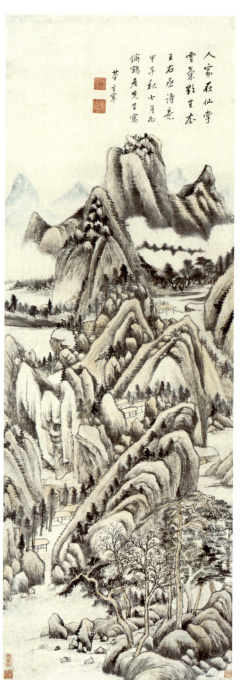

图4 《青山白云红树图》轴　　图5 《王右丞诗意图》轴

图6 《山水画稿》册

研究董其昌的山水画创作及其绘画理论,也是极其重要的资料。

《山水》册,书画对题,书法为绫本,绘画为金笺纸本,共8开,每开左书右画,书画各纵34.5厘米、横25厘米,一级文物。绘画每页均有董其昌署款及钤印,书法每页也都是董其昌自题古诗。此册绘制精湛,或"仿赵千里法",或拟米氏云山,或绘溪山亭子,或绘澄江幽树,无论是"千山叠成嶂,万壑合为溪",还是"江流天地外,山色有无中",均在咫尺之间描绘出一种悠远、深邃的意境,每一幅画都在有限之中,蕴含着无限之意。而且,诗意画情相向而对,彼此呼应,相映生辉,形意结合,令人感受到无穷的韵外之致和味外之旨。

《秋山图》轴,作于1606年,绢本墨笔,纵115厘米、横44.5厘米。画心右上有董其昌自题:"秋山图。丙午秋八月南陵舟次写,董玄宰。"画心左上有陈继儒题诗及题记,所题诗:"雨过石生五色,云过山余数层。时有炊烟出树,中多处士高僧。"甚为陈继儒所爱,他曾在多件作品上题过。题记记述了当年九月他与董其昌同游泖上,以及董其昌出示此幅之事:"玄宰楚归,出示此幅,尽得北苑家风,亦是山川映画力耳。丙午九月同游泖上题,眉公再记。"诗堂为谢兰生在道光己丑年(1829)所题跋:"思翁此幅,尽敛神气,归于静穆，即一点亦非浪墨，宜陈仲醇推重不置也。翁与仲醇交最深，家有来仲楼，为仲醇设也，徐孺子榻何以过之？当日每一画成辄与同赏，出游泖上亦以文字嬉娱。名士佳游便足辉映千古，毋论画矣。"此跋在谢氏《常惺惺斋日记》中亦有记载，所录内容与此图文字吻合。[8] 20世纪中期，此轴曾为著名学者商承祚（1902—1991）收藏，后商氏将其捐赠给粤博。

《山水图》轴，纸本设色，纵63.5厘米、横37.6厘米，二级文物。画面右上有董其昌自题"女萝绣石壁，溪水青濛濛。玄宰画。"左裱边有陈半丁跋："是帧用钱舜举笔、以张僧繇没骨法写倪高士《林亭石壁图》，极三家之精，能镕铸笔端，真妙想之开，神乎于技矣。"此外，杨仁恺（1915—2008）《中国古代书画鉴定笔记》也曾著录此图，录名为《女萝绣石图》，认为"佳"。

除了上述董其昌绘画作品外，商承祚捐赠《草阁石泉图》轴、黄大德（1944— ）捐赠《溪亭树色图》等也颇有可圈可点之处，亦都是粤博所藏董其昌绘画中较为精作。

关于粤博所藏董其昌书画作品，笔者在此只是择其精品佳构进行梳理介绍，至于笔者在本文中没有介绍的作品，并非不值得关注或不重要，它们也都有各自独特的价值和意义，只是还需要我们进一步去挖掘。此外，对于个别真伪尚有争议的作品，如收录进《中国古代书画图目》的《仿米山水》卷、《夏木垂阴图》轴等，1988年中国古代书画鉴定组来粤鉴定时，刘九庵（1915—1999）认为《仿米山水》卷存疑，而傅熹年（1933— ）则认为《夏木垂阴图》轴为旧仿本。对于这些有待进一步商榷的问题，以及针对相关作品展开更为细节和深入的研究，就需要学界同仁持续关注与探索，以期共同推动董其昌及其相关研究不断取得更为丰硕的成果和新的突破。

〔1〕（明）董其昌：《容台别集》卷二，见《四库全书存目丛书》集部一七一，济南：齐鲁书社，1997年，第676页。

〔2〕中国大百科全书总编辑委员会美术编辑委员会编：《中国大百科全书·美术Ⅰ》，北京：中国大百科全书出版社，1990年，第183页。

〔3〕张珩：《木雁斋书画鉴定笔记》，上海：上海书画出版社，2015年，第539页。

〔4〕张珩：《木雁斋书画鉴定笔记》，上海：上海书画出版社，2015年，第542页。

〔5〕（清）吴升：《大观录》卷九，见卢辅圣主编：《中国书画全书第八册》，上海：上海书画出版社，1994年，第323页。

〔6〕张珩：《木雁斋书画鉴定笔记》，上海：上海书画出版社，2015年，第542页。

〔7〕（明）董其昌：《画旨》，杭州：西泠印社出版社，2008年，第129页。

〔8〕（清）谢兰生：《常惺惺斋日记（外四种）》，广州：广东人民出版社，2014年，第407页。

《墨缘汇观》中的董其昌

杨小京 / 中国美术学院

一

乾隆七年（1742），安岐[1]撰写了《墨缘汇观》，其时五十七岁。此前，高士奇的《江村销夏录》已于康熙三十二年（1693）出版，不久，即成为绘画著录的标准著作。这样看来，《墨缘汇观》的发凡起例要省心许多，因为它可以依仗这种已然存在的著录范本，但其实不然。不过，两部书都是文化资本的记录，都是保障两位收藏家下有千年的证书。

《江村销夏录》凡例共八条，有几条可与《墨缘汇观》对照。第一条云："凡经评阅，随见随录，编次不以时代，亦未敢轻为甲乙。"《墨缘汇观》则以时代为序，构成画史脉络，甲乙之评往往流出笔端。

第五条云："是录以标目、尺度、评语为主，本文款识为第二，故下一字，题跋又下一字。至于图记，不能摹入，但用楷字加圈以别之。其间文字损蚀难辨者，亦着方圈，不敢谬为增益。"此条极为重要。叶德辉说："乾隆时诸臣编《石渠宝笈》《秘殿珠林》，于标题、款识、印记、题跋、高广尺寸，全仿高书。"[2]正是据此体例。余绍宋也说："著录书画之书，至江村是编而体裁始密……后来著录之家以其易于仿效，遂以为定式。"[3]然而，余先生也指出这一定式的缺陷："不讲考证，不重真赏，而徒以钞胥为能。于是著录之书，几乎汗牛充栋而荒杂，遂不可问矣。"[4]巧的是，《墨缘汇观》则相反，它讲考证，重真赏，虽未详载款识图记，却也无荒杂之弊，以至于《书画书录解题》连用数个"精"字评论。如果说明清间的书画著录书，哪部可称为"犹以旃檀林无杂树"，《墨缘汇观》或可当之。

第八条云："董文敏公书画为近代第一，所见真迹甚多，另为一卷。"可惜，此另一卷未见传本。《江村书画目》载有"明董文敏真迹"专类，董画只有六件，全部画目所录也不到十件。

《江村销夏录》除朱彝尊和宋荦的序言外，还有自序一篇，大意有三点：一说展观古人书画带来的恬然之情；二说书名的由来是以著录自适，所收作品除皇家天府不录之外，都是亲为品鉴者，而且没有《铁网珊瑚》和《清河书画舫》或来自传闻或未能精详的弊病；三是告诫藏者要有云烟过眼的心态。

安岐《墨缘汇观》的序言稍长一些，如果将之与高士奇的对读，会发现安岐似有针对高氏序言而撰文之意。安氏序言大致也有三层意思，针对高序第一层，安氏也说古今书画给自己带来了好心情，但接着他又强调自己明明知道"玩物之非"，可却无可奈何，因为"性之所好，情不能已也"。安岐谈他著录书画名迹，不是补正前人之失，而是"未敢拟诸米家《书画史》《清河书画舫》诸书"，只是记录自己所好罢了。否则"云烟一过"，就无法"以备粗为观览"。他丝毫没有告诫其他藏家之意，只觉得生命太短，"感今追昔，不无怅然"，写书也是为了寄寓感慨。像高士奇一样，他也特意征引了陈师道《题明发高轩过图》的一联诗："晚知诗画真有得，却悔岁月来无多。"好像是故意纠正高序中把诗句归为欧阳修的错谬。[5]这两部书还有一个很大的区别，高士奇的结语说"世人嗜好法书名画，至竭资力以事收蓄"，正可以让人想到书中所录财富的高昂。而安岐的尾声则是"此时开我书，心魂肃寻常"的岁月喟叹，这位拥资豪阔的巨商，在经历了升降沉浮，经历了六年的修城捐工之役后，在投老残年抱病著书，一定有无限的寄托。后文我们将证明，这种寄托是对他心爱的书画名迹的留恋，是要维护董其昌所阐释所建立的正统文明的遗产。

以上的对比，当然不是证明安岐比高士奇高明，而是说高氏的《江村销夏录》在当时确有牢笼的作用，凡书画著录之书都难以摆脱其影响，安岐也不例外。好在安岐出笔不凡，他既从《江村销夏录》汲取灵感，又从根本的立意上自出机杼。这一点对理解《墨缘汇观》极为关键，尤其体现在安岐特意破例为名画部分添加的"名画序"上。"法书"卷无序而"名画"卷有序，这在全书中显然不对称、不和谐，但安岐为了表达自己的主旨，则全然不顾这些。

"名画序"篇幅约为全书"自序"的一倍，内容未环奥义，都是我们熟知的画史常识，毫无惊人之笔。可是我们试取几种同类书的序言，例如《庚子销夏记》《平生壮观》《吴越所见书画录》一一细读，就会发现，安岐的"名画序"绝无仅有。而且饶有意味的是作者在序后的提示："因汇画录毕，聊述数语于前，后之同志者，或有取焉。"他写书不是只供自己翻检，以助记忆或回忆，而是给同道之士取资之用。那么取资什么呢？当然是他书中所著录的作品，但是我们也不应忘记这篇特加的序中的谆谆告诫。他说：

> 山水自唐李将军、王右丞分有南北二宗，至荆关董元后，北宗始为全盛。其卓然杰出者，皆法右丞，浑厚天真，兼多士气。逮至政和间，祐陵究心绘事，专以形似为工，传之南宋，二赵、马夏、李唐辈，山水皆宗李将军一派，其人物、花卉、宫室、鸟兽、虫鱼，院人曲尽精思，各生新趣，虽极一时之选，实乖古意。

这一段叙述南北宗，而首先对北宗提出批评，"实乖古意"，出语着实不轻，接着就是表彰赵孟頫、高克恭和"元四家"。到了明代，虽称扬吴门，而获颂词最多者却是董其昌，仅次于赵孟頫。赵孟頫是"书画之集大成者"，董其昌是"宗风为之一变者"。最后安岐也未忘仇英，对他既表扬又批评：

> 仇实父名振吴门，而于山水、人物、花木、鸟兽，临摹逼真，各得其妙；若其自运，虽天资秀丽，终难复古。

字里行间完全是一位复古派。这篇五百字左右的短文，"古"字竟然三见："位置高古""实乖古意""终难复古"。这令我们想起了赵孟頫所标举的"作画贵有古意"，但更夺目的则是董其昌的南北宗。可以说，这篇序言是一则强调了古意的"南北宗"论，而他著录的作品，就是这篇序言的图像演绎，我们不妨说，安岐的主旨是以自己收藏的作品来编一部"南北宗"论的绘画史。这就是《墨缘汇观》为什么故意与有些标准化了的《江村销夏录》拉开距离的原因。我们甚至看到，身为南宗派的收藏家，他的趣味偏见使他很少藏弄北宗的作品，相比之下，高士奇要比他多出不少。这样来看，《墨缘汇观》的特殊之处就不能限于它的著录形式，因为这位收藏家有出位之思，他要让后人有所取焉，从而抗衡作者所谓的"因时代相感，又非学力所能为"的局面。作者要借助赵孟頫的"古意"，特别是董其昌的"南北宗"论为他心中的文明和正统延续一线。

也许，正是这种隐含在《墨缘汇观》中的古意，让安岐既表达了向董其昌的致敬，又暗暗寄希望于后人的想法；更激励他本人抱病杜门，暝写晨书，撰录不辍。

简言之，《墨缘汇观》是一部洋溢着董其昌精神的南宗绘画史性质的著录书。董氏精神之活跃至少表现在以下三个方面：

（一）著录编次以时代为序，基本上以南宗画的格局排列，著名的院体画家"南宋四家"刘、李、马、夏没有什么地位，戴进、周臣更是如此，即使出现,也只能屡杂在册页中偶尔一见。(二)董其昌似乎在冥冥中指导着安岐如何鉴定书画,有时安岐请董其昌援手,有时又会和他争论,颇有"吾爱吾师,吾更爱真理"的执拗。但总的说来,安岐的赏鉴一直受董其昌的指引,这一点则毫无疑义。(三)安岐以无比的精心购买董其昌的绘画,虽然他收藏的董画数量也许不如高士奇,可从传世的作品看,质量要远远超过高氏,以至于我们可以断言,如果谁对董其昌的画作感兴趣,最好的入门途径大概就是研究安岐收藏的董画了。他能从他那时代数量众多、但又只能凭借运气偶然邂逅的董画中遴选出十几件卓拔的精品,仿佛就像得到了董氏的委托指点一样,这让我们不得不感到惊奇。

以上这些看法,不都是直接引自安岐的《墨缘汇观》,因此在某种程度上,它们仅是假说。也许我们看朱成碧,完全走了眼。不过,在得出这些假设的时候,安岐自述的一段小轶事一直盘旋在我们的脑际,让我们感动。这就是他在《墨缘汇观》中两次提到的董氏所作的一套三十余幅的册页(曾为王时敏所藏),他极其想把它收入自己所藏的董画系列,可当此册出售时,他却在困境中,他告诉我们:"后为王相国携至都门,相国殁,其孙浼人求售。时余有捐工之役,未得一见,至今犹在梦寐。"尔时,他受到皇帝高压逼迫(雍正三年至九年[1725—1731]),捐出巨量的银子修城,也未曾忘记董其昌。这是鼓舞我们提出假设的一个支柱性理由。

下面将讨论董其昌的绘画在安岐的收藏和著录中的情况。本文关注的最终目标是风格问题、作品的质量问题和作品的品位问题,想揭示一位收藏家眼中的艺术世界。这个世界的中心是风格问题,是风格中的质量问题、变化问题,以及它在传统中的位置问题。或者用中国古典画论的术语说,是品位问题。这些问题出自一位收藏家之眼,尽管也许我们误加或强加给这位收藏家的,但不论如何,它却不同于贡布里希所谓的一般性的"观者之眼"(beholder eye),也不同于巴克桑德尔更玄学的"时代之眼"(period eye),它是一个很具体的收藏家之眼,因此更容易接受检验,更容易证实,也更容易证伪。写明了这些意思,我们就可以赶紧回到支撑这些假设的具体作品上来。下面是对《墨缘汇观》著录的董其昌绘画的一一评述。

二

《墨缘汇观》共收董其昌画作十三件,我们依照安岐的排次顺序讨论。

图1 明 董其昌《关山雪霁图卷》,故宫博物院藏

(一)《关山雪霁图卷》(图1),作于明崇祯八年乙亥(1635),董其昌时年八十岁

这是常为人谈论的董画之一,大概也是董画传世手卷中的翘楚。安岐败落后进入内府,列为"上等",贮翠云馆。有乾隆丙寅御题,卷端乾隆大书"秀"字评语。按照吴湖帆先生的说法,这是对董氏画的最高评价了,吴先生说:"近代鉴赏家、书画家皆知董氏作品佳迹,实不知其所以佳处,盖不出一'秀'字耳。"[6]看来,乾隆在二百年前就有此识见了。

此卷后有顾大申为项大参跋。又有戴本孝跋,说是董其昌的孙子送与项大参的,评为"笔势遒逸,不假渲染,力透纸背,直以书法为画法耳"。又有沈荃跋称:"布势运笔,无不苍秀,而自有一种天然之趣,非他手所能仿佛。"最后是冒襄长跋,间述师友见闻,表章异代。以上诸跋都写得精彩,且颇有史料价值。[7]

此卷的重要性可由徐邦达先生的多次引用彰显。徐先生编《中国绘画史图录》即选入此幅,甚至在《古书画伪讹考辨》对董其昌寥寥数语的简介中亦可见出,他说:"董其昌追学董、米、黄、倪,逸笔草草,更注重墨法,对以后的画坛影响很大。"[8]所选的图例也是《关山雪霁图卷》。故宫博物院藏文物珍品大系《松江绘画》对此作的说明是:"缩绘关仝《关山雪霁图卷》,颇得咫尺千里之势,是画家参合宋人丘壑、元人笔墨,疏淡中饶浑厚华滋之致。戴本孝跋称,直以书法为画法,更道出了画家用笔之妙,是画家极晚年的代表作品。"[9]可以说代表了当前学术界的共识。美国学者韩庄(John Hay)也以其昂扬的笔调评道:

The enthusiasm of the colophons after this painting is entirely justified. The artist, in his eighty-first year and some fourteen months before his death, painted a work of astonishingly concentrated power. Twelve hundred years after Tsung Ping's (375-443) classic formulation of how "a horizontal stretch of several feet will form a distance of a hundred miles[横墨数尺，体百里之迥]," Tung shows that the original meaning and its subsequent metaphorical truth can still be reinvested with undiminished force. Such is authentic originality in Chinese painting.[10]

我们可以用不同的方式，不断地分析《关山雪霁图卷》，因为它的构图、笔法、取势融合了董源、关仝、米芾、黄公望，甚至文徵明等人的成就，这和他中年的《婉娈草堂图》形成了呼应。

古人形容遇到华美绝伦之作，是夺人目睛于十步之外。我们欣赏此卷，即有此感。这是董其昌入选《墨缘汇观》的第一件作品，安岐写道：

> 白镜面笺本，高四寸，长四尺一寸五分，小袖卷。笔法清劲，虽法关仝，其荒率秀逸而又超越于蹊径之外。后首题小楷六行云："关仝《关山雪霁图》在余家一纪余，未尝展观。今日案头偶有此小侧理，以图中诸景改为小卷，永日无俗子面目，遂成之。乙亥夏五月玄宰。"末押半钤白文"董"印。后纸华亭顾大申、鹰阿山樵戴本孝、云间沈荃、雄皋巢民老人四题。[11]

（二）《秋山图》，作于万历四十三年乙卯（1615），董氏其时六十岁

此图未见出版，不知现藏何处，亦不知存世与否。有"冢孙庭藏"四字，乃玄宰付其孙者，又经王鸿绪收藏，定非平平之作，由安岐评为"秀润已极，诚非前人所能及也"一句可知其分量。此"秀润"二字亦可以与上图互参。

画上自题诗云："远近秋山千万重，醉来吾欲采芙蓉。峰头何处歌招隐，如此丹丘不易逢。"

1998 年，北京大学教授张青莲转让故宫王翚《秋山万重图》[12]亦录此诗，款识："仿黄子久秋山笔意，庚辰八月，海虞王翚。"又题："中秋日重加点染，寄赠帝锡道翁。翚又识。"此诗有误以为王翚所作者。

（三）《婉娈草堂图》（图2），作于万历二十五年丁酉（1597），董氏四十二岁

画名与陆机《忆故居》的诗句"仿佛谷水阳，婉娈昆山阴"有关。陈继儒在小昆山隐居读书，结茅岩间，曰"婉娈草堂"。万历二十五年十月，董其昌绘此图赠陈继儒。

董其昌传世的立轴，此幅最有名，得到的评价极高。从 20 世纪 50 年代西方学者喜龙仁到近年，不断有学者讨论。方闻在 1992 年召开的"董其昌的世纪"国际讨论会上发表的论文，谈董其昌的艺术创新，主要的例证就是《婉娈草堂图》，[13]认为它为南宗画理论提供了最好的视觉证据。几年后，石守谦又发表论文，题为《董其昌〈婉娈草堂图〉及其革新画风》，作了更细腻更深入的讨论，开篇即断言："《婉娈草堂图》标志着一个全新风格的诞生，开启了绘画史上可以称之为'董其昌时代'的契机。"[14]可以说，这是董其昌艺术生涯中的标志性作品。[15]

安岐评此画为："用墨深沉，树石奇异，浑厚天成，秀色欲滴。其山岩、云气、林木、茅居，无不精妙，乃文敏之变笔。"[16]最后一句，正是现代学者所极意发挥论述者，方闻和石守谦二位先生都是立基于此。此变笔由于艺术风格的高超，它是施洛塞尔（Julius von Schlosser, 1866—1938）所说的造型艺术的风格史中的杰作，而不是造型艺术的语言史中的一般作品，[17]是研究董其昌不可绕开的作品。

图2　明　董其昌《婉娈草堂图》，私人藏

（四）《仿倪瓒山阴丘壑图》（图3），作于天启五年乙丑（1625），董氏其年七十岁

《墨缘汇观》著录其题跋两通，分别为董其昌和陈继儒：

> 云林《山阴丘壑图》在京口陈从训家，借观不获临写粉本。第云林自谓笔得于关仝，余家有关仝《雪霁图》，足为云林粉本耳。玄宰画，乙丑上元日。

> 云林画，江东之家以有无为清俗。今宗伯画亦然。余家藏范宽《钓雪图》，发脉关李，玄宰与倪老同参，非专摹迂笔也。眉公鉴定。[18]

由此可知，此图仿倪云林《山阴丘壑图》，又参综关仝、范宽画意。正巧《石渠宝笈初编》亦著录一件董其昌《仿倪瓒山阴丘壑图》，并标为"上等"，

图3 明 董其昌《仿倪瓒山阴丘壑图》，台北"故宫博物院"藏

贮重华宫，有款识如下：

> 倪元镇《山阴丘壑图》，京口陈氏所藏，余曾借观，未及摹成粉本，聊以巨然《关山雪霁图》拟为之。

款"玄宰"，钤"宗伯学士""董氏玄宰"二印，诗塘陈继儒题云：

> 云林画，三吴之家以有无为清俗，董宗伯墨迹亦然。此图玄宰以董巨而兼带云林，真所谓善学柳下惠者也，谅赏鉴家自有巨眼在。陈继儒题（钤"眉公""腐儒"二印）。

此图现藏台北"故宫"，收入《故宫书画录》第八册，第237页，展览于2015年"妙合神离：董其昌书画特展"。画上无安岐藏印，题跋与《墨缘汇观》所录大同小异。这究竟是两幅同一时期创作的类似之画，还是别有他因，由于未见安岐原藏之画，不敢置喙。我们注意到，"妙合神离"展的作者对其所藏赞美有加，说明写道："此作大胆新颖，且别出心裁地突破既往仿古作法，巧妙结合折带皴与披麻皴，结组出既具倪瓒式清亮、兼有黄公望式浑厚的山石，可谓熔倪瓒与黄公望风格一炉而冶的集大成之作。"[19] 这么高的评价让人相信台北此件定然精品。然而画中的跋语，不仅董氏的与《墨缘汇观》所录类似，连陈氏的也如出一辙，不得不让人起疑，觉得其中或有一伪。[20] 我们究竟是相信安岐的著录，还是相信眼前的实物，"谅赏鉴家自有巨眼"。

（五）《山居图》，作于万历四十三年乙卯（1615），董氏六十岁

此卷未见，不知藏于何处。上有董其昌三题、陈继儒二题，安岐称其为"精品"。

董氏第一次楷书题："虽有柴门长不关，片云高木共身闲。犹嫌住久人知处，见欲移居更上山。"此系唐代诗人陈羽《戏题山居二首》的第二首。

第二次行草书自题诗："积铁千寻届紫虚，云端鸡犬见村墟。秋光何处堪消日，流涧声中把道书。"[21] "积铁"取杜甫诗《铁堂峡》"壁色立积铁"之意。又见于上海博物馆所藏董氏《仿赵孟頫秋山图》，嘉德2011年春拍董其昌《行书七言诗手卷》之第一首，亦被收入《御定历代题画诗类》卷十二。

此图系赠予好友蒋道枢者。越两年，即万历四十五年丁巳（1617），董氏

又为蒋道枢画了《高逸图》(北京故宫博物院藏),题了一首也是董氏不止用了一次的诗:"烟岚屈曲径交加,新作茅堂窄亦佳。手种松杉皆老大,经年不踏县门街。"[22]

此幅也可与同样画于万历四十五年的《青弁图仿北苑笔》(克利夫兰艺术博物馆藏)合看,那是画给张慎其的,题诗又用了"积铁千寻屈紫虚"一首。

《高逸图》和《青弁图》都是水墨杰作,前者仿云林,后者仿北苑,《山居图》在安岐笔下是"仿大痴,兼用米法""其笔墨之妙,苍逸简远,秀润天真"。[23]董氏这几年的风格取向可从此中探索。

(六)《仿杨升没骨山水图》(图4),作画时间不详,收藏者亦不明

画中书唐寅诗一句,全诗为:"红树秋山飞乱云,白茅檐底界斜曛。此中大有逍遥处,难说与君画于君。"此诗常为画家题画所用。画题"仿杨升没骨图",安岐专门作了考证,他说:

> 相传设色没骨山水,昔始于梁张僧繇。然考历朝鉴藏及《图绘宝鉴》,未尝有僧繇山水之语。即杨升之作,亦未见闻。自唐宋元以来,虽有此法,偶遇一图,其中不过稍用其意,必多间工笔,未见全以重色皴染渲晕者。此诚谓妙绝千古,若非文敏拈出,必至淹灭无传。今得以古反新,思翁之力也。[24]

由此跋可知董氏取法源泉。[25]对董氏的没骨山水首先给予注意的可能是顾复,他的《平生壮观》写道:"先君与修羽交,寓目者,册叶四五十页,又小幅数件。设色多,水墨少,绢素多,纸本少,其青绿者时空一二小石,不着色。举世少知其意,予以为翁追僧繇自命也,然否?"[26]看来那位镇江收藏家张觐宸(修羽)专收董氏的没骨画作。不过,顾复记述得过于简略,也许是安岐敏锐而明确地指出董氏没骨山水在画史上的贡献,成了董氏的异代知音。而把董其昌的绘画看成美术史的艺术,安岐也成了一位先行者。后来,吴修(1764—1827)写论画绝句,也注意到董氏的复古资源,他写道:"杨升蒲雪画峒关,红艳争看没骨山。千载僧繇遗法尽,只留一脉在人间。"注曰:"杨升《峒关蒲雪图》小帧,用没骨法,绢极光润,傅色浓艳,青红夺目,董思翁每衍为长幅,笔法宛似。"[27]

图4 明 董其昌《仿杨升没骨山水图》（传）

对董氏的这种复古式的没骨山水，安岐特别留意，他说："斯法之作，余凡见五本，皆佳，当以此幅更为甲观。"[28]安岐的收藏风格是去取精严，况此幅又是甲观之作，必当夺人目睛，可惜又不知现在流落何所。纳尔逊艺术博物馆收藏有一幅，题董氏《仿杨升没骨山》，题云："余曾见杨升真迹没骨山，乃见古人戏笔奇突，云霞灭没，世所罕觏者，此亦拟之。乙卯春，董玄宰识。"此幅颇疑为伪。它曾多次展出，多次出版，较好的图版分别见于《文人画粹编》之《徐渭董其昌》合卷图24、《八代遗珍》图190、《董其昌的世纪》图25，有"朝鲜人""安氏仪周书画之章"二印，印小不敢辨真伪。[29]但即使印真也不敢保证其为安岐所藏，因为安岐从衰迈之年始，作品就不断流散，身后的一些作品，连同印章亦可能被傅恒（约1720—1770）所收，我们从乾嘉间诗人法式善（1753—1813）的一首诗中可以稍窥此中消息。其诗未见学者所用，故全录如下：

白阳山人墨笔花卉送观生阁藏弄识以诗

卷纵一尺，横二丈一尺一寸五分，凡十四段，复甫中年作，画中神品也。为揆凯功旧物，流传始末载《隙光亭续识》。后归傅忠勇夫人，忠勇合米南宫真迹藏一室，称"二妙轩"，外人不可得见。忠勇殁,夫人延余课其曾孙,举为挚,且郑重言曰:"中有先人手泽,幸无亵。"既而曰:"物得其所矣。"余秘不敢示人者几三十年,近外间工画者颇知之。忆王奉常跋复甫水墨卷末数语,余所属意,不在画而在题,不在题而在所藏人也。今以此卷归观生阁,亦兹意云尔。

  谁能画花长二丈,山人落笔空凡想。云堂瞑目坐十日,水墨泻壶情一往。叶必承枝枝必立,墨香宛带露痕湿。秋声满纸不可听,夜半邻家捣衣急。道复天才嗜颠米,此卷同藏米斋里。谁知天意归诗龛,肯与米书并焚毁?(忠勇第两遭回禄,米迹遂毁。)诗龛道人唯解诗,书耶画耶全弗知。寒虫幽蛐取适性,人方矜重吾轻之。宝剑良琴贵择主,此画今胡未得所?长安剩纸抵遗珠,朝作乞儿暮成贾。朱门碑帖如云烟,(忠勇第毁,唐碑元画,颇有存者,三年前尽为门客所攫。)门客卖画争金钱。纷纷伪镌麓村印,(忠勇书画多押麓村私印,一时所出书画仅六七百种,外间押印者转有二千之多,真伪混淆,识者哂之。)偏旁点画犹茫然。观生阁底清凉境,两个神仙尘事屏。瑶花琪草种前生,身外身乎影外影。人情欲别伤奈何,此画伴我年岁多。知汝已晚汝勿词,春风一到花婆娑。[30]

  法式善这首诗写他以揆叙旧藏陈道复墨笔花卉送女画家观生阁主人萨克达·介文(1767—1827),由于此画乃得之于傅恒的夫人,而安岐的藏画亦有不少曾归傅恒,这使法式善观物兴慨,写了一段长序,也引出了几个问题:一、傅恒在介绍安岐藏品给乾隆时,他本人从中都起了什么作用,又趁机买入多少?二、傅恒府邸两次被回禄所吞,被焚的安岐旧藏又有多少?三、傅恒藏画多押安岐印,一时所出竟达六七百种之多,是否安岐的藏印亦归他所有,不然,怎么会有这么大量的藏品有安岐钤印?而所谓"外间押印者",又是否这些印章被其门客所攫,流转在外,被人冒押?

  倘若第三个问题能够落实,那么我们对凡不在《墨缘汇观》著录而有安岐钤印的清代之前的书画,除了少数的几件之外,大可投以怀疑的眼光,因此,《八代遗珍》中刊出的几幅安岐旧藏,不但《仿杨升没骨山水》为伪,而且图51传为马远的长卷 Composing Poetry on a Spring Outing(《春游赋诗图》),图92刘贯道的手卷 Whiling away the Summer(《销夏图》),图138佚名的长卷 Landscape(《山水图》)也殆是伪品,它们不论其钤印真伪,可能都不是安岐的旧藏。换言之,《八代遗珍》著录的五件安岐藏品,只有图11巨然的立轴 Buddhist Retreat by Stream and Mountain(《溪山兰若图》)才是真龙,是真正的一件旷世杰作,而其他几件,光从趣味上就能判断其不入安岐的法眼。

（七）《山水高册》（图5），作于天启元年辛酉至天启四年甲子（1621—1624），董氏其时六十六至六十九岁

此册现藏美国纳尔逊艺术博物馆，为流落异域的最重要的董氏册页。此册曾藏庞元济虚斋，上海博物馆藏《画禅室小景》册前吴湖帆题云："董册之至佳者，庞氏十大帧，杨氏为西庐十六帧，余所见者皆出此下。"此十大帧即安岐所谓《山水高册》。此册或为董氏册页最大者，尺寸56.2厘米×35.6厘米，比上海博物馆的《秋兴八景图》（53.8厘米×31.7厘米）还大一些。这两套册页皆著录于《虚斋名画续录》卷二，庞先生对安岐旧藏此册评价最高，他说：

图5　明　董其昌《山水高册》之二册，美国纳尔逊艺术博物馆藏

> 用墨则简淡苍润，悠然意远；用色则古艳浑厚，不入时蹊；至于丘壑位置，意匠天成，炉锤造化，实为生平杰作。唯册内缺摹董巨及大小米数家，据第二帧题有"此亦拟燕文贵笔"之句，或当时尚不止此。自题下并无印记，凡文敏最精之作每不用印，殆取法于倪高士也。[31]

朱省斋一见此册，即云："精工绝伦，唯有倾服！"他对第二幅、第三幅和第四幅评价尤高。

此册与《秋兴八景图》的创作时间衔接，两册可称为董氏册页的双璧极品。此外，也许只有安岐念念不忘的王时敏所藏的计有三十余幅的一部册页，可堪相埒，但娄东此册似已久佚。好在顾复、顾维岳兄弟曾多次观览，《平生壮观》中略有所记：

> 娄东王奉常所藏画册三十余页，内有南陵水面诗意，上画红衣女子如粒米，倚楼窗而立。翁画未见有人，此其仅有者，此云林《龙门独步》[32]也。又仿杨升没骨山水一页，至精。烟翁与思翁有姻媾之好，所得真迹无多，皆重值购之董氏者。烟翁精绘事，富收藏，严赏鉴，所得故真且佳。愚兄弟每过娄东，必请观，不厌也。[33]

娄东此册似多有用色者，推测其创作时间或也与《秋兴八景图》和《山水高册》相近。《山水高册》由于藏身海外，首先得到了外国学者的研究，[34] 尤其得到了高居翰的重视，他在《山外山》（The Distant Mountains: Chinese Painting of the Late Ming Dynasty, 1570–1644, 1982）和《气势撼人》（The Compelling Image: Nature and Style in Seventeenth-Century Chinese Painting, 1982）都有大段的论述。在"董其昌的世纪"大展中，《山水高册》和《秋兴八景图》的图版说明都出自文以诚手笔，但他以超过《秋兴八景图》一倍多的篇幅写《山水高册》，不但与《秋兴八景图》作了对比，而且还述及它和《婉娈草堂图》与《葑泾访古图》之间的联系。显然，文以诚对这套册页做了更认真的研究。这套册页的题跋，关涉美术史的也较多，有的艺术观念甚可玩味。例如第八开设色山水，董氏题了一首杨慎（1488—1559）的雨中遣怀曲，并落款道："玄宰书以题画，不必与画有合。"这与《秋兴八景图》第三开题白朴（1226—约1306）《双调沉醉东风·渔夫》曲一首，跋中说"亦似题画，亦似补图"异曲同工，都暗示了绘画是一种以再现为幌子的笔墨之物。就像高居翰研究这些册页后得出的感受：董其昌和后来的山水画家相比，更是形式世界的创造者,这些形式的内涵,一部分是他融合在画中的传统,一部分则与画中的多义性有关——先是触动某些与自然实景的关联,接着又将它否定。他能在画面几乎要陷入混乱之虞的情况下,注入一股不绝如缕的美学秩序。董氏的绘画具有一种戏剧性,但它不是来自母题本身,而是来自视觉符号之间紧张而无休止的挣扎。上面援引的题跋表明,董其昌很清楚自己画中所蕴含的表现价值,懂得它们在画史上的关联意义。[35]

此《山水高册》,现命名为《仿古山水》。顾复《平生壮观》所记董画,亦大都为仿古之作。他还说,他阅《容台集》读到"余稍加岁月,当不令文、沈诸公横行吴中""不觉陡然大惊,观翁画,乃知其无一非得笔前人,无一笔落前人陈迹。翁之深心,唯余能测之,迨所谓眼高手生者非耶?"[36]此意可作《山水高册》的注脚。

以上文字极力强调《山水高册》的重要性,亟盼大陆学者能给予更多的关注,[37]另外也想再次观察并检验安岐的鉴定眼光,他对此册的评价是:

> 谛观此册,为文敏无上妙品。其间水墨者,清润高古,简淡苍逸;设色者,秀色若湿,浑厚奇异。丘壑位置,皆出意表,余所仅见者。[38]

(八)《山水方册》,作于崇祯四年辛未(1631),董氏其时七十六岁

这是安岐著录的第二套册页,现藏北京私人处。董氏题为"付第七孙廙收藏"。安岐品评说:"纸色如玉,笔墨超逸,付其孙者,故是佳品。"董氏留给子孙的都是佳作,这在当时藏家眼中,固为普通常识,所以安岐只这么简单交代了几句。它本是一本残册,安岐仍然衷入正编,可见珍重。原为八开,少了两幅,由顾复《平生壮观》的记录可知,其缺少的是第二开和第三开,前者题"仿巨然笔,思翁",后者"似李唐,玄宰",又是一套仿古册页。凭借《平生壮观》,我们还知道其他几开也大都注明仿似某家。此册所佚的"仿巨然笔"一开,顾复的评价是:"极精。"不难想象,所佚的两开其实都是精品,因而被人抽去单售了。

安岐著录此册,特意提到,外签乃张照为他题写。他接着记录的两套册页,皆得自高士奇家,或许就与张照有关。因为康熙五十年辛卯(1711),张照娶了高士奇的长孙女、高舆的女儿高祥,而高家的书画散出,正是从张照的岳父高舆开始的。[39]

（九）《书画小册》，作于天启三年癸亥（1623），董氏其时六十八岁

此册现藏台北"故宫"，题为《书画合璧册》，在古原宏伸和吴讷孙合编的《文人画萃编·徐渭董其昌卷》，题为《癸亥宝华山庄纪兴六景册》。2015年举行的董其昌书画特展编在图录第37号，说明文字写道："嘉靖四十二年（1563）十月，董其昌前往渔洋山墓地祭父，回程时于其太湖别业宝华山庄乘闲绘此小册纪兴。前一年董氏甫就任太常寺少卿，罢官十多年后重归仕途，然此册似仍可见其薄于宦情、寄乐于书画之态。册中糅合王蒙、倪瓒、黄公望、吴镇、赵令穰诸家风格，构景布局仍见新意，然早期对物象造型与结构动势的探索实验已居其次，此作最令人印象深刻者为畅快的皴线点画，看似荒率，却更彰显笔墨本身的动感与韵律，为其后期画作追求的另一特点。"[40]

此册尺寸 19.6 厘米 × 11.6 厘米，约为《山水高册》的九分之一，画面物象简括，逸笔草草。要欣赏它，全凭对点线笔墨的感受。[41]董氏论看画说：

> 看画如看美人，其风神骨相，有肌体之外者。今人看古迹，必先求形似，次及傅染，次及事实，殊非赏鉴之法也。米元章谓好事家与鉴赏家自是两等。家多资力，贪名好胜，遇物收置，不过听声，此谓好事。若赏鉴，则天资高明，多阅传录，或自能画，或深画意。每得一图，终日宝玩，如对古人，虽声色之奉，不能夺也。[42]

我们看安岐写《墨缘汇观》的序言，说他自己"凡人生所爱好者，如声色之玩，琴弈之技，皆无所取。唯嗜古今书画名迹以自娱，每至把玩，如逢至契，日终不倦，几忘餐饮"，再看他能对此戋戋小册，赏其荒率，录入正编，他的赏鉴能力也确然峥嵘不凡。

又，此册入《石渠宝笈三编》，并著录了安岐的藏印，《初编》体例中所谓的删除安岐之名的规定随着日月其徂，终于被打破了。

（十）《书画合璧小册》（图6），作于万历四十八年庚申（1620），董氏六十五岁

此册亦为仿古之作，右图左题，各八幅，私人收藏，未见出版，但《石渠宝笈续编》著录颇详，不像安岐那么惜墨如金。因此，对照一下安岐的文字，

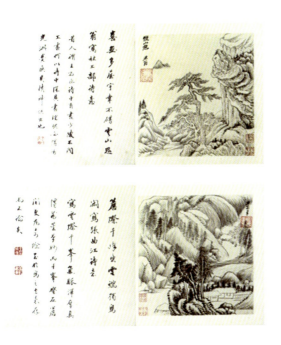

图 6　明　董其昌《书画合璧小册》，私人藏

或许能看出乾隆的馆臣和一位收藏家的不同的眼光。下面的文字，前者为安岐所记，后者出诸馆臣手笔。

第一，法董米，右首小行书款"玄宰"（凡避讳"玄"作"元"，径改）。
一，峻岭浓岚，款"玄宰"。

第二，仿叔明，上小行书题"玄宰仿黄鹤山樵"。
二，云烟叠岫，款"玄宰仿黄鹤山樵"。

第三，法董巨，右首小行书款"玄宰"。
三，高山林屋，中有人读书。款"玄宰"。

第四，仿云林，右首小行书款"玄宰"。

四，疏木溪亭，款"玄宰"。

第五，仿米，右首小行书款"玄宰"。
五，平林湿翠，款"玄宰"。

第六，法荆关，左首小行书款"玄宰"。
六，层厂疏林，望中孤寺，款"玄宰"。

第七，仿仲圭，左首小行书款"玄宰"。
七，崇峰乔树，款"玄宰"。

第八，法北苑，左首小行书题："玄宰庚申夏日写此八景。"
八，夏山雨景，款："玄宰庚申夏日写此八景。"[43]

对页的五言绝句，安岐一字未录，《石渠》则一字未落。显然，安岐眼中见到的首先是绘画的风格，而馆臣看出的是物象，尤其是如何用语言来匹配这些物象。对于安岐，看画的经验是主导，一连串的风格图像闪过头脑。而馆臣使用的则是修辞学的语词训练，四字一句的好词佳句涌现他们脑际。这些佳句题宋人山水一定合适，但于董画却有不适之感，违反了西方修辞学家所谓的"得体"的原则（principle of decorum）。[44]

到了乾隆笔下，又成了行书分题，以显示他的诗人本领，八幅画题了八首诗。只是未见原作，画幅又小，不知写在哪里。但《石渠宝笈》著录了前后副叶上的御笔题字，前副叶是"八还互证"，取典于董其昌《论书》中的名言："哪吒拆骨还父，拆肉还母，须有父母未生前身，始得楞严八还之义。所谓明还日月，暗还晦昧，不汝还者，非汝而谁？"[45]与御题安岐旧藏董氏的另一小册"墨禅离合"似乎无意中呼应。后副叶则是："乾隆辛卯（1771）秋月，曾临一过。"又题："元四大家，非不规矩合度，然所谓山水画耳，唯米董以书掩画，神意高超，从心所逾，乃所谓画山水也。必知此而后可以仿米董。既题所仿册后，并识于此。"乾隆的这通见解，的确不俗。他还换掉了高士奇的题签，改为他的亲笔："董其昌书画合璧。"

好在安岐特意提到的"高江村二题，极为称许"没有被割去，它们幸运地保留在《石渠宝笈》的双行小字中，二题如下：

> 思翁书画十六幅，天真烂然，如入旃檀林，寸寸皆香也。宋镜面笺作画，笔墨萧爽。今日已为琬琰，不可与思翁寻常翰墨观。康熙戊寅六月廿五日，微雨晚凉，江村高士奇跋。
>
> 己卯七月廿三日，建兰丛中展观。久晴望雨，炎歊不可言。聊借古人，一遣永昼，士奇。（钤印二"士奇高澹人""竹窗"）[46]

江村先生的措辞又漂亮又宜人，相比之下，安岐的文字就质朴得多，馆臣的文字则笨拙得多。三位都用心地表达他们对董其昌风格的观感，写出的文字竟如此不同，正可用作讨论语词与图像关系的佳例。江村又认为此册"不可与思翁寻常翰墨观"，推崇至极。

（十一）《葑泾访古图》（图7-1、图7-2），作于万历三十年壬寅（1602），董氏其时四十七岁

此帧原为安岐所藏的《宋元明名画大观高册》二十开中的最后一开，因为尺寸较大（80.2厘米×30厘米），在《石渠宝笈续编》已成单幅的立轴。台北"妙合神离"特展画册给了它重要地位，不仅画册中两次印出对开的局部特写，而且邱士华女士在专文中也给了它最多的篇幅，[47]认为它典型地体现了董氏关于构图取"势"的主张，即董氏所谓："古人运大轴，只三四大分合，所以成章。虽其中有细碎处多，要之取势为主。"[48]

董氏立意取势的观念，在《葑泾访古图》上创造了"静"与"动"的两种不同趋向，体现在笔墨意趣上则是"直皴"的走向与排列。

方闻先生较早注意到了这种"直皴"，他说董其昌要集宋元绘画之大成，其基本方法就是"山外势用直皴"[49]，并以此为原型，发展出一系列的书法性皴法。[50]后来，石守谦先生研究《婉娈草堂图》，又作了极为精彩的论述，并述及了《婉娈草堂图》与《葑泾访古图》的联系。这两幅画都是董氏的早期之作，也是研究董氏艺术历程的经典之作。安岐评价此帧说：

> 此图天机活泼，元气淋漓，非独以笔墨丘壑取胜，亦当从神理消息间参之。鉴董画俱应如是观。[51]

安岐把看董画既看笔墨又看神理的要点拈出，并给出了这个样板，回看后人的研究，正是在他指点的路径上向前行走。

图 7-1　明　董其昌《葑泾访古图》，台北"故宫博物院"藏

图 7-2　《葑泾访古图》上钤盖的安岐"仪周鉴赏"之印

(十二)《溪山高隐图》和(十三)《野色遥岑图》,两图创作时间不详

这两帧都是《明贤集册》中的作品。《集册》收画来源不一,或为安岐自己编集的册页,倘如此,《野色遥岑图》的一个特色显然是它的"楷法甚佳"。安岐在董其昌《临唐人四家书卷》曾引用《容台别集》。我们猜测,他写下这四字的时候,一定想到了《容台别集》的另一段话:

> 吾书无所不临仿,最得意在小楷书,而懒于拈笔,但以行草行世,亦都非作意书,第率尔酬应耳。若使当其合处,便不能追踪晋宋,断不在唐人后乘也。[52]

《野色遥岑图》画幅不大,正是小楷书。由于《明贤集册》在编《石渠宝笈》时被拆散,有一部分被编入《四朝选藻》,而这两幅董氏之作失收,故后来传承不明。民国时期,《野色遥岑图》还出现在庞虚斋的《明人名笔集胜册》中,而《溪山高隐图》则未知所踪。

《溪山高隐图》受安岐看重可能出于另一种情况,盖董其昌作画,"笔下仅有山水,不论人物舟车,甚至于文人擅长的君子题材之梅兰竹菊或杂花墨竹,竟鲜有涉及。"[53]董其昌谈他心中的榜样说:"倪云林生平不画人物,唯龙门僧一帧有之。亦罕用图书,唯荆蛮民一印者,其画遂名《荆蛮民》,今藏余家。"不画人物,罕用印章,董其昌正是如此身体力行。因此又拉出云林为自己辩护:"日临树一二株,石山土坡,随意皴染。五十后大成,犹未能作人物舟车屋宇,以为一恨。喜有元镇在前,为我护短,不者,百喙莫解矣。"[54]董氏的兴到之言,我们不必当真。倪云林1339年作的《秋林野兴图》(顾洛阜藏,1988年遗赠美国大都会博物馆),近景的茅亭中就有人在端坐远望。有意思的是,此前一年所画《东冈草堂图》竟有两人处于亭中。《东冈图》已佚,我们能够一窥画面,正是由于董其昌的临摹给我们留下的画本(台北"故宫")。方闻先生讨论了这两幅画,说:"两件作品中,倪瓒都画了文人的茅草亭,将之聚为山水画的焦点。在他日后完全成熟的画作里,风景中已经渺无人烟,唯余树间空亭或者疏笔树石而已。"[55]后来,幽亭秀木,有人则俗,成了一些文人心中的高洁意境。反之,在倪云林、董其昌这些只画山林罕画人迹的画作中,一旦发现人物,则成了他们别裁奇思的象征。安岐也颇为留心所藏的董画上是否像倪云林那样全然空寂无人。《溪山高隐图》有一人临栏危坐,安岐立刻注

意到这是"罕睹"之作,而且把它和自己念兹在兹的董氏画给王时敏的一套册页联系起来,因为那册中的《南陵水面》,画一红衣女子。[56]此外,安岐可能就再也想不起董其昌的画中还有什么人物了。而我们现在的检索条件殊胜往昔,知道董氏还有几幅点景人物,例如,大名鼎鼎的《秋兴八景图》的最后一开即是。故宫博物院藏董氏《长干舍利阁图轴》,画于万历三十七年(1609),时年五十四岁,茅楼上亦有人物点景。类似的例子还可举出一些。何况还有吴修留下来的诗句:"爱写秋山仿大痴,家传北苑有师资。不知一发衣纹细,人物还能画伯时。"[57]

从常理上讲,山水中有没有人物,原本不值得大惊小怪,但是一位艺术家时常画山水,从来不画人物,或极少画人物,就值得注意了,尤其在中国文人画家手中出现这种情况,就尤其要注意。在他们看来,山水画的终极意境也许就是绝对的清寂,绝对的空明,绝去人烟,一尘不染;干净到极致了,才需要灵性一点,绰约红袖凭栏。这是一种精微而优雅的品位,它打动了安岐的心灵。只是董其昌较早注意到倪云林画景不画人,并欲追步前贤,拉来为自己辩护,话虽说得戏谑,安岐还是凝神注意。他若不是对董画兴味至深,观赏细腻,也绝不会在此点景人物上反复致意了。

三

《墨缘汇观》所著录的董氏十三幅作品,我们一一作了说明。由于在安岐的时代,董氏作品已是收藏家所瞩目的重要对象,辨识真赝就成了考验人们眼光的一道门槛,所以不妨从总体上评价一下安岐所收董画的质量,以便对《墨缘汇观》著录的董画从整体上有更深入的认识。

安岐之前的收藏家著录书,以《庚子销夏记》和《江村销夏录》最有名。前者收董画六种,标明作画时间的有二幅,六帧之中尤以作于1632年者卓著,孙承泽说:"此帧壬申作于广陵舟中,极其奇纵。余见巨然《浮岚图》,是学北苑笔意,后此唯见此帧,南宋元明诸家,未敢望其肩背也。"[58]又记《夏木垂荫图》亦使人目明:"玄宰画以设色者为难得,予旧有其临王叔明《一梧轩图》,画境直逼叔明,而设色之妙,叔明有所不逮。此帧仿北苑,颜色苍翠欲滴,恐北苑亦未必能及也。先生之孙携至京师,予购得之。"[59]孙承泽不但提及"设色者难得"的共识,还强调此为董氏之孙所售,但这两件作品似乎都未传世。

高士奇极爱董氏书画,所藏的专门目录只见于《江村书画目》,但他本人的《江村销夏录》未收，使我们难窥其概貌。

缪曰藻（1682—1761）是和安岐有交往的著名鉴藏家，[60]他的《寓意录》卷四也著录了一些董画，可今天似乎也见不到一二件。

另一方面，传世的董画并不在少数，台北"故宫"是收藏大户，所藏的董氏书画和相关作品超过三百多件。而《董其昌书画编年图目》所辑录图版，有纪年者453件，无纪年者更多。

我们再回看安岐收藏的董画，现在能见到的也就五件。按照作画时间的顺序，它们分别是：

（一）《婉娈草堂图》，作于1597年，安岐评为："山岩、云气、林木、茅居，无不精妙，乃文敏之变笔。"

（二）《葑泾访古图》，作于1602年，安岐评为："天机活泼，元气淋漓，非独以笔墨丘壑取胜，亦当从神理消息间参之，鉴董画俱应如是观。"

（三）《山水高册》，作于1621—1624年，安岐评为"无上妙品""所仅见者"。

（四）《书画小册》，作于1623年，安岐评为"荒率处更有妙趣"。

（五）《关山雪霁图卷》，作于1635年，安岐评为："笔法清劲，虽法关仝，其荒率秀逸而又超越于蹊径之外。"

注意一下作画的时间，差不多囊括了董氏创作的早、中、晚三期；若再补上安岐收藏而我们未见的作品，时序当更为突出，这其间显然有风格发展的意识在指引着收藏者的购求。

怀此假设，我们来读资深的学者杨臣彬先生的论文《董其昌与松江派绘画辨异》。杨先生分析董其昌风格特点，在前期（五十岁之前）的代表作中举了《燕吴八景图》（上博）、《婉娈草堂图》（私人）和《葑泾访古图》（台北"故宫"）。

在中期（五十余岁至七十余岁）的代表作中举了《烟江叠嶂图》（上博）、《西岩晓汲图》（北京故宫）、《高逸图》（北京故宫）、《秋兴八景图》（上博）和《仿古山水》，即《山水高册》（美国纳尔逊艺术博物馆），而且给后两套册页更高的评价。

在晚期（七十余岁至八十二岁去世之前）的代表作中举了《佘山游境图》（北京故宫）、《岚容川色图》（北京故宫）、《董范合参图》（北京故宫）、《关山雪霁图》（北京故宫）、《细琐宋法山水》（上博），这些作品中又是给了最后两件更高的评价。[61]

如果说，杨先生举例的代表作只反映了大陆学者看董画的倾向，那么，我们还可以读一篇类似的论文，那是长期活跃在美国的著名书画研究者张子宁先生撰写的《董其昌山水的历程》，他例举的作品有《燕吴八景图》《集古树石图》（北京故宫）、《婉娈草堂图》《画昼锦堂图并书记》（吉林省博物馆）、《仿董北苑青弁图》（美国克利夫兰艺术博物馆）、《秋兴八景图》《山水高册》《岚容川色图》和《细琐宋法山水》，其中《仿董北苑青弁图》和《山水高册》得到的评价最高。[62]

在杨、张二家所举的代表作中，安岐传世的五件作品，只有台北"故宫"收藏的《书画小册》没有出现，其他四件引人瞩目，价值极高，即便放在《石渠宝笈》所著录的众多董画中也毫不逊色，也会脱颖而出。

这样看来，安岐不但是董氏南北宗理论的信奉者，要通过自己的收藏把南宗的谱系现实化、图像化、正统化，而且还是董其昌艺术的真正知音，他似乎能够看出董其昌仿古的画外之意，早已理解了刘勰《文心雕龙》所谓的"通变"，懂得董其昌所集中体现的"绘画史的绘画"的通变革新，就像明清的诗歌是诗歌史的诗歌一样。用现代的语言说，他早就明白了沃尔夫林所谓的"绘画得益于绘画的比它得益于直接模仿自然的还多"[63]。董其昌说山水画："以蹊径之怪奇论，则画不如山水；以笔墨之精妙论，则山水决不如画。"[64]这就表明，董其昌根本无意跟造化的自然，即西人所说的"natura naturans"，去奋力比赛，他要从绘画史本身去奋战前贤；他的古意，他的通变，他对文人画精华的致敬，都以此为起点。安岐的难能可贵，也是最令我们佩服的地方，是他竟然能够洞见董其昌的哪些作品代表了他复古通变道路上的里程碑，而且不仅收藏它，著录它，更重要的是还通过这些作品自身的命运影响了我们现代人的研究，以至于我们可以说，研究董其昌绘画的最好入门途径就是《墨缘汇观》中著录的藏品，它们是打开通向董氏绘画堂室的最佳钥匙，它们形塑了我们精神中的董其昌的世界。[65]

如果说，安岐的董画收藏给了我们启发，触动了我们，那正是他超越单纯收藏家的历史感与我们遥响共鸣，那种历史感使他的《墨缘汇观》有别于其他的书画著录之作。好像他已建立了一个绘画景象的初始图案，或一段绘画故事的情节梗概，但他不讲故事本身，只提供一些必要的暗示，那些暗示曾经极大地影响了乾隆的收藏布局，现在又影响着我们现代人讲述绘画的故事。正是在这一点，安岐与我们现代翕然合拍，我们赞美他的《墨缘汇观》具有风格史的意义；它对董其昌绘画的著录，帮助我们看出了董氏绘画风格发展中的一些关键节点，它提供的研究董其昌绘画的坐标，让我们找到了接近董其昌绘画世界的最佳途径，尤其示范了董其昌所建立的南宗画正统，董氏如何发展和继承。

〔1〕 安岐，字仪周，生于1685年10月10日，卒于1746年或前一年，朝鲜人，号麓村，晚号松泉老人；长期生活在天津，有沽水草堂和古香书屋；著有《墨缘汇观》。清代鉴赏家，安岐是一个奇迹。他虽为旗籍朝鲜人，但没有被狭窄的民族和国家的观念所牢笼。他学会了看待不同的文明，而且向往更高的文明，并欣喜快然地同化于其中，把自己化育得更有品位更高雅，更人之所以为人。中国文化博大精深，但究竟如何博大精深，这恐怕只有在文化冲突中才能显现。回顾中国文化如何改变了元人的政教，尤其看看它又如何塑造了清朝三百年的人文，我们或许就略知一二了。血统朝鲜、身份卑下的安岐，示现了这种奇迹，并通过他的收藏影响了万人之上的乾隆的收藏趣味。

〔2〕 （清）叶德辉：《游艺卮言》，杭州：中国美术学院出版社，2000年，第110页。

〔3〕 余绍宋：《书画书录解题》卷六，杭州：浙江人民出版社，1982年，影印本，第34页。

〔4〕 同上。

〔5〕 （清）安岐：《墨缘汇观》，岭南本，第1页。

〔6〕 上海博物馆藏《画禅室小景册》题跋。

〔7〕 《石渠宝笈初编》，北京：故宫出版社，第3册，第1170—1172页。

〔8〕 《古书画伪讹考辨》，北京：故宫出版社，2005年，第1册，第15页。

〔9〕 萧燕翼主编：《松江绘画》，上海：上海科学技术出版社，2007年，第38页。

〔10〕 Wai-Kam Ho Ed., The Century of Tung Ch'i-ch'ang, 1555—1636, *The Nelson-Atkins Museum of Art*, 1992, pp.86.

〔11〕 （清）安岐：《墨缘汇观》，名画下卷，第237页。

〔12〕 此画绢本设色，117.5厘米×53.3厘米。

〔13〕 Ho,Wai-Kamand Smith, Judith G.*The Century of Tung Ch'i-ch'ang, 1555—1636*, Kansas City, 1992, pp.43—45.

〔14〕 石守谦：《从风格到画意：反思中国美术史》，台北：石头出版社，2010年，第269—288页。

〔15〕 关于此图在乾隆生活中的作用，参见翟梓宏的论文"The Colophons by the Qianlong Emperor on the Hanging Scroll Wanluan Thatched Hall by Dong Qichang"。

〔16〕 （清）安岐：《墨缘汇观》，名画卷上，第238页。此作现藏台湾私人之手，有清晰的图片发表，可供研究。

〔17〕 参见张平的论文《施洛塞尔：造型艺术的"风格史"和"语言史"》，《新美术》，2016年，第1期，第66—74页。

〔18〕 （清）安岐：《墨缘汇观》，名画卷上，第239页。

〔19〕 《妙合神离：董其昌书画特展》，2015年，第166页。

〔20〕 北京故宫博物院亦藏有一幅董画，无纪年，自题云："仿倪云林山阴丘壑图笔意。玄宰。"见齐渊编《董其昌书画编年图目》，北京：人民美术出版社，2007年，下册，第9页。

〔21〕 "积铁"诗收入（明）董其昌《容台集》卷四，崇祯三年董庭刻本，第43页。此诗多次题画，诗中的"屇"字，董氏又写作"亘"字。又，上博藏董其昌《画禅室小景图》第二开董书对题："杜诗云：峡形藏堂皇，山石立积铁。此图似之。"山石当为"壁色"之误记。

〔22〕 "烟岚"诗收入《容台集》卷四，崇祯三年刻本，第33页。

〔23〕 （清）安岐：《墨缘汇观》，第239页。

〔24〕 同上书，第240页。

〔25〕 杨升为唐玄宗时画家，开元十一年（723）与张萱、杨宁同时任史馆画直。北京故宫博物院藏有传为杨升的《蓬莱飞雪图》，台北藏有传为杨升的《画山水卷》和《翠岫飞泉》。这些都未必靠得住。安岐正是根据他寓目的作品，说前人不过稍用其意。但董其昌画过一套《仿古山水书画合册》（北京故宫博物院藏），安岐或许未见之，其第一开自题："仿唐杨升。"对开题曰："唐杨升《峒关蒲雪图》，见之明州朱定国少府，以张僧繇为师。只为没骨山，都不落墨。曾见日本画有无笔者，意亦唐法也。米元章谓王晋卿山水似补陀岩，以丹青染成，王洽止泼墨渖，两种法门，皆李成、董源以前独善者。"此册页的近年展出，见澳门艺术博物馆《南宗北斗：董其昌诞生四百五十周年书画特集》，2005年。

〔26〕 顾复：《平生壮观》，上海：上海古籍出版社，2011年，第389页。标点为我重标。

〔27〕 （清）吴修：《青霞馆论画绝句》，光绪二年葛氏啸园刻本，第4页。

〔28〕 （清）安岐：《墨缘汇观》，第240页。

〔29〕 杨臣彬先生已指出此画为伪，见杨先生的论文《董其昌与松江派绘画之辨》，刊于《南宗北斗：董其昌书画学术研讨会论文集》，澳门：澳门艺术博物馆，2008年，第32-41页。

〔30〕 刘青山点校：《法式善诗文集》，北京：人民文学出版社，2015年，下册，第773—774页。

〔31〕 庞元济：《虚斋名画录续编》，上海：上海古籍出版社，2016年，第1194页。

〔32〕 据说，云林的画只有《龙门独步图》绘一和尚。或问，为何不画人物，云林翻个白眼："当世安复有人？"

〔33〕 顾复：《平生壮观》，上海：上海古籍出版社，2011年，第390页。标点有改动。

〔34〕 例如Osvald Sirén, *Chinese Painting:Leading Masters and Principles*,New York,1956—1958,vol.5,pp.6—7;Kohara Hironobu,Nelson I.Wu,etal.,JoI,ToKisho（徐渭，董其昌）, *Bunjingasuihen*（文人画粹编）, Tokyo,1978, p.171, color pls.44—45,pls.46—47, frontispiece（color），卷前画为手工粘贴，选董画两幅，此即其一，可见其地位；Konra, *ToKisho no shogu*（董其昌其人其画）。Tokyo, 1981, pp. 242—243。

〔35〕 James Cahill, *The Compelling Image*, Cambridge, Mass, pp.68；另见中文版《气势撼人》，北京：生活·读书·新知三联书店，2009年，第88页。

〔36〕 顾复：《平生壮观》，第391页。

〔37〕 杨臣彬有简括的论述，见《董其昌与松江派绘画之辨》，刊于《南宗北斗：董其昌书画学术研讨会论文集》，澳门：澳门艺术博物馆，2008年，第32—41页。

〔38〕 （清）安岐：《墨缘汇观》，版本同上，第241页。

〔39〕 参见励俊《横看成岭侧成峰：解读〈江村书画目〉》，刊《美术史与观念史》，南京：南京师范大学出版社，2014年，第16辑，第471—519页。

〔40〕 《妙合神离》，第160页。

〔41〕 嘉靖四十二年当为天启三年，乃作者笔误。所谓"看似荒率"正与安岐品鉴语，"若不经意，荒率处更有妙趣"合拍。此册乾隆御题"墨禅离合"，是取意董氏论书的"妙在能合，神在能离"来评此小本册页，并以其揭明董氏的画禅之意，评价殊高。

〔42〕 《董其昌论画册》墨迹，见《妙合神离》，第131页。

〔43〕 安岐的文字见《墨缘汇观》第242—243页；馆臣的文字见《石渠宝笈》第10册，第4563页。

〔44〕 参见贡布里希《象征的图像》，南宁：广西美术出版社，2015年，第34页。

〔45〕 见台北"故宫"藏董其昌《论书》墨迹，并参见《书画小册》条注。

〔46〕 以上引文见《石渠宝笈续编》，北京：故宫出版社，第10册，第4564页。

〔47〕 邱士华：《象外之致：董其昌的绘画》，刊于《妙合神离》，第320—328页。

〔48〕 （明）董其昌：《画禅室随笔》卷二，康熙本，第6页。

〔49〕 董其昌说"直皴"："作画凡山俱要有凹凸之形，先钩山外势形象，其中则用直皴。此子久法也。"《画禅室随笔》卷二，康熙汪汝禄刻本，第8页。

〔50〕 参见Wen Fong et al., *Images of the Mind*, Princeton, 1984, pp.24—25；见李维琨译本《心印》，上海：上海书画出版社，2016年，第47页，以及第221页。

〔51〕 《墨缘汇观》，第260页。

〔52〕 《容台别集》卷二，第6页。

〔53〕 颜晓军：《宇宙在乎手》，杭州：浙江大学出版社，2015年，第236页。

〔54〕（明）董其昌：《画禅室随笔》卷二，康熙本，第10页，第21—22页。

〔55〕方闻：《超越再现》，李维琨译，杭州：浙江大学出版社，2011年，第394页。

〔56〕安岐两次提到董氏的《南陵水面》，除了因人物点景而带出的想象之外，显然也在于《南陵水面》的古意，因为它把人们的视线引向了赵孟頫要复兴的传统。董其昌曾记一则轶事："江南顾大中尝于南陵逃捕舫子上画杜樊川诗意（案：即杜牧《南陵道中》："南陵水面漫悠悠，风紧云轻欲变秋。正是客心孤迥处，谁家红袖凭江楼？"）。时大中未知名，人莫加重，后为过客窃去，乃共叹惋。予曾见文徵仲画此诗意，题曰：吾家有赵荣禄仿赵伯驹小帧画，妙绝。间一摹之，殊愧不似。今予不复见徵仲笔，去二赵可知矣。"董氏在所画的《江山秋思图》即《南陵水面图》题语中也说："陆瑾、赵千里皆图之。余家有吴兴小册，故临于此。"这两处载于《画禅室随笔》中的文字，一定会给安岐留下深深的印象。上引文字分别见《画禅室随笔》卷二，第41页，第36页。

〔57〕（清）吴修：《青霞馆论画绝句》，光绪二年刻本，第28—29页。诗后的小注为："董文敏为焦弱侯作《九歌图》，仿李伯时白描人物，工细绝伦。余得于金陵，后为汪心农购去。"此《九歌图》难以信真，聊备一说。

〔58〕（清）孙承泽，（清）高士奇：《庚子销夏记》卷三，上海：上海古籍出版社，2011年，第75页。

〔59〕同上书，第77页。

〔60〕道咸年间的收藏家徐渭仁称缪曰藻"收藏之富不逮退谷，鉴赏之精远过竹窗"。见《寓意录》跋，道光刻本，末页。

〔61〕杨臣彬：《董其昌与松江派绘画之辨》，刊于《南宗北斗：董其昌书画学术研讨会论文集》，澳门：澳门艺术博物馆，2008年，第32—41页。

〔62〕张子宁：《董其昌画山水的历程》，刊于上书，第174—179页。

〔63〕[瑞]沃尔夫林：《美术史的基本概念》，杭州：中国美术学院出版社，2015年，第265页。

〔64〕（明）董其昌：《画禅室随笔》卷四，第1页。

〔65〕就此而言，董其昌是幸运者。这一点，可补充郑秉珊所论述的董其昌其他三方面的幸运。见郑秉珊：《艺苑琐话》，北京：海豚出版社，2011年，第13—14页。

晚明江南的松江府：士人生活与社会变化

冯贤亮／复旦大学历史学系

一、环境与社会

在明代万历年间，流传甚广的"买不尽松江布，收不尽魏塘纱"之俗谚[1]，成为了后世传颂松江、嘉善两地产业特质的重要话语。处于传统江南核心区的松江府，人口众多，经济发达，却土地不广，所辖的县域在明代仅有华亭、青浦、上海三县。

支撑这里经济与生活的水利环境，总体上较为优良。就像法国学者魁奈（Francois Quesnay）看到传教士们关于中国南方地区农田肥沃的描述时那种十分惊奇的感觉，即在别处几乎连荆棘或灌木都难以成长的土地，在这里都变成了明媚美景[2]，也可表明水利环境在江南的重要意义。

更有意思的是，明代人所谓江南地区赋税负担的差别与水利有关联的论说中，认为江南各府征收赋税的高低，与水利条件有着极为密切的关系。以南直隶的苏、松、常、镇四个府来观，苏州通水多，赋税最重；松江虽仅及苏州的一半，但又远高于常州，是水利便利程度不如苏州但要好于常州的结果；而镇江地区多山，少平旷之地，水就被迫循行岬隙之间，因此田多瘠硗，赋税要求独在各府之下。[3]

另外，在整个明代国家的版图内，民间运输白粮入京师，只存在于江南的苏州、松江、常州、嘉兴、湖州五个府[4]，由于永乐以后已迁都于北京，北运成了江南徭役的最大负担，路途遥远，还受层层盘剥。[5]这种负担被均衡地摊派到每个州县民众身上，其实是不合理的，毕竟不同州县的地理环境与经济状况是不同的，所以民间一直存在着要因地制宜、审度形势进行调整的诉求。

而且，明代中期以来土地集中之势的加剧，使民众的生活更显困窘。特别是在松江府，乡官（乡绅）田宅之多，奴仆之众，两京十三省可能还找不出第二个。在海瑞任巡抚时，松江地区上告乡官夺产的达几万人之多。乡官中的所谓贤者，向海瑞呈告："二十年以来府县官偏听乡官举监嘱事，民产渐消，乡官渐富。"[6] 加上那些繁杂而沉重的差役负担，早已引起地方广泛的不满。在崇祯朝的最后一年，陈子龙（崇祯十年[1637]进士，历官刑部主事，惠州、绍兴推官、兵科给事中、兵部右侍郎兼翰林学士等职）还在向朝廷上奏指出"海内之役，以江南为最重"，要求消除役法之弊。[7]

毕竟太湖流域内部的环境并非一律，"一方有一方之物"，所谓"山之竹木、海之鱼盐、泽国菱芡、斥卤木棉、莽乡羊豕之类"；不同的环境营造了不同的生存方式和生产选择。[8] 在松江地方，滨海的百姓，"擅陆海之利"；上海县的民众，既仰耕织而食，又能充分利用沿海的优势及陆海交通的便利，到清代嘉庆时期，已是"海人杂处""居游服馔，颇近于奢"。浦东地方，田多高昂，民服耕力穑，四民能各专其业。临近太湖的青浦县，因地局水乡，地势较低，除耕渔外，生计较少，与其他地方有所不同。[9] 在靠近府城的乡间，有人还以"传递束帖"为生计，以此致富者多，时称"农民"，常洋洋自得；但这种生计被人鄙视为"最贱"。[10]

所以，田土环境的肥瘠高下不等，对民众生活选择有很大的影响。生活于明代后期的华亭人何良俊，以松江地方为例，深刻分析了环境差异给人们带来的重大影响：[11]

> 盖各处之田虽有肥瘠不同，然未有如松江之高下悬绝者。夫东西两乡，不但土有肥瘠，西乡田低水平，易于车戽，夫妻二人可种二十五亩，稍勤者可至三十亩。且土肥获多，每亩收三石者不论，只说收二石五斗，每岁可得米七八十石矣。故取租有一石六七斗者。东乡田高岸陡，车皆直竖，无异于汲水。稍不到，苗尽槁死。每遇旱岁，车声彻夜不休。夫妻二人极力耕种，止可五亩。若年岁丰熟，每亩收一石五斗。故取租多者八斗，少者只黄豆四五斗耳。农夫终岁勤动，还租之后，不彀二三月饭米。即望来岁麦熟，以为种田资本。至夏中只吃粗麦粥。日夜车水，足底皆穿。其与西乡吃鱼干白米饭种田者，天渊不同矣。

较为低洼的西部水乡，民众的劳力投入省而所获利益高，稍形高亢的东乡生活区中，灌溉不便，生产烦苦，而收益远低于西乡。东西部环境的明显差别，长期影响着农业经营。对不同的环境所造就的不同生存状况，直到道光年间，还有人从技术的层面,作了很好的比较。不同的认识主要在于,尽管西乡环境优于东乡,但东乡生活仍有其独到的地方,甚至是优势,也是所谓"造物待人"本属公平之意,可以"有余"补先天的"不足":[12]

> 东乡能种春熟者,皆至高之田,较之低下之田频年不见春熟者,似乎胜之。然造物待人,本是至公,并非此赢彼绌。盖高田两旬无雨,即有旱象,其车水较难,十亩之田必养一牛,廿亩则两牛;低田四五十亩而后用一牛,春熟虽可小补,而牛费已多,人工亦倍。以有余偿不足,大略均也。

青浦县属于典型的水乡、秔稻之区,以传统的稻作生产为大宗;但县域内靠近上海县的盘龙镇东乡,却地土高燥,水道淤浅,并不适宜种稻,而以种植木棉为基本经济支柱,不过"工繁而利薄,输官偿息外,未卒岁而室庐已空",民众生计仍然是艰难的。[13]

总之,如晚明松江著名绅士陈继儒所指出的那样:"东南华其外而枯其中",是与民力凋敝、士绅好广田宅、豪右封钉扛抬、庸者因循苟且等因素有关。[14]他还说,江南的一些县状似繁华,但元气索然枯槁。如青浦县,是从华亭、上海这两个大县中割取"壤之最下下者"置为县的,本业并不强,又受国家重赋征取,十分疲累。[15]但是,与中国的其他地方相比,这里仍然是一个令人向往的地方,"士大夫仕于朝与游宦于其地者,率目之为乐土";百姓只知努力耕作以供赋税,到老死都不知有兵争、战斗、死亡、危陷之忧。[16]其原因,可能如谢肇淛(1567—1624)分析的那样,尽管有重税繁役的压迫,但江南地方民众以其聪慧与勤劳,竭山海之利,所谓"人之射利,无微不析",生活仍然很好过活。[17]

二、地方责任与社会重心

庶民的生活世界中,所承受的压力当然是多方面的。何良俊的好友、嘉善著名绅士袁黄的父亲袁仁(1479—1546),是一位布衣之士,曾写有一首《驾将南、华客言松江敛鹅于民、一里长当出三鹅、鬻米购之、仅充其半、乃知万物皆贵、唯人为贱、恻然赋此》诗,论及松江这个人贱物贵的生活时代,实在令人恻然:"琉璃为辇玉为珂,谁有黄金可铸鹅。翠盖遄飞鸿雁散,乳鸦啼处夕阳多。"[18]

从州县层面被安排作为纳粮区的领袖来看,一般都属基层社会中的殷实大户,时称"粮长",有能力长期承担粮长之役的,大多是地方上的"大家巨室",被认为"一方元气",是"国运"的基础。[19] 而且地方百姓都怕见官府,有事就委托粮长出面办理,所以乡村百姓"有终身不识城市者"。但到明代中后期,百姓与官府纠结不断,问题频生,所谓"十九在官,十一在家;身无完衣,腹无饱食,贫困日甚",国家逋赋日积,有"岁以万计"之说;即使缙绅之家,衙门胥吏也是日夕候于门前,征租索钱。所面对"差役沓至"的困扰,与庶民之家是一样的。[20]

在地方而言,除兵、赋而外,即以争讼为最苦。万历年间地方上时或可见的民众冲击公堂、捣毁乡绅家园等事,是晚明江南民间对抗官府的系列活动,而这以松江府地区为典型,地方官将在其他地区发生的此类事变,皆视作仿效"松江之风"的后果。[21] 而且上海县的"健讼"问题,又远比松江府附郭县华亭为严重。[22]

何良俊家族在松江曾长期担任粮长之役,后来觉得"时事渐不佳"而告脱粮长工作前,何家已承担了粮长之役达五十年之久,对乡间的贡献较大。[23]

在明代中后期,已经城居的乡绅们优免之外的那部分徭役,因为城居后,脱离了乡间的直接经营,而堂而皇之地转嫁到了原本居于同一空间的乡村庶民身上。乡间庶民地主或所谓的富室,由此需要承担更多的徭役而大多破产。这类"役困",最终导致乡居地主的彻底衰退。如何恰当地均平田多地广而多享优免权的官宦之家与庶民之家的赋役责任,自然是极为重要的工作。要解决这一大问题,江南就出现了"均田均役"的改革运动,并于嘉兴、湖州二府的实行,最见成效。[24] 这成了松江等地仿效的榜样,都要求上级官府允准、因地制宜地施行"均田均役"的方案[25],最终目的,就是既要田均役均,也要消除乡村社会中最让民众痛恶的里书、年首、奸胥、狡差群体的营私舞弊行为。[26]

主导地方社会运作的重心,当然仍在绅士阶层。这一阶层基本以城居为主,以城市为中心,建构其权力网络。松江府城虽然较为狭小,有人甚至认为不到苏州城规模的十分之三,但松江城东西南北四境,十分繁华,"非官家栉比,即商贾杂居",市物陈列,几乎"无一隙地"。[27] 松江城在元末张士诚割据时期,加葺了月城于城楼之外。明初重加修护后,仍有月城、水门等设置。整座府城的形势很显重要,"前襟黄浦,大海环其东南,三江绕乎西北",地方皆为平畴沃壤,四望可以极目,所以明人称其为"东南之重地"。洪武三十年(1397)十一月,金山卫中千户所的一部分官军被分出来,专门成立松江守御千户,守护府城。[28]

聚居于城内的名宦非常多,"旗杆稠密,牌坊满路"。[29] 这些包含了广泛士绅阶层、可以统称"士大夫"的势力集团,是 16 世纪以来"中国历史上有特点的社会势力",更是江南地区政治的核心,既有政治上的特殊地位,又有乡里社会的牢固基础,并有能力从政治利益共同性的层面,突破地域性的限制。[30]

当然,这一群体的社会表现,较形复杂。明末清初的上海人叶梦珠这样讲道,士人"一登科甲,便列缙绅,令人有不敢犯之意,非但因其地位使然,其品望有足重也"。[31] 明末清初松江人董含认为,"士大夫居乡,贵乎自重",除了地方上的真正利弊大事不妨直陈官府外,非公事者,"概行谢绝"。[32] 退官返乡后的绅士(即乡绅或乡宦),在地方上当然颇具话语权威,威望极高,甚至"居间请托,估计占夺"也无所不为。[33] 特别是在崇祯年间,松江缙绅大僚最多,子弟僮仆借势横行,甚至"兼并小民,侵渔百姓",造成很多恶劣的负面影响。凡触犯他们利益或与他们对抗的,即使是中人之产,也无不立破。[34] 地方衙门"受乡绅请托"之风,大概在嘉靖末年已经很盛。[35] 尤其是在江南这个冠盖辐辏之地,"无一事无绅衿孝廉把持,无一时无绅衿孝廉嘱托"。[36]

另外如何良俊在晚年感叹的那样,地方"风俗日坏,可忧者非一事"。在松江,有一种长期沿袭的"旧俗",即对于那些作风不好、行事不善的府县官,里巷中会产生相应的歌谣或对联,予以刺讥,十分犀利。比如有副对联内容是:"松江府同知贪酷拼得重参,华亭县知县清廉允宜光荐。"当中所论之是非,完全符合实情,而且两位官员的名字,也嵌在当中,十分有趣——松江府同知是潘天泉,名仲骖;华亭知县是倪东洲,名光荐。[37]

在明末,社会和政治形势危难而多变,确实令人有无所适从之感。乡绅夏允彝(1596—1645)是明末松江地方的领袖人物。在其为诸生时,即与陈子龙齐名,两人一起于崇祯十年同登进士后,声气益盛。时人有所谓"天下莫不知云间陈、夏"之论。[38] 在夏允彝主盟"几社"时,据说恒以气节自许,有俯视松江地方的豪气。[39]

在松江地方士人眼中,夏允彝的"文章节义"可与日月争光,堪为明末士人的楷模。在清兵下江南前夕,夏允彝就曾与小友、秀才曹家驹说过"天下必归清朝无疑",又说"我唯有一死,但争迟速耳"。在清兵入侵松江前,他投池自尽。因池塘水浅,允彝低头伏水气绝时,背上的衣裳还是干的。其绝命词有云:"卓哉吾友,虞求、广成、勿斋、绳如、子才、蕴生!"夏允彝最后提到的这六位明末江南的忠义之士,分别是徐石麒、侯峒曾、徐汧、吴嘉胤、盛玉赞和黄淳耀,都是与其砥砺有素之友朋。在曹家驹的记忆中,清兵南下时,吴嘉胤面对危难时局,也慨然有揽辔之意,对曹说:"我非乐仕进,特欲觅一死所耳。"[40] 这些人都有晚明以来"士大夫"的忧危意识。再如万历四十四年（1616）进士许霞城（誉卿），是隆庆五年（1571）进士、曾任巡按直隶御史等职的许惺所（乐善）之从孙，经历万历、泰昌、天启、崇祯四朝，因好直谏，屡次罢归。但居乡期间对于地方公事仍侃侃而论，"郡邑长及缙绅俱惮之"，明清鼎革后削发为僧。其堂弟许缵曾考中了顺治六年（1649）进士，并出任高官（云南按察使），直至康熙十二年（1673）告归松江，仍维持了许氏家族在当地的鼎盛之态。[41]

还特别需要提及的是，在附郭府城的华亭县东南濒海的漴阙东面，有一个报功祠，原称"方太守祠"。[42] 从基层系统来看，它位于十二保十八图，由天启四年（1624）举人、弘光时期曾任户部主事的松江人吴嘉胤所建，专祀明末松江知府方岳贡。[43]

方岳贡，字四长，湖北襄阳谷城人，天启二年（1622）进士，曾授户部主事；崇祯元年（1628），出任松江知府，时长十四年，令人印象深刻。无论在地方史志的叙述中，还是在《明史》中的评价，方岳贡都有着良好的官声。他在任期间，"明敏强记，案牍过目不忘，谢绝馈问，罢诸征索"，以致"廉能之誉，腾于远迩"。《明史》中说他是以"廉谨闻"。方岳贡在松江为官的政绩，多次被朝廷评定为"卓异"，主要表现在重视捕盗以加强治安，强化海塘筑堤工作，为储存数十万石漕粮的仓库建筑城垣（时称"仓城"或"西仓城"），以及救荒助役、修学课士等方面。虽然后来被人诬告行贿，但经地方士民与巡抚王希的辨诬，方岳贡很快得以还清白之身，且被提拔到北京任职至左副都御史，兼东阁大学士。[44] 方岳贡在松工作期间，不仅使当地的"法纪"得到强化，而且风俗为之一变。[45]

按清代后期当地人的观察，在报功祠中一并奉祀的，除了方岳贡外，后来还加入了吴嘉胤（清代地方志为避讳，一般写作"吴嘉允"或"吴嘉印"）、曾任遵义府知府的何刚以及诸生曹家驹、举人吴钦章（吴嘉胤之子，即吴含文）、圣公府司乐宋际、贡生庄征麒等人。[46] 地方上这样崇祀的举动，也许迎合了王朝统治中褒扬忠孝节义、"正人心、维风俗"的宏旨。[47]

三、欲望的驯服

像很多地方一样，松江地区的势家大族，拥有积累深厚的文化资本，政治资源广泛，经济力量强大。鼎盛的松江文风，使更多的精英人士跻身绅士群体，都有相当的家族经济力量及其文化资本的支持。像何良俊强调的那样，一般的家族不是让子弟依赖家世与财富地位而随俗放荡，而是比较重视子孙的培育与教诲,不仅要求"知孝悌忠信",而且强化"读书"观念,这与"不可令读书种子断绝"这样的"知教"且"知学"的家族文化要求相关。[48]

攀升至绅士阶层后的生活,就相当"威风"了。特别是那些乡绅,出入必乘大轿,且有门下皂隶跟随,五名轿伞夫还要穿着红背心、头戴红毡笠,一如现任官的体统[49],或者如何良俊生活时代那般,每名致仕乡官都会有官衙拨派的皂夫二名、轿夫四名以及伞夫一名侍候。[50]

他们的日常生活,正如谢肇淛所云,已经在极力追求"宫室之美,妻妾之奉,口厌粱肉,身薄纨绮,通宵歌舞之场,半昼床笫之上"的境界,基本都是物质、感观上的享受。[51]

在松江地方,晚明男子服饰的变化,就是这方面的有力反映。在松江人范濂刚刚弱冠的时候,男子衣服都用细练褶,老人是上长下短,年轻人是上短下长,此后就渐变为上下持平,其式样就是衙门皂隶所穿的冬暖夏凉服。后来又流行阳明衣、十八学士衣、二十四气衣。更有意思的是,隆庆、万历年间以来,流行穿道袍,原来崇尚宋锦的绫绢花样,变为唐汉锦、晋锦,万历以来都变成了千钟倭锦、芙蓉锦,大花样称四朵头,视汉、唐诸锦为厌物了。本来儒家常用的布袍,近年也为被鄙为"寒酸",就是贫者也必用绸绢色衣,谓之薄华丽;地方上的"恶少"更是标新立异,从典当铺中寻得旧缎旧服,翻改成新样,与那些豪华公子列坐一处。上海地方的秀才,冬天必穿绒道袍,夏天必用骔巾、绿伞,就是再穷的人家,也都要达成这样的追求。范濂也承认:"余最贫,最尚俭朴,年来亦强服色衣,乃知习俗移人,贤者不免。"[52]至于官场之中,就像后来的人所论,迎来送往,更是竞尚豪华,"大率寻欢选胜,酒食嬉游",饮宴馈赠之风浓厚。[53]

在晚明城乡生活全面奢化的态势中,绅士阶层的生活追求是带有引导性的。

范濂曾指出,在他年轻时,细木家具如书桌、禅椅之类"曾不一见",民间所用只是银杏金漆方桌,但当有人从苏州购来几件细木家具后,很快导致了松江日用家具的变革,从隆庆、万历以来,"虽奴隶、快甲之家,皆用细器"。特别是徽籍小木匠所具的精巧工艺,很为当地百姓所赏识,甚至嫁妆杂器也争以"徽匠"的制品为上。至于富庶之家又开始追求更高级的家具制品,凡是床、厨、几、桌之类,都用花梨、瘿木、乌木、相思木与黄杨木做成,"极其贵巧,功费万钱"。在范濂看来,这些都是"风俗自淳而趋薄"的表现,而且如江河日下一般,不可能挽回了。[54]

居室的奢华也体现在门庭的营造上。清代上海人叶梦珠指出了居室大门样式的流变,认为"皆始于世家,后及于士类,甚且流于医卜胥吏之家",都趋于奢华。[55]当然，每个府或县的内部，富室与普通民众存在着较大的差距。如松江地方，富豪之家虽都是朱碧辉煌，而倾橡颓墙的贫困人家也为数不少[56]，但这不是普遍现象。

至于出行及郊游等活动的展开，水乡地区基本要依赖舟船交通。据范濂的记忆，在松江地方，嘉靖时期府城周四"绝无游船"，到隆庆初年，也只有少量的游船进出府城，但当地人借以摆设酒宴的已经是无日无之，游船需求因而大增。[57]

但从另一个角度讲，奢侈可以促进生产，刺激消费，使不少人依靠别人的奢侈而致富。明代中叶的上海县人陆楫，已提出了这样的思想：[58]

> 予每博观天下之势，大抵其地奢，则其民必易为生；其地俭，则其民必不易为生者也。何者？势使然也。今天下之财赋在吴越。吴俗之奢，莫盛于苏；越俗之奢，莫盛于杭。奢则宜其民之穷也，而今苏杭之民有不耕寸土而口食膏粱，不操一杼而身衣文绣者。……要之，先富而后奢，先贫而后俭。……其民赖以市易为生。……吾邑僻处海滨，四方之舟车不一经其地，谚号为"小苏州"。游贾之仰给于邑中者，无虑数十万人，特以俗尚甚奢，其民颇易为生尔。然则吴越之易为生者，其大要在俗奢，市易之利特因而济之耳。

已有"小苏州"之称的上海，俗尚奢侈。倘像苏、杭那样追求"不耕寸土而口食膏粱，不操一杼而身衣文绣"的生活，则使小民更易为生，能获得更多的谋生机会。像江南著名的消费中心杭州西湖，很早就成了时人享乐的天堂，那里提供游观为主的娱乐业，具有浓厚的奢化之气。而且，下层民众在其间"所借为利，日不止千金"。王士性认为，地方政府出于整顿风俗的目的，扭奢转俭，无疑会使那些依赖奢侈娱乐业生存的渔者、舟者、戏者、市者、酤者等细民，失去谋生的重要之途。[59]

四、三冈董氏

明代中后期兴盛起来的那些家族，追远溯源，都会述及宋室南渡时家族移动的历史。嘉靖三十五年（1556）时，寓于松江紫冈、号"紫冈"或"紫冈山樵"的董宜阳，就明确指出，"吾家本汴人"，是宋室南渡时从开封迁居华亭（后从华亭析出上海，又为上海人）。华亭董氏的始迁祖是董官一，最终选择的居所是在"竹冈洪桥东",后称居于吴会里东沙冈之上,再后就是华亭的车墩地方,故人多称"吴会董氏"。[60] 嘉靖年间因倭寇之乱等影响,宗族出现了离散。[61]

自董官一、董仲庄父子以来,董家人都入籍上海。其后经历五代,到董恬、董宜阳父子时正是第六、七世。[62] 人称"紫光先生"、自号"七休居士"的董宜阳,既是当地著名的文士,与同乡张玄超、徐伯臣、何良俊并称"四贤",与海内名人顾璘、文徵明、许榖等相交游,也在地方上以敦尚行谊著称,特别是在与弟弟宜旭分家产时,十分礼让且身任一切门外事。[63]

到第八世董其昌于万历十七年(1589)中进士时,占籍华亭,时董父汉儒已殁[64],董家从董家汇迁入府城中的坐化庵(清代属于新设的娄县县衙旁)附近生活。[65] 也由于科考冒籍华亭以及避役等问题,董家隐讳至深,不再自称上海董氏,而以"华亭董氏"为世称。[66] 因此,董家在三冈的旧居,据今人的说法,就在上海马桥乡沙港(董家汇)、紫兴村(董家老宅)一带。

董家人常说的三冈(沙冈、竹冈与紫冈),主要处黄浦江以北的古冈身一带。董家祖居的地址,大概在今天上海郊区马桥董家汇、车墩等地[67],原始的故居形态早已湮灭。

三冈属滨海前沿,与古海岸线密切相关。"冈"字也应由此得名。明末清初昆山人顾炎武在《肇域志》抄录的资料中这样概括道:[68]

> 沙冈镇,在三十六保。前志:古冈身凡三所,南属于海,北抵松江,长一百里。其二所曰竹冈、紫冈,与镇为三镇。镇地即古三冈之一。相去凡五里,府道上海经焉。《通志》云:入土数尺,皆螺蚌壳,世传海中涌三浪而成。今市北数里,下皆黄沙,乡人甃砌闭之。

叶梦珠指出:"淞郡滨海带江,渔盐灌溉,民命寄于水利。"滨海环境中,只有青村、柘林以西直至金山卫,水势冲决最为严重,潮汐会直冲海塘,"日剥月蚀,咸潮有冲入之虞"。[69]

在海塘以内,从柘林等地向东,三冈就是其中一个关键地域。在地方官绅论述环境水利时,曾予特别注意。南北向分布的三冈地区,在行政上兼跨了多个政区,黄浦江以南的奉贤县是,所谓"邑有四境,南北适中,曰南桥塘,东接青村港,系为由县入郡要河,东西适中,曰金汇塘,南接和尚塘,又为自奉至沪要道,东境通浦有洋泾、运盐、小闸等河,西境通浦有横沥、竹冈、沙冈三干并柘沥、巨漕、千步泾等河"。[70]

黄浦江以北的三冈,向南延伸至奉贤,是认知地方环境特质的重要区域。

可是，从社会生活状况的角度来看，三冈地方确实已很偏僻，令人多少有荒落之感，至少在黄浦江以南的南汇地方士人看来，早已如此。[71]

不过，在沙冈、竹冈、紫冈这些地域中逐渐形成了乡间基层的集市中心，并以这三个冈为名。明代中期人这样说过："沙冈镇，在三十六保，镇地即古三冈之一，与竹冈、紫冈相去五里，自府至上海，必由于是，其北数里，下皆黄沙，乡人甓砌须焉。"[72]

沙冈是从松江府城前往上海县城的所谓必经之地，交通应该是方便的。沙冈市当时是一个周边大概五里范围内的集市中心，嘉庆《松江府志》中"市北数里，下皆黄沙"的说法，表明这一带因为滨海，土质以黄沙为主要成分，并且成了乡间建筑的重要材料，相信在地方上当有一定的产业需求。[73]

在董家贵显后，族人多从三冈地区移居城市。董家人的核心生活世界因此改变。嘉庆《松江府志》中有这样一段记载：[74]

> 少宰董羽宸宅：在艾家桥东，有印浦堂。国朝高不骞《光复堂与董进士含话旧诗》："谁能劫火后，自有先人庐。脱手对三策，轩眉返一隅。崇情寄花竹，小录及樵渔。远胜陶元亮，敛裳彭泽余。"

这段记述为光绪《重修华亭县志》所抄录，但稍有不同：[75]

> 印浦堂（董其昌书），在艾家桥东，少宰董羽宸居。参宋《府志·第宅志》。孙进士含，有光复堂。国朝高不骞《光复堂与董含话旧诗》有云："谁能劫火后，自有先人庐。"见宋《府志》。

松江府城内的艾家桥，建于北宋咸淳年间，位于后来洪武十年（1377）重建的大吴桥北。这两座桥都在府衙以北。[76]具体来说，北距府城通波门约二百五十步[77]，直通华亭县衙北面的直街[78]，也就是后来所说的中亭桥巷大街。[79]

在通波门内艾家桥下以东的生活区是崇厚里[80]，董家与当时十分出名的何良俊家族应该都曾经生活在这里。据董含的回忆，这里的董氏祖宅之西原是唐文献公的大宅，唐家衰落后宅第几经易主，入清后被学士沈荃买下。[81]这个沈荃（1624—1684）也是华亭人，顺治九年（1652）进士，曾任国史院编修、礼部侍郎等职。董含盛赞他"清修自好，不问家产，独好汲引寒素，曲加荐扬，是以困贫之士望门而赴"。[82]由上述情形约略可以想见，这一带是晚明以来松江豪族的聚居区，在当时及以后都给世人以较深的记忆。

由董其昌题额的"印浦堂"，是董羽宸（万历四十一年［1613］进士，吏部侍郎掌翰林院）的居所，位置明确，就在所谓的艾家桥以东。

董渌之孙、第八世的董嘉相（复初）在崇祯十六年（1643）于城内故宅上兴建了光复楼，希望后世子孙维持祖宗二百余年相传之绪。[83] 应该就是董含的光复堂所在，具体处在什么位置，仅据后来清代文人的记忆，无法准确还原，能够了解的，也只是那些怀旧与友情的零星复述而已。

华亭人高不骞与董含生活于同一个时代。据说不屑为举子业，年已五十仍是一介布衣，在康熙南巡时被招至北京，授职翰林院待诏，待在国史馆工作，承担《御选唐诗》的注释任务，完成后即乞假归葬其母，遂不复出。他家在府城东部的披云门外，曾有白鸥池，卒时年已八十七。[84] 他的《光复堂与董含话旧诗》中"谁能劫火后，自有先人庐"一句所蕴的意味，也比较明显。董含在乡里悠游闲适的生活，被高不骞夸耀为"远胜"陶渊明。而光复堂就是明清鼎革后，董家在崇厚里遗存的旧址。以"光复"名之，更能体现其字面的朴实含义。

在万历十七年后，董其昌这一支从乡间移居府城内坐化庵附近的所在[85]，已不能详考。据地方志的说法，在兴圣教寺后就有"董文敏祠"，位于棠溪书院故址。[86] 历史悠久的兴圣教寺，位于府衙东南、谷市桥西。洪武三年（1370）时，松江知府林庆曾经以其地三分之二建为城隍庙。[87] 而棠溪书院就在府城隍庙之东，本属兴圣寺地。[88] 坐化庵正好在兴圣寺的南面。后改"积庆禅寺"，在城南的集仙门内，与龙门寺相望，嘉庆十四年间（1809）还得到重修。[89] 后来改为梓楠庵，清末已废。[90] 显然，早期定居于集仙门内的董其昌这一支族人，与居于通波门内的董含这一支，虽都在府城内，但并非一处。

清末华亭地方志中曾说，董含曾隐居于北郊紫竹庵西。[91] 董含讲过一个紫竹庵盗发古冢的故事，其中言"敝庐东数武，有紫竹庵，乃尼僧所居"。[92] 这在光绪《重修华亭县志》的记载中，比较明确：[93]

> （宋代）某尚书墓，在北城内。《松江诗钞》：董含《紫竹庵古冢诗》注云："敝庐东，相去数武，有紫竹庵。屋后古冢，岁久，砖为尼发掘。闻内树一碑，乃宋季某尚书墓，盗取所有，复以砖封之。邻人知者报之官，尼挟宝而遁，竟不得尚书姓名。"

这段辗转抄自《国朝松江诗钞》的故事[94]，完整保留了董含写述居所空间的小诗及其注释。很明确,他所说的这个居所,确实在紫竹庵之西,且两者距离极近,"相去数武"。紫竹庵的得名,或许与紫冈、竹冈这两个地方泛称有关。总体上即在华亭地方志中所谓的"北城内"或"北郊",应该是董含在松江城的生活空间。

另外,董含所居的地方,还有在华亭县城以东较远的乡间。其《三冈识略》自序中即称,"甲申、乙酉之际,海内鼎沸,时余年未弱冠,避乱转徙,卜居三冈之东(三冈,紫冈、沙冈、竹冈也),敝庐数椽,足蔽风雨,昼耕夜读"。最后署"尊乡赘客董含题于东冈之艺葵草堂"。[95] 同时也表明,这个"艺葵草堂"应该是与城内"光复堂"并存的一个重要生活空间,位置在笼统的所谓"东冈"。

当然,到明末清初,董含对王朝生活的关心、地方人物的评判、天象灾变的描述等等,都超越了三冈的生活世界,并非真的如其避居三冈之东后所自言"人事都绝"的境况[96]。至于他个人清晰的地域身份感,自然也不会囿于这个狭小的乡间,而是广泛的松江地区。

五、家族的内聚与变化

至晚在嘉靖年间,董家即号称"上海之望族"。按何良俊的说法,董家的先世,很早就"雄长里中",到侍御公董纶(伦)时家族更为壮大。在其子董怀(隐君)的生活时代,乡里亲友"有匮乏者,时加赈赡,虽数至无勌色",以致有所谓董家"与里巷人处,和易率直,人乐与之亲,不知其为势门"的言说。而且董家家风颇好,兄弟之间情深意长,何良俊就记述了下面这样的事例:[97]

> 隐君三兄从宦者,皆为经理其家事。后次第归老,隐君以全产付之,毫发不自私。有过责隐君者,曲意承顺,终不至失欢。隐君于大理公最厚善。大理公归时,年已五十余,与隐君同处二十年,每日必大食,非旦暮不至私舍。大理公好贤隐君,常延致郡中名士,相与琴奕、觞咏、酬唱竟日;客退,则探养鱼、种树书,疏渠、艺竹,备林泉之致,兄弟徜徉其间,间取彝鼎图史,摩挲赏玩,共陶暮年。家之有无,与岁事登耗,相与共之,不问尔汝。

在董怀之子光裕(国子监生)的要求下,何良俊为董怀撰写了一篇墓志。这时距董怀弃世已有十四年,为嘉靖三十五年(1556)。

何良俊的墓志文字，怀有丰富的同乡情感与地域认同。所谓地域上的认同感，是何家早期与董家有着共同的生活空间[98]，与董家是"并之以居"。两家所居之地，都在松江城内，否则何家世居地原在滨海的柘林[99]，而董家在黄浦江之北的"三冈"一带，根本不可能"相望一舍所"。倘若城居的话，良俊所言的大理公经常"延致郡中名士，相与琴奕、觞咏"的活动，才能得以比较方便地展开。

有意思的是，何良俊强调了董家当时在乡里的声望极著[100]，对小民常施恩德。据说在何良俊撰写墓志时，地方上曾得到董怀恩德的人，都来向良俊告知相关事例，由此可窥一二。这是何良俊的亲历。而更有趣的，是良俊所招收的女弟子，后来成了董家的媳妇。良俊在墓志中写道："每一归省，辄为余诵说其详。"良俊父亲也是"好贤能，得客四方"，获知董怀事迹颇多，幼时的良俊时常能亲聆到这样的故事。所以，他自负地说："余所述隐君事，皆实不虚。"并特别指出，这个董怀，就有"三冈居士"的别号。[101]

何良俊所谓的大理公，就是董恬，育有宜阳、宜春、宜旭、继美、继显五子，与董悌之子汉儒（董其昌之父）为兄弟辈。[102]

从一世祖董官一到二世董仲庄、三世董思忠、四世董真到五世董纶，家族益显庞大。人称"御史公"的董纶（天顺甲申科进士，曾任河南道监察御史等职，死后葬于竹冈以西的新阡），育有怀、忱、恢、恬、怿、愉兄弟共六人，属于六世，从宦的是恬、忱、怿。他们这一辈之后，董家著名的人物是汉儒（董其昌之父）、宜春、宜阳、继芳（董传策的祖父）等，为第七世。董其昌这一代，属于第八世，主要有董体仁（董怿之孙、传策之父）等。此后，就是第九世的传性、传策（即董幼海，嘉靖庚戌进士，任刑部主事等职）这一辈了，包括董其昌的四子（祖和、祖权、祖源、祖京）、体仁的三子（传史、传文、传策）、羽宸（董含的祖父，万历四十一年[1613]进士）等人。算起来，董含、董俞兄弟是董其昌的从曾孙。而与董含平辈之中有名者，就只剩下董传史之孙董象恒（万历四十七年[1619]进士，曾任巡抚浙江都察院右佥都御史）了。[103]

董氏一族至董其昌一代，声名特著，"直薄海外，称极盛焉"[104]，而且董其昌精于品题，"收藏家得片语只字以为重"。[105]可是由于所谓"民抄董宦"事件的发生，使董家的声望极受影响，而董其昌等人的口碑亦一落千丈。[106]不过，董其昌在崇祯九年（1636）九月病故后，次年崇祯帝还"遣官葬祭"，赠太子太傅，并准补荫一子入国子监读书。[107]

至顺治初年，少宰董羽宸（遂初）、浙抚中丞董象恒"相继而殁，门第渐衰"。[108]董家复兴的希望,就落在了董含、董俞兄弟等人身上了。毕竟,世家大族要想保持长久的富贵,必须依靠子孙能在科第上有延续性的成功。[109]

董含祖父董羽宸曾任左副都御史、吏部左侍郎,居官时厘奸剔弊,公忠亢直,官声颇佳。父亲卞申不事生产[110],虽常急公好义,为文也"颖异绝伦",但屡困场屋,不能以科考通显,与母亲隐居于东墅。已属董家第十一世的董含,自小体弱,却苦读不辍,十五岁补博士弟子员,三十四岁再次会试没有成功,至三十六岁才获得进士的功名,位列二甲第二。当时一些前贤都表示惋惜,认为以他的才学应该有更出色的成绩。[111]

在董含的自我认识中,其弱龄时虽已入清朝,但"家世挂仕籍",董家门户是仍存"鼎盛"之态的。[112]与董家有"相契之雅"的松江知府周錞元,在雍正二年(1724)时还说:"松江望族,首推董氏,余始至郡即闻之。"在他看来,这样一个望族自明初以来能够久而不替,就在"勿但以贵著,勿但以富称,勿但以势盛,勿但以才重,意者宁厚毋薄,宁忠毋欺,宁义毋苟,宁廉毋贪,宁节毋懦,其道足与日月争光"。[113]这类评价应该是比较实在的。曾为董其昌之师的莫如忠很早就认为,董家"世德渊源忠孝家法",成就家族子孙在松江地方的绵延长盛。[114]

自明末以降,"三十年来,海内言文章者必归云间",陈子龙、夏允彝、徐孚远、李雯等人在其间堪称领袖,功不可没[115],极大地抬升了整个松江地区的文化地位,"文辞倾动海内"。[116]董含兄弟幼时就在这样的人文环境中深受影响,文学成就或诗文创作都多有可述者。

早年的董含,不但"好学有文名",而且经常"与海内名流,扁舟草笠,往来吴越山水间"。顺治十八年(1661)中进士,观政吏部。[117]弟弟董俞,"自其为童子时,喜读古人之诗,略上口即能为声偶之言",三十岁时以孝廉举于乡。[118]在世人眼中,董氏这个"云间世家",自董其昌、董羽宸"凋丧之后",董含兄弟乃能联翩鹊起,克绳克武,无疑是当今的陆机、陆云兄弟。[119]然而可惜的是,他们不久都因奏销案而被黜。此后董含的生活态度及表现,似乎就是地方史志中描述的那样,"益放情诗酒"。[120]董俞也是放弃科举,"究极于《风》《雅》正变之故"。[121]他们当时的心境及人生处境,或如董含诗中所言,"陋巷屏人事,往来绝俦侣"。[122]

六、余论

像董家一样,自明兴以来代有闻人的不少松江大族,在鼎革之后,不仅已形衰替，而且本来集中于城镇生活的态势[123]，多趋于消散。从城市（至少是县城）退隐至远离官府治所（地方政治中心）的乡村者颇多，出现了很多蹈行"不入城"的遗民们[124]，也可以视为一种"山林"（前朝）与"城市"（当代）隔离的士人文化的残留形式。[125]

晚明地方社会生活中，学诗、学画、学书本以苏州地区为最盛，松江颇受此风影响，产生了很多高才美质之辈，追踪先贤，文人士大夫尽力于雅集雅事，文化堪称昌盛。[126] 也因为松江、苏州等地文化的鼎盛，画艺群体的卓越，而使之成为整个中国最重要的画艺创作与品鉴空间。但自明末以降，从松江为重心（以董其昌为代表），到清初转换至太仓、常熟两地，塑造了所谓的娄东画派和虞山画派，并以之为主导，产生出清初"六大家"，被后世尊为画坛的正统。[127] 当时画坛最推重的就在山水画，也最能显现绘画者的功力。明末山水画理论家、泰州人唐志契曾指出："画中唯山水最高，虽人物花鸟草虫，未始不可称绝，然终不及山水之气味风流潇洒。"[128]

在精通山水画、"名满区宇"的吴伟业《画中九友歌》中，就包括了董其昌及其弟子王时敏、王鉴等这些画坛领袖。[129] 从画道传承来说，从晚明董其昌起一代画道之衰，抉董源、巨然之精，后学风靡，其中王鉴与王时敏即为最杰出者，也使远近争相仿效，娄东画派因而形成。[130]

从自董其昌延续至"四王"（王鉴、王时敏、王翚、王原祁），在绘画上完成了传统的自觉改造，开辟出了一个全新或称集大成的时代。[131]

到了整个17世纪，基本属于"四王"为代表的传统画派和以"四僧"（髡残、石涛、朱耷、渐江）为代表的野逸画派分庭抗礼的时期。山水画成为画坛的主流，花鸟画次之，人物画则退居末流。[132] 可是在他们看来，"画道"又正处极盛极衰之时，画者们都竞习时趋，不仅使谬种流传，且与古人日远。王时敏认为，就吴中地区而论，自文徵明、沈周之后，能够"直接古人一派"的，当属王鉴。[133] 而在扭转弊俗的过程中，于康熙年间得以大成的王翚，更是显得特殊而耀眼。

从何良俊、董其昌到夏允彝等生活时代的延续，接续了松江人文的传统，强化了地方文脉。这些都可以归入松江地方的势族群体，拥有较巨的文化资本和复杂的权力关系，也建构起松江地方的士人社会网络和丰富多元的文化生活，并使地方士人在诗文交游、书画创作与品鉴的空间中得以充分游弋。

也因为到了17世纪，他们的生活必然与政治变动相勾连，且表现复杂。清兵下江南后，他们的社会活动暂时归于沉寂，呈现出相对平静的样貌，生活与文化表现比较平淡，与晚明的风云激荡、人文繁盛之景况，多有不同了。

〔1〕（明）万历《嘉善县志》卷五，《食货志·物产》。

〔2〕魁奈在18世纪60年代将其所闻撰文连载于当时"重农学派"的喉舌刊物《公民日志》上，在西方产生了重要影响。参（法）弗郎斯瓦·魁奈（Francois Quesnay）著：《中华帝国的专制制度》（*Despotism in China*），谈敏译，北京：商务印书馆，1992年，第12、66页。

〔3〕（明）吕光洵：《三吴水利图考》卷首，"三吴水利考总序"，明嘉靖四十年刻本。

〔4〕（清）查慎行：《人海记》卷下，"白粮"条，北京：北京古籍出版社，1989年，第69页。

〔5〕（明）陈继儒：《白石樵真稿》卷十二，《三大役议》，"北运白粮事宜"条，北京大学图书馆藏明崇祯刻本；（明）陈龙正：《几亭全书》卷十三，《学言详记十·政事上》，康熙云书阁刻本，收入《四库禁毁书丛刊》集部第12册，北京：北京出版社，1997年，第19页。

〔6〕（明）海瑞：《海瑞集》上编，《被论自陈不职疏》，北京：中华书局，1962年，第237—238页。

〔7〕（明）陈子龙：《臣郡役法久弊疏》，载氏著：《陈子龙文集·兵垣奏议》，上海：华东师范大学出版社，1988年，第74—76页。

〔8〕（清）张履祥：《杨园先生全集》卷四十七，《训子语上》，"居家四要曰亲亲曰尊贤曰敦本曰尚贤"条，北京：中华书局，2002年，第1361页。

〔9〕（清）嘉庆《松江府志》卷五，《疆域志五·风俗》，嘉庆二十二年刊本。

〔10〕（清）董含：《三冈识略》卷七，"煞神"条，清钞本，收入《四库未收书辑刊》第4辑第29册，第726页。

〔11〕（明）何良俊：《四友斋丛说》卷十四，《史十》，北京：中华书局，1959年，第115页。

〔12〕（清）姜皋：《浦泖农咨》，上海图书馆藏道光十四年刻本。

〔13〕（清）金惟鼇纂：《盘龙镇志》（不分卷），"风俗"，上海图书馆藏光绪元年纂修抄本。

〔14〕（明）陈继儒：《白石樵真稿·尺牍》卷四，《答钱兵尊》，北京大学图书馆藏明崇祯刻本。

〔15〕（明）陈继儒：《晚香堂集》卷五，《青浦令贺公景瞻去思碑记》，明崇祯刻本。

〔16〕（明）沈爔：《石联遗稿》卷四，《别郡公唐岩先生叙》，明万历间刻本。

〔17〕（明）谢肇淛著：《五杂俎》卷三，《地部一》，台北：伟文图书出版社有限公司，1977年，第65页。

〔18〕（明）袁仁：《参坡公袁先生一螺集》之《驾将南、华客言松江敛鹅于民、一里长当出三鹅、鬻米购之、仅充其半、乃知万物皆贵、唯人为贱、恻然赋此》诗，收入（明）袁黄编：《袁氏丛书》卷九。

〔19〕　（明）丁元荐：《西山日记》卷下，《日课》，康熙二十八年先醒斋刻本，收入《续修四库全书》子部杂家类第1172册，上海：上海古籍出版社，2002年，第370—371页。

〔20〕　（明）何良俊：《四友斋丛说》卷十三，《史九》，第109—110页。

〔21〕　（明）陈子龙：《安雅堂稿》卷四，《赠郡司理李公考绩序》，载《陈子龙文集》，上海：华东师范大学出版社，1988年。

〔22〕　（明）范濂：《云间据目抄》卷二，《记风俗》，民国十七年间奉贤褚氏重刊本。

〔23〕　（明）何良俊：《四友斋丛说》卷十三，《史九》，第109—110页。

〔24〕　具体考察，参（日）滨岛敦俊：《明代江南農村社会の研究》第五章"明末浙江の均田均役法"，东京：东京大学出版会，1982年，第263—328页。

〔25〕　（清）叶梦珠：《阅世编》卷六，《徭役》，上海：上海古籍出版社，1981年，第150—151页。

〔26〕　（清）曹家驹：《说梦》，"华亭县均田均役碑记"条，收入（清）雷瑨辑：《清人说荟》初集，扫叶山房，1913年石印本，21a—21b页。

〔27〕　（清）曾羽王：《乙酉笔记》，旧抄本，载上海人民出版社编：《清代日记汇抄》，上海：上海人民出版社，1982年，第14页。

〔28〕　（明）崇祯《松江府志》卷十九，《城池》，崇祯三年刻本。

〔29〕　（清）姚廷遴：《历年记》，"历年记上"，稿本，收入上海人民出版社编：《清代日记汇抄》，上海：上海人民出版社，1982年，第59页。

〔30〕　李洵：《论明代江南地区士大夫势力的兴衰》，《史学集刊》1987年第四期，第34—42页。

〔31〕　（清）叶梦珠：《阅世编》卷四，《士风》，第83—85页。

〔32〕　（清）董含：《三冈识略》卷十，"官绅接见有禁"条，清钞本，收入《四库未收书辑刊》第4辑第29册，第775—776页。

〔33〕　（明）郑瑄：《昨非庵日纂》三集卷九，"惜福"条，明崇祯刻本。

〔34〕　（清）叶梦珠：《阅世编》卷四，《宦迹》，第89页。

〔35〕　（明）沈德符：《万历野获编》卷十九，《台省》，"私书"条，北京：中华书局，1959年，第494页。

〔36〕　吴晗：《明代的新仕宦阶级，社会的政治的文化的关系及其生活》，载中国社会科学院历史研究所明史研究室编：《明史研究论丛》第五辑，南京：江苏古籍出版社，1991年，第1—68页。

〔37〕　（明）何良俊：《四友斋丛说》卷十八，《杂纪》，第161—162页。

〔38〕　（清）叶梦珠：《阅世编》卷五，《门祚一》，第121页。

〔39〕　（清）光绪《重修奉贤县志》卷十二，《人物志三·行谊》，光绪四年刊本。

［40］（清）曹家驹：《说梦》，道光八年醉沤居士钞本，收入《四库未收书辑刊》第10辑第12册，北京：北京出版社，2000年，第253—254页；（清）黄宗羲：《弘光实录钞》卷四，浙江省图书馆藏光绪三年傅氏长恩阁钞本，收入《续修四库全书》史部第367册，上海：上海古籍出版社，2002年，第413页。

［41］（清）叶梦珠：《阅世编》卷五，《门祚一》，第109—110页。

［42］（清）光绪《重修华亭县志》卷六，《祠祀·褉祀》，光绪四年刊本。

［43］（清）嘉庆《松江府志》卷十七，《建置志·坛庙》，嘉庆二十二年松江府学刻本。

［44］参（清）叶梦珠：《阅世编》卷四，《士风》；（清）嘉庆《松江府志》卷四十二，《名宦传》；（清）张廷玉等：《明史》卷二百五十一，《方岳贡传》，北京：中华书局，1974年，第6504—6505页。

［45］（清）叶梦珠：《阅世编》卷四，《士风》，第84页。

［46］（清）光绪《重修华亭县志》卷六，《祠祀·褉祀》，光绪四年刊本；（清）光绪《重修奉贤县志》卷十二，《人物志三·行谊》，光绪四年刊本。

［47］（清）叶梦珠：《阅世编》卷四，《名节一》，第101页。

［48］（明）何良俊：《四友斋丛说》卷三十四，《正俗一》，第313页。

［49］（清）叶梦珠：《阅世编》卷四，《士风》；卷五，《门祚一》，第85、114页。

［50］（明）何良俊：《四友斋丛说》卷三十五，《正俗二》，第318页。

［51］（明）谢肇淛：《五杂俎》卷十三，《事部一》，第261页。

［52］（明）范濂：《云间据目抄》卷二，《记风俗》。

［53］（清）丁日昌：《丁禹生政书·藩吴公牍》卷九，《通饬各属毋许馈送酒席互相宴饮由》，香港：志濠公司，1987年。

［54］（明）范濂：《云间据目抄》卷二，《记风俗》，民国年间上海进步书店印行本。

［55］（清）叶梦珠：《阅世编》卷三，《建设》，第66页。

［56］（清）施鸿：《徵景堂宦游小集》卷四，《门面》，清康熙刻本。

［57］（明）范濂：《云间据目抄》卷二，《记风俗》。

［58］（明）陆楫：《蒹葭堂稿》卷六，《杂著》，嘉靖四十五年陆郊刻本。

［59］（明）王士性：《广志绎》卷四，《江南诸省》，载周振鹤点校：《王士性地理书三种》，上海：上海古籍出版社，1993年，第326页。

［60］（明）董宜阳、董传性等编：《董氏族谱》卷一，《世系》；卷二，《世谱》，康熙五十八年光训堂新刻板、雍正二年周錞元序本。

［61］（明）董宜阳、董传性等编：《董氏族谱》卷一，《家乘小序》。

〔62〕（明）董宜阳、董传性等编：《董氏族谱》卷一，《世系》；卷二，《世谱》。

〔63〕（明）范濂：《云间据目抄》卷一，《纪人物》。

〔64〕任道斌编著：《董其昌系年》卷二，《中进士之后》，北京：文物出版社，1988年，第20—22页。

〔65〕（清）乾隆《华亭县志》卷二，《建置志·祠》，乾隆五十六年刊本。

〔66〕吴仁安：《明清时期上海地区的著姓望族》，上海：上海人民出版社，1997年，第196页。

〔67〕（明）董宜阳、董传性等编：《董氏族谱》卷二，《世谱》；（清）乾隆《华亭县志》卷二，《建置志·祠》。

〔68〕（清）顾炎武：《肇域志》江南九"松江府"，上海图书馆藏清钞本，收入《续修四库全书》史部第588册，上海：上海古籍出版社，2002年，第6页。

〔69〕（清）叶梦珠：《阅世编》卷一，《水利》，第10页。

〔70〕（清）光绪《重修奉贤县志》卷四，《水利志·川港》，光绪四年刊本。

〔71〕（清）光绪《南汇县志》卷一，《疆域志·邑镇》，民国十六年重印本。

〔72〕（明）正德《松江府志》卷九，《镇市》，正德七年刊本。

〔73〕（清）嘉庆《松江府志》卷二，《疆域志·镇市》。

〔74〕（清）嘉庆《松江府志》卷七十七，《名迹志·第宅》。

〔75〕（清）光绪《重修华亭县志》卷二十一，《名迹》，光绪四年刻本。

〔76〕（明）正德《松江府志》卷十，《桥梁》，正德七年刊本。

〔77〕（清）乾隆《华亭县志》卷一，《疆域志·桥梁》，乾隆五十六年刻本；（清）嘉庆《松江府志》卷四，《疆域志四·桥梁》。

〔78〕（清）光绪《重修华亭县志》卷一，《疆域·街巷》。

〔79〕（清）光绪《重修华亭县志》卷一，《疆域·桥梁》。

〔80〕（清）光绪《松江府续志》卷二，《疆域志·衢巷》；（清）光绪《重修华亭县志》卷一，《疆域·街巷》。

〔81〕（清）董含：《三冈识略》卷九，"一宅两文恪"条，第759—760页。

〔82〕（清）姜兆翀辑：《国朝松江诗钞》卷二，《沈荃》，嘉庆十四年刻本。

〔83〕（明）董宜阳、董传性等编：《董氏族谱》卷十，《光复楼记》。

〔84〕（清）乾隆《华亭县志》卷十四，《文苑》，乾隆五十六年刊本；（清）嘉庆《松江府志》卷五十八，《古今人传十》。

〔85〕任道斌编著：《董其昌系年》卷二，《中进士之后》，北京：文物出版社，1988年，第22页。

〔86〕（清）乾隆《华亭县志》卷二，《建置志·祠》，乾隆五十六年刊本。

〔87〕（清）嘉庆《松江府志》卷七十五，《名迹志·寺观》。

〔88〕（明）正德《松江府志》卷十一，《官署上》，正德七年刊本。

〔89〕（清）光绪《娄县续志》卷九，《祠祀志》，光绪五年刊本。

〔90〕（清）光绪《松江府续志》卷三十八，《名迹志·寺观》，光绪九年刊本。

〔91〕（清）光绪《重修华亭县志》卷十六，《人物五·列传下》，光绪四年刊本。

〔92〕（清）董含：《三冈识略》卷一，"紫竹庵发冢"条，第630页。

〔93〕（清）光绪《重修华亭县志》卷二十一，《名迹》。

〔94〕（清）姜兆翀辑：《国朝松江诗钞》卷四，《董含》，"紫竹庵古冢"条，嘉庆十四年刻本。

〔95〕（清）董含：《三冈识略》，"自序"，第609页。

〔96〕（清）董含：《三冈识略》，"自序"，第609页。

〔97〕（明）何良俊：《何翰林集》卷二十三，《董隐君墓表》，嘉靖四十四年刻本。这篇墓表后来收入（清）黄宗羲编：《明文海》卷四百七十，《墓文四十一》，清涵芬楼钞本。

〔98〕关于何良俊及其家事的考述，可参[日]滨岛敦俊：《明代松江何氏之变迁》，收入陈支平主编：《相聚休休亭：傅衣凌教授诞辰100周年纪念文集》，厦门：厦门大学出版社，2011年，第109—129页。

〔99〕（明）何良俊：《何翰林集》卷二十四，《先府君讷轩先生行状》。

〔100〕后文已详明这个乡里所在主要以董家的生活区，即松江城通波门内艾家桥以东的崇厚里为中心。而何家就在这里与董家相邻而居。

〔101〕（明）何良俊：《何翰林集》卷二十三，《董隐君墓表》。

〔102〕（明）董宜阳、董传性等编：《董氏族谱》卷一，《世系》。

〔103〕（明）董宜阳、董传性等编：《董氏族谱》卷一，《世系》；卷二，《世谱》。

〔104〕（明）董宜阳、董传性等编：《董氏族谱》卷十，《请荫谥疏》。

〔105〕《明史》卷二二八，《董其昌传》，第7396页。

〔106〕参任道斌编著：《董其昌系年》，北京：文物出版社，1988年；吴建华：《晚明江南的社区与大众心态：乡绅的宣言——"民抄董宦"事件的个案分析之一》，收入唐力行主编：《家庭·社区·大众心态变迁国际学术研讨会论文集》，合肥：黄山书社，1999年，第496—511页，后收入吴建华：《姓氏文化与家族社会探微》，苏州：苏州大学出版社，2014年，第188—198页；马蹄非：《董其昌研究》，天津：南开大学出版社，2010年；冯玉荣：《明末清初松江士人与地方社会》第二章"地方社会秩序中的'国家'在场：以明伦堂为中心的考察"，北京：中国社会科学出版社，2011年；吴耀明：《董其昌的生平和家世述论》，华东师范大学硕士学位论文，2010年，未刊本，等等。

〔107〕（明）董宜阳、董传性等编：《董氏族谱》卷十，《请荫谥疏》。

〔108〕（清）叶梦珠：《阅世编》卷五，《门祚一》，第117页。

〔109〕陈宝良：《明代士大夫的精神世界》，北京：北京师范大学出版社，2017年，第483页。

〔110〕董卞申，乃华亭县学廪生，恩贡。参（明）董宜阳、董传性等编：《董氏族谱》卷二，《世谱》。

〔111〕（清）董含：《三冈识略》，"尊乡赘客自述"，第610页；（明）董宜阳、董传性等编：《董氏族谱》卷十，《族谱跋》。

〔112〕（清）姜兆翀辑：《国朝松江诗钞》卷四，《董含》，"夏日杂咏"条，嘉庆十四年刻本。

〔113〕（明）董宜阳、董传性等编：《董氏族谱》卷一，《董氏族谱序》。

〔114〕（明）莫如忠：《崇兰馆集》卷十四，《董氏世墓记》，万历十四年冯大受、董其昌等刻本，收入《四库全书存目丛书》集部第104册，第615页。

〔115〕（清）宋琬：《安雅堂文集》卷一，《尚木兄诗序》，第18页。

〔116〕（清）朱彝尊：《静志居诗话》卷十九，"徐孚远"条，北京：人民文学出版社，1990年，第585页。

〔117〕（清）姜兆翀辑：《国朝松江诗钞》卷三，《董俞》，嘉庆十四年刻本。

〔118〕（清）宋琬：《安雅堂文集》卷一，《董苍水诗序》，收入宋琬：《宋琬全集》，济南：齐鲁书社，2003年，第35页。

〔119〕（清）宋琬：《安雅堂文集》卷一，《董阆石诗序》，第20页。

〔120〕（清）光绪《重修华亭县志》卷十六，《人物五·列传下》，光绪四年刊本。

〔121〕（清）宋琬：《安雅堂文集》卷一，《董苍水诗序》，第35页。

〔122〕（清）姜兆翀辑：《国朝松江诗钞》卷四，《董含》，"夏日杂咏"条，嘉庆十四年刻本。

〔123〕地域变动与城居化的若干论述，可参[日]滨岛敦俊的《农村社会——觉书》（收入森正夫等编：《明清时代史の基本问题》，东京：汲古书院，1997年，第155—180页）、《明代中后期江南士大夫的乡居和城居——从"民望"到"乡绅"》（《复旦史学集刊》第三辑"江南与中外交流"，上海：复旦大学出版社，2009年）、《再论李日华〈味水轩日记〉——明代后期江南乡绅的生活》（收入刘昶、陆文宝编：《水乡江南：历史与文化论集》，上海：上海古籍出版社，2014年，第274—275页）、《明代松江何氏之变迁》（收入陈支平主编：《相聚休休亭：傅衣凌教授诞辰100周年纪念文集》，厦门：厦门大学出版社，2011年，第109—129页）、巫仁恕的《优游坊厢：明清江南城市的休闲消费与空间变迁》（台北："中研院"近代史研究所，2013年，第352—356页）等。

〔124〕王汎森：《清初士人的悔罪心态与消极行为——不入城、不赴讲会、不结

社》,收入王汎森:《晚明清初思想十论》,上海:复旦大学出版社,2004年,第187—247页。

〔125〕 林丽月:《故国衣冠:鼎革易服与明清之际的遗民心态》,收入林丽月:《奢俭·本末·出处——明清社会的秩序心态》,台北:新文丰出版公司,2014年,第287—309页。

〔126〕 (明)范濂:《云间据目抄》卷二,《记风俗》。

〔127〕 参童教英:《中国古代绘画简史》,上海:复旦大学出版社,1991年,第206—207页;徐建融:《"四王"艺术综论》,收入徐建融:《元明清绘画研究十论》,上海:复旦大学出版社,2004年,第271—272页。

〔128〕 (明)唐志契:《绘事微言》,"画尊山水"条,张曼华校注,济南:山东画报出版社,2015年,第1页。

〔129〕 (清)张庚:《国朝画征录》卷上,"吴伟业"条,第42页。

〔130〕 (清)王翚:《清晖画跋》,收入(清)王时敏、王鉴、王翚、王原祁:《清初四王山水画论》,杨亮、何琪编校,济南:山东画报出版社,2012年,第130页。

〔131〕 莫小也:《十七—十八世纪传教士与西画东渐》,杭州:中国美术学院出版社,2006年,第129页。

〔132〕 朱万章:《十七世纪宫廷画家顾见龙研究》,收入澳门博物馆编:《像应神全:明清人物肖像学术研讨会论文集》,北京:故宫出版社,2015年,第212页。

〔133〕 (清)王时敏:《烟客题跋》之《题玄照仿梅花道人山水》《题玄照画册后》,收入(清)王时敏、王鉴、王翚、王原祁:《清初四王山水画论》,杨亮、何琪编校,济南:山东画报出版社,2012年,第31、44页。

民抄董宦与晚明江南的城市社会

巫仁恕／台湾"中研院"近代史研究所

一、导言

万历四十四年（1616）三月十五、十六日，在松江府发生了民抄董宦事件，著名的书画家董其昌宅邸付之一炬。明遗民文秉《定陵注略》有一段记载，概述了事件发生的过程如下：

> 董其昌登己丑进士，馆选授编修，例转湖广提学副使；仲子祖权，依势横行，民不堪命。同里陆生者，先世有富仆，陆诛求无厌；富仆乃投充祖权为纪纲，为护身符，陆生复至需索如旧，祖权统狼仆群殴之；次日，陆生之兄，率诸生登其堂，面讨其罪，其昌惶恐谢过，乃已。又有范某者，其昌姻也，将其事演为曲词，授瞽者被之弦索；其昌闻之怒，执瞽者究曲所由来，瞽者以范对，范固称无有，乃共祷于郡神，设誓焉。未几，范某死，范之妻率仆妇四人，造董其昌之居，咒诅讪骂，祖权拥诸狼仆突出，踞高坐阖门，执范妻及仆妇，裸其体辱之，髡其发并其下体，两股血下如雨。合城不平，群聚噪其门，约万余人，董家人陈某登屋飞瓦，掷下击诸人，诸人愈愤，亦登屋飞瓦，互相击斗；复有受害者，乘机语权，遂纵火焚其家。其昌尽屋踰墙邻家得免。[1]

又据佚名者所编之《民抄董宦事实》与清人曹家驹《说梦》二书记载之细节，与上述略有出入。[2] 如董其昌之子为祖和、祖常、祖源三人，并无祖权，而董祖常则是字仲权，故此有误。又陆生系名为陆兆芳（一说名为陆绍芳）之生员，其与董宦富仆陈明之间的纠纷，系因陆家婢女寄养陈明家，某日探生母未回，富仆陈明遂纠众打毁陆生家资，将女抢去。又一说是陆生之仆有女绿英，颇有姿色，董其昌爱慕之，其子祖常乃承其父意，到陆生家将人抢去。而此事后未有陆生之父登门声讨董宦一事，但有云陆生遍告通国，欲与董其昌为难，赖何、吴两位乡绅居间劝解乃止。董仆陈明在三月十五日发生民众聚集董宦家抄打之前，已被官府拘捕杖责二十五大板羁押，故当天董仆与民众对峙者非陈明。而且当天董其昌本并未在家。但整体而言，其经过大致无误。[3]

这次事件的缘由与经过充分反映了晚明江南城市社会的变化，本文试图从诸面相来分析此事件的意义。

二、晚明江南地区的都市化

明代中叶以后，随着经济的渐渐恢复，城市也得到了进一步的发展。首先就城市的数量而言，到15世纪初叶，全国城市数量大为增加，全国出现了三十三个大中型商业与手工业城镇。明中叶以后，又有二十四个相当规模的工商业城镇恢复与发展起来。[4]这些新兴的工商业城市多是在主要的水陆交通沿线，同商路的繁盛关系密切，又以江南地区最为集中。除了大城市数量的增加与人口成长之外，值得注意的是，明中叶以后还有许多小市镇开始如雨后春笋般地大量出现，尤其是江南地区。

到了嘉靖、万历年间城市人口快速增长，都市化的程度也达到最高峰。松江府的城市发展也呈现如上述现象之缩影。松江府城市人口在嘉靖倭寇之乱平定后，经过一段承平的日子，据崇祯《松江府志》云："城外傍濠，因承平日久，小民甃筑成居，视若世业，难于动徙。"[5]由此显示许多人口移居到府城，甚至城墙外护城河旁都有大量的民居。

人口集中于城市，也造成城市社会结构的变化。人口移入城市后，从事的行业出现变化。[6]松江府华亭县人何良俊在《四友斋丛说》中说道：

> 昔日乡官家人亦不甚多，今去农而为乡官家人者，已十倍于前矣。昔日官府之人有限，今去农而蚕食于官府者，五倍于前矣。昔日逐末之人尚少，今去农而改业为工商者，三倍于前矣。昔日原无游手之人，今去农而游手趁食者，又十之二三矣。大抵以十分百姓言之，已六七分去农。[7]

这反映出自正德以后的四五十年，约当嘉靖、隆庆年间，农村已有许多人口流向城市,并且以从事工商等行业为生,在江南更有大批人投入官府衙役,或投身乡官家为奴仆者。[8]投身官家为奴仆者有时被称为"纪纲之仆",他们并非地主经营农业生产的奴仆,也不像是徽州世袭的佃仆,他们可能都曾随主人经商或另有事业,即所谓的"豪奴"。他们助主为虐地方,而成为人民抗争声讨的对象。[9]在城市里还有许多非从事传统农工商业者,依附于城市经济的投机事件,例如"打行"就是从事包揽钱粮、护卫、报仇、强索路税、索诈等活动的暴力集团。[10]

纪纲仆与打行在民抄董宦事件中都扮演要角。松江府的董其昌对三子与仆人,"素不加检束""更倚势煽虐,乡里侧目久矣"。[11]投身董宦家的纪纲仆,一称董宦"家人",有陈明、刘汉卿、陆春、董文等,据称其平日倚仗董宦的势力作威作福,所以才会引起民怨:"封钉民房,捉锁男妇,无日无之,敛怨军民,已非一日,欲食肉寝皮,亦非一人。"[12]原本群众只是聚噪其门,后来因为"董仆知事不济,雇集打行在家看守,而百姓争先报怨者至其门,先撤去旗竿,防护者将粪溺从屋上泼出,百姓亦上屋将瓦砾掷进,观者群持砖助之,而董宦门道俱打破矣"。[13]事后官方调查出打抢董家的也有打行分子,有所谓"一条龙、地扁蛇"的胡龙、朱观等人,"皆郡中打行班头也,此辈蜂聚蚁合,实繁有徒,幸地方有变,以逞其狂,盖日夜儿之望也"。[14]

三、乡绅的城居化

随着城市经济的发展与繁荣,乡绅与士大夫们对城市与乡村的居住质量之看法也有了改变。明中期后许多乡绅,也就是退休或致仕的官员回到自己的家乡,成为地方上重要的上层阶级。过去的乡绅多以居住在农村,经营农业或将土地出租为其经济来源,到晚明,有不少乡绅移居到城市或市镇里,这是过去日本学者所谓"乡绅论"的内容之一。[15]

这种乡绅城居化的现象不但反映城市住民的社会结构出现变化,而且乡绅移居城市后从事的职业有更多元化的现象。[16]明初少见士大夫从事工商业,可是到明中叶以后,就有不少士大夫家经营工商业。尤其是在商品经济与手工业发达的江南地区,一般的士大夫之家多从事工商业者,当时人就常指称:"吴中缙绅士大夫多以货殖为急""其术倍克于齐民""吴人以织作为业,即士大夫家,多以纺绩求利,其俗勤啬好殖,以故富庶"。[17]

日本学者岸本美绪的研究还指出,在明末江南地区的史料中,有许多强调不动产的昂贵,所以像是经营当铺、房屋出租等方面的获利,都要比投资在乡村土地高出数倍之多。[18]在晚明江南的城市里已可以看到许多缙绅士大夫流行购地筑宅邸或园林，"以明得志"的现象，也就是显示自己的财力与成就，如何良俊就形容："凡家累千金，垣屋稍治，必欲营治一园。若士大夫之家，其力稍赢，尤以此相胜。大略三吴城中，园苑棋置，侵市肆民居大半。"[19]笔记中也充斥着这些缙绅通过强迫的手段取得城市地权的行径。[20]

松江府的情况完全符合上述的变化，如松江府的方志就指出当地乡绅士大夫在居住风尚的变化，以前"乡大夫多有居城外者""今缙绅必城居"；而且连带的在住宅方面也有很大的变化，以前士大夫只重视厅室堂楼，偶有建牌坊者，但现在城居的缙绅"居必巧营曲房栏楯，台砌点缀花石，几榻书画竞事华侈"。[21]再者，当地官宦乡绅经营工商业的也不少，例如首辅徐阶（1503—1583）在位时，于其家乡松江府华亭县内，"多蓄织妇，岁计所积，与市为贾"。[22]

董其昌的父亲董汉儒，本来是住在上海县城。[23]据嘉庆《松江府志》与同治《上海县志》都记载董其昌居所是在上海县，有两处，一是城内西南的挂颊山房，另一是在闵行的董氏别业。[24]大概在董其昌考上进士之后，他也在府城购置房产，据载是在龙门寺西，有元赏斋、戏鸿堂、画禅室等建筑，可以想见应该颇为华丽。[25]据说其昌之子董祖源其资更富，在松江府城内置产的经过，就如同晚明笔记中批判缙绅通过强迫的手段取得城市地权的行径，据《民抄董宦事实》记：

> 初辟居时，止数十椽，以后广而大之，乃尽折赁房居民之居而改造焉。亲见其未迁居之小户，被董仆揭其屋瓦，露居雨立，逼逐搬徙而无奔者。造堂房约有二百余间，楼台堂榭，高可入云，粉垩丹青，丽若宫阙，此真轮奂之美也。[26]

至于董宦家平常的经济活动与收入，据云董其昌除了以书画为利之外，向以关说公事为能事，又有膏腴之田万顷，诈富民与生员之银两田地等。其子董祖常更是以在公门诉讼时句撮居间为利，又招集打行肆行诈害。[27]

四、士人的焦虑感与积极性

明代士大夫群体中人数最多的生员，也就是士人，对他们而言，科举考试是人生的一大关卡。根据明儒顾炎武（1613—1682）的估计，明代全国生员约五十万人,[28] 在当时中国总人口一亿数千万人中实在是少数中的少数。科考的录取率又以考举人的乡试录取率最低,也是竞争最激烈的阶段。根据宫崎市定的估计,明清由生员考上举人的乡试录取率,约是1%左右;举人考上进士的比率,约是三十取一。由生员要成为进士的可能性是三千分之一。[29] 明代乡试举人的录取率,从明初到中期以后(约在嘉靖年间以后),由5%以上降到4%以下,由此可见竞争愈加激烈。[30]

进士每届只录取二三百人,即使在三十年后也只有二三千名的进士,然而明代生员的名额随着全国人口总数的激增,而不易控制于早期的数字。随着时间的推移,形成大量的生员,遂造成科举下层恶性壅塞的现象,对于一个生员的上升机会来说,反而是有弊无益。[31] 吴金城估计在明初只有三万至六万左右的生员(全人口的0.1%),到16世纪增至三十一万余,明末则至五十余万(全人口的0.33%)。结果,明中叶以后使生员的贡生竞争率,从明初的40:1增至300:1或至400:1;乡试的竞争率也从59:1激增至300:1。结果是生员原本可以任官的途径却呈现大量滞留的现象,即使是举人都难补到官职。为此,60%到70%的生员只能以生员的身份终结其生涯。[32]

随着士人的人满为患,僧多粥少,科举仕途为之壅塞,造成大批的生员辈无法考上举人当官,而成为地方上的中间阶层。虽然大部分生员无法向上升迁,但是因为拥有许多特权,如徭役优免与刑罚上的特权(州县官未经学政不许杖责生员),他们在地方上成为一股重要的势力,有些人就利用国家所保障的特权来追逐私利,于是出现许多生员包揽钱粮诉讼之事。[33] 有的生员则对政治与社会不满而加入东林党或复社。[34] 大部分的生员在前途渺茫之下,对社会政治的不满情绪不断升高,由是有些生员会冒着失去功名身份与受到刑罚的危险性,而领导集体抗争行动。虽然官方皆有规定,严禁生员纠党结社、把持官府、武断乡曲,但是并不能完全阻止生员的集体行动。

而且生员逐渐发展出同侪的群体认同与同类意识,生员常以集体行动的方式对地方官形成一种压力;同时,他们对地方上的乡绅或豪强的行为,也会有许多意见。至万历之后这种风气愈演愈烈,据《云间据目抄》云:

> 士风之弊,始于万历十五年后,迹其行事,大都意气所激,而未尝有穷凶极恶存乎其间。且不独松江为然,即浙直亦往往有之。如苏州,则同心而仇凌尚书。嘉兴,同心而讦万通判。长州,则同心而抗江大尹。镇江,则同心而辱高同知。松江,则同心而留李知府。皆一时蜂起,不约而同,亦人心世道之一变也。[35]

由此可见，到晚明江南许多地方都可以看到士人集体行动的事件。

民抄董宦事件中生员也有重要的作用，范昶之子范启宋，也是名生员，当其父死后，广召同类生员诉之公庭。[36]事当民变的第一天，群众尚未抄打董宦家之前，府内生员已经群聚向松江府学与府推官为同为生员的范昶告冤，据二官的公文记载："三月十五日，生员齐集明伦堂，本学行香时，众口一辞，归咎董仆陈明，恳府究治；本府牌拘陈明，即时散去，并无聚众扛帮攘臂喧逞等情。"[37]不意，当晚就发生民众群聚董宦门前斗殴事件。事后董其昌不甘被指为"民抄"，而要求查办"士抄"之领导生员。而提学御史王以宁也站在董宦的立场，要求官员查出带头的生员，最后报有郁伯绅等五生为首扛帮，又有姚瑞征等五生协投冤揭。[38]虽然后来合郡士大夫与举人辈皆为生员申冤，且知府也说抚台已查明无生员涉此事，但最终在学院"屡次移札，必欲开报，以慰董心"之下，发苏、常、镇三府会审，仍是认定生员郁伯绅为首事者而治罪。[39]究竟是否有生员带头仍有许多疑点，但此事件也显示生员确实有集体群聚文庙明伦堂，为同侪申冤抗议的行为。

五、新闻媒介与社会舆论

城市可以说是晚明新闻传播的中心，传播工具包括了官方的邸报、民间的报纸、军事专用的塘报，以及带有社会批评与舆论性质的揭帖、歌谣诗文，等等。作为新闻传播中心的城市，最重要的新闻来源之一就是报纸。[40]隆庆、万历年间，北京与江南地区民间盛行抄报行，其传播新闻的速度甚至比邸报还快。[41]

类似大字报的揭帖，通常挑选交通要道"榜之通衢"，以使群众知悉。明中叶之后在大城市内特别流行，已成为民间裁量政治、抨击贪官为非作歹的舆论工具，尤其以生员最为擅长制作。虽然揭帖所写的内容或许有点夸大，但这些标语所用的词汇都很简单明了，也都以下阶层的市民大众作为诉求的对象，因为在城市的一般平民识字率要比乡村稍高。[42]

关于戏曲的发展方面，明末出现许多优秀的戏剧作家，而且在城市产生许多有名的戏班，如兴化、华林班。尤其在江南地区特别盛行，这也是因为江南自明中期后的经济发展，当地人民的生活水平提高，也使当地人具有相当大的消费潜力。[43]而且当时戏曲时常"搬演近事"，也就是以当时的社会或政治事件作为戏剧脚本，学者称之为"时事剧"。其中也带有批判的舆论的性质。[44]

歌谣诗文与戏剧亦有相同的作用，歌谣诗文在晚明的发展，已成了报复仇隙、批评时政、讽刺官员乡绅的一种舆论工具，尤其是在江南地区甚为风行。起初是官员之间的攻讦，或是生员、举人辈对官员的批评，就像明人庞尚鹏曾上疏提到：

> 今天下士风薄恶，日益月甚。自臣所亲见者言之，署丞衔知府而刊飞语；生员毁提学而编戏文；举人拘怨于曹郎，辄刻《贫女叹》；尚书积憾于巡按，乃著《猛虎篇》。其他或为民谣，或称俚语，诞妄不根，更相传报。[45]

《云间据目抄》曾记载松江府当地自古就有歌谣词曲的传统，但是近年特甚，尤其是府县士夫举措稍有乖张，就会有人将其事编成歌谣之类，传播人口。[46]而且创作这类歌谣的往往就是士人，如沈德符（1578—1642）著之《万历野获编》，书中记江南许多地区都有类似生员或当地人批评与嘲讽地方官或乡绅的传统，如嘉靖年间松江地区的士子对江南的地方长吏，也是"稍不如意，辄以恶语谑之，不可胜纪矣"。[47]

如民抄董宦事件导源之一是盲者说书人钱二，他将董宦家私事当成说书的内容，讽刺与丑化主角董宦。晚明在市井听说书是大众的重要娱乐，而且说书内容也影响市民心理甚深。[48]钱二供称其话本来自董氏姻亲范昶所撰的《黑白小传》，因为陆生"长躯伟干面黑，人称陆黑，口微吃而好议论，颇负气"，所以《黑白小传》的第一回标题，就是"白公子夜打陆家庄，黑秀才大闹龙门里"，诙谐捧腹，一时哄传。[49]此外，之所以能在短短的时间中宣传开来，而且将市民动员起来，就是靠了一些歌谣、揭帖标语与报纸来传播消息，据《民抄董宦事实》记：

> 初十、十一、十二等日，各处飞章投揭，布满街衢，儿童妇女竞传"若要柴米强，先杀董其昌"之谣。至于刊刻大书"兽宦董其昌，枭孽董祖常"等揭纸，沿街塞路，以致徽州、湖广、川陕、山西等处客商，亦共有冤揭黏贴，娼妓、龟子、游船等项，亦各有报纸相传，真正怨声载道，穷天罄地矣。[50]

总而言之，晚明之后，出现许多新闻传播的媒介，这些媒介原来可能只是官方传达讯息的工具，例如邸报；或是民间的娱乐，例如戏曲、歌谣，但是随着社会大众对新闻的兴趣愈来愈浓，还有士人的加入，许多这类工具成了新闻传播的载体。不仅如此，其中经过了士人的塑造，还带有嘲讽、社会批判，甚至是社会舆论的内容，而且成为集体抗议时动员群众的工具。

六、晚明城市民变的风潮

民抄董宦看似单纯的历史偶发事件，然而放在晚明，其实是一系列城市民变风潮中的一个例子。晚明以来已经发生过形形色色的城市民变，江南也是城市民变集中的一大地区。其中最著名的事件，应该就是万历二十九年（1601）苏州反矿税使的"织佣之变"，最终葛成自首带头而入狱服刑，当时无论士庶对葛成都是敬佩有加。民抄董宦事件中逮捕为首的金留，他就当众以葛成自居。[51]

以松江府而言，在万历年间就发生民抄董宦在内的三起民变事件：万历十七年（1589）的抢粮暴动、万历二十一年（1593）的留任知府的群众运动与万历四十四年（1616）反乡绅董宦事件。

万历十七年松江府发生饥荒，当时知府要求乡宦富户捐赈，乡宦富户却吝啬不肯，知府因而牵怒富贵人家。当时百姓见状，以为官员默许他们抢粮。据《云间据目抄》云：

> 先是知府俞均，见民间饥荒，作募文，徧告乡宦富室，拟各捐银米赈饥。众有吝色，均性气憨直，意梗其议。凡乡民告荒者，均辄怒及富贵人。于是百姓讹传曰："太守分明教我们抢矣！"时各乡恶少无知，卒聚百人为伙，白昼入人家劫掳。而亭林尤甚，均仓卒自知启衅，惶惧无策。[52]

万历二十一年发生保留松江知府李多见事件，据《云间据目抄》所载如下：

> 有倡塞门说，以激动上官，募民运砖石，掩西关者；有倡投柜之说，为侯立去思碑者；有竖白旗，书"攀留李太爷"者。有愿率众到京，击登闻鼓，白留侯状者。[53]

这次保官事件曾见参与的人数多达万人之谱，虽然这样的数字可能过于夸张，但其规模与参与的人数较反官运动要大得多，而且参与人的阶层也较广，据云："即狱人、丐户、娼优，靡不到矣。府前日有万余人，伺候出，必拥入府堂,号呼动地。"[54]朝廷对此事件的处理也非常小心,并不敢掉以轻心。因为以官方的立场来看,任何形式的群众聚集都是危险的讯号。据云:"因讹传松人非果欲留侯,不过为抄抢计耳。于是兵道江公,惧地方疏虞,统兵直入郡境。"[55]事情的结尾,据《云间志略》云:

> 时江司马铎方秉宪吴中,猝闻哗声,谓"松且倡乱矣",遂陈兵而来,屯郊外,衷甲露刃以备非常。而华令怀我王侯(按:即华亭知县王廷锡,号怀我)出见,极言松人无倡乱事,力止之。江公意稍解,乃先收其有事地方员役,鞭挞之。旋捕诸倡义者,如彭、如蔡,系之绁缧中。[56]

最后虽没有采取严厉的镇压,仍然逮捕了为首倡义的监生彭汝让与生员蔡汝中等系狱。

基于反乡绅的动机而形成的城市民变,也不仅仅是民抄董宦事件而已,在江南其他城市也时有所闻,尤其是湖州、松江与苏州三府,而且多数是由生员所领导,并有市民参与。发生的时间主要是从万历到崇祯年间,李乐在其所著之《见闻杂记》中提到万历二十年(1592)湖州的董氏之变与范氏之变时,就指出湖州府自嘉靖初以前,仍是"古风犹在",但"不意万历庚辰(八年),不佞归田,至辛丑(二十九年)才二十一年尔,中间所见所闻,唯湖乖张诧异者不一,继今以往,万一又生他衅,以费郡大夫区处,有世道之虑者,讵能高枕无忧耶"。他称这种反乡绅的事件是"此三吴未有之乱"。[57]这段话体现出万历八年(1580)到二十九年(1601)之间,当地人民对乡绅的态度,以示警乡绅。到了崇祯末年,因为公权力已经崩溃,所以反乡绅事件也愈演愈烈。

反乡绅的原因,一方面是这些江南的乡绅平日的经济行为,就已经使平民积怨。如湖州礼部尚书董份之家,浙江巡抚傅孟春说他"当严嵩父子用事时,曲意阿承,公论不齿;及居乡,恃富淫纵"。[58]李乐则说他"自认奴仆过多,奴仆既多,则争趋觅隶者不少,田产广大,焉能价值尽平"。[59]总之,其虽资产过厚,但怨满一乡。[60]同样,湖州府国子祭酒范应期,"驭下严急,居乡少恩,豪富不及董,而敛怨过之。又祭酒之子所为多不法,小民讼不休"。[61]万历四十四年除了松江发生民抄董宦事件之外,同年三月朝廷逮捕昆山乡官周玄暐,也发生民变焚其家,因"周玄暐居乡,素行无良,宜犯众怒"。[62]崇祯十三年(1640)常州府无锡县反翰林马世奇,"素与邑令通贿,不满众心,夏间县令发二百金,欲其买米平粜,而马宦不即举行,众大不平"。[63]崇祯十七年(1644)反苏州府常熟县之乡宦赵士锦,其为崇祯进士,

"为横于乡里,邑人号为四大王者也。与陈必谦为儿女姻,陈赵势焰赫奕,而士锦尤贪悍,肆凶虐觊"。[64]

七、余论:集体行动的逻辑与社会效应

集体行动的群众民变事件,并非如想象中的都是"打、砸、抢",从民抄董宦事件可以看到在焚烧董宅的过程中,市民是很有规律的,群众并非只为了趁火打劫。据《民抄董宦事实》记载当时烧屋的情形:

> 东边唐宅、杨宅,西坐花庵与王宅,俱大书此系某宅房,此系某姓房,又将灯笼高揭,树立于屋旁,百姓见火稍侵及他家者,即群为救灭,只烧董宦一家住宅,且拆且火,数百余间,画栋雕梁,朱栏曲槛,园亭台榭,密室幽房,尽付之一焰中矣。[65]

民抄董宦造成董其昌家产重要的损失,据说其家业为之一空,要经半载之后,方得宁息。此外,群众蜂起将董其昌题字的牌匾拆毁,凡衙宇寺院有董其昌题之匾额,皆被毁击殆尽。据《民抄董宦事实》指出:"坐化庵正殿上,有一横书'大雄宝殿',旁写'董其昌书'之匾,百姓见之,争抛砖乱掷,寺僧慌登殿拆下,诸人持刀碎铲削之,皆曰:'碎杀董其昌也。'"又松江府学的明伦堂内有"会魁"牌匾一座,"十五日早,天未明时,被人拆下打破,其昌事平后,复自做安置"。十七日,还有一中年人,因为手持扇遮日,"扇乃董其昌写者,被一人扯破之,其人争嚷不已,立被四五十人痛打,扯破巾服而去"。[66]

此事件可能是至今存留董其昌作品不多的原因。此外,江南反乡绅民变的结果,终究使得不少江南乡绅害怕,给事中姜信疏中就称:"久闻江南巨室大族,家家自危,人人切齿。"[67]无论如何,这是晚明城市百姓对腐败豪绅的逆袭,影响深远。

〔1〕 （明）文秉：《定陵注略》卷七，《居乡》，北京大学图书馆藏善本，20b—21a页。

〔2〕 （清）曹家驹：《说梦》，收入《四库未收书辑刊》第10辑第12册，北京：北京出版社，影印醉沤居钞本，1997年，32a—33b页；（明）佚名：《民抄董宦事实》，《十五十六民抄董宦事实》，收入《中华历史人物别传集》第23册，北京：线装书局，影印民国十三年又满楼刊本，2003年，2b—5a页。

〔3〕 关于此事件发生的详细过程与官员审理的情况，还可以参考蔡慧琴：《从〈民抄董宦事实〉看明末乡宦与无赖集团之关系》，《暨南史学》，2016年7月19号，第51—102页。

〔4〕 戴均良主编：《中国城市发展史》，哈尔滨：黑龙江人民出版社，1992年，第257—258页。

〔5〕 （明）崇祯《松江府志》卷十九，《城池》，收入《日本藏中国罕见地方志丛刊》，北京：书目文献出版社，影印崇祯三年刊本，1991年，3a页。

〔6〕 （明）李维桢：《大泌山房集》卷八十七，《刘处士墓志铭》，收入《四库全书存目丛书》集部别集类第152册，台南县：庄严文化事业公司，影印万历三十九年刊本，1997年，23b—24a页。

〔7〕 （明）何良俊：《四友斋丛说》卷十三，收入《续修四库全书》子部杂家类第1125册，上海：上海古籍出版社，影印万历七年刊本，1997年，12a—12b页。

〔8〕 《肇域志》亦云："绍兴、金华二郡，人多壮游在外，如山阴、会稽、余姚，生齿繁多，本处室庐田土半不足供，其儇巧敏捷者，入都为胥办，自九卿闲曹细局，无非越人。次者兴贩为商贾。"见（明）顾炎武：《肇域志》，《浙江二》，收入《续修四库全书》史部地理类第588册，上海：上海古籍出版社，影印上海图书馆藏清抄本，1997年，96a—96b页。

〔9〕 （明）沈德符：《敝帚斋余谈》，《董伯念》，收入《丛书集成续编》文学类第214册，台北：新文丰出版社，影印《檇李遗书》本，1989年，第3b-4b页。

〔10〕 相关研究，参见[日]上田信：《明末清初・江南の都市の"無賴"をめぐる社會關係》，《史学雜誌》，1987年第90卷第11期，第1—35页；[日]川勝守：《明末清初における打行と訪行》，《史淵》，1981年第119期，第65—92页。

〔11〕 （清）曹家驹：《说梦》，32a页。

〔12〕 （明）佚名：《民抄董宦事实》，《十五十六民抄董宦事实》，2b页。

〔13〕 （明）文秉：《定陵注略》卷七，《居乡》，21a页；（明）佚名：《民抄董宦事实》，《十五十六民抄董宦事实》，3b页。

〔14〕 （明）佚名：《民抄董宦事实》，《署府理刑吴初审申文》，10b—11a页。

〔15〕 日本明清史学界在1950年代开启了中国绅士层的研究,"乡绅土地所有论"成为讨论的重要焦点之一。首先是北村敬直提出明初的"乡居地主"到了明末清初开始转变成"城居地主"。接着安野省三又修正了北村氏之说,他认为明末清初出现的城居化的大土地所有者的身份,其实是"乡绅地主"。小山正明则进一步提出了一种假设,认为自明代后期到清初,国家对土地所有面的支配体制已发生了历史性的变化,过去在社会身份上具有支配角色的粮长阶层,已由乡绅阶层所取代。到了清代,城居地主是上层的乡绅阶层,下层乡绅的生员则是指导村落的乡居地主。之后学者们都将绅士分为城居及乡居两大类,各具有不同的特性。参见[日]北村敬直:《明末·清初における地主について》,《歷史學研究》,1949年140号,第13—25页;[日]安野省三:《明末清初·揚子江中流域の大土地所有に關すの一考察》,《東洋學報》,1961年44卷3期,第61—88页;[日]小山正明:《中國社會の變容とその展開》,《東洋史入門》,东京:有斐閣,1967年,第50—55页;[日]森正夫:《日本の明清時代史研究における鄉紳論について(三)》,《歷史評論》,1976年11期,第115页。

〔16〕 石锦:《明清时代桐乡县社会精华分子的社会组成和变化稿》,《汉学研究》,1985年第3卷第20期,第739—767页。

〔17〕 (明)黄省曾:《吴风录》,收入《续修四库全书》史部地理类第733册,上海:上海古籍出版社,影印万历增修本,1997年,5b页;(明)于慎行:《谷山笔麈》卷四,《相鉴》,收入《四库全书存目丛书》子部杂家类第87册,台南县:庄严文化事业公司,影印万历刊本,1995年,10a页。

〔18〕 [日]岸本美緒:《清代中國の物價と經濟變動》,东京:研文出版,1997年,第396—399页。

〔19〕 (明)何良俊:《何翰林集》卷十二《西园雅会集序》,收入《四库全书存目丛书》集部别集类第142册,台南县:庄严文化事业公司,影印嘉靖四十四年刊本,1997年,9a页。

〔20〕 巫仁恕:《优游坊厢:明清江南城市的休闲消费与空间变迁》,北京:中华书局,2017年,第150页、第171—172页。

〔21〕 (明)崇祯《松江府志》卷七《风俗》,28a—28b页。

〔22〕 (明)于慎行:《谷山笔麈》卷四,《相鉴》,10a页。

〔23〕 (明)崇祯《松江府志》卷四十一,《笃行》,44a—b页。

〔24〕 (清)同治《上海县志》卷二十八,《名迹》,收入《中国方志丛书》,台北:成文出版社,影印同治十一年刊本,1975年,22a页;(清)嘉庆《松江府志》卷七十八,《名迹志》,收入《中国方志丛书》,台北:成文出版社,影印嘉庆二十二年松江府学刊本,1970年,19a页。

〔25〕 (清)嘉庆《松江府志》卷七十七,《名迹志》,38b页。

〔26〕 （明）佚名：《民抄董宦事实》，《十五十六民抄董宦事实》，5a页。

〔27〕 （明）佚名：《民抄董宦事实》，《松江府辩冤生员翁元升等》，32a—b页。

〔28〕 （明）顾炎武：《顾亭林诗文集》卷一，《生员论上》，北京：中华书局，1959年，第21—22页。

〔29〕 [日]宫崎市定：《科挙—中国の試験地獄》，收入宫崎市定：《宫崎市定全集》，东京：岩波书局，1993年，第15辑，第424页。

〔30〕 参见巫仁恕：《激变良民：传统中国城市群众集体行动之分析》，北京：北京大学出版社，2011年，第79—85页；林丽月：《科场竞争与天下之"公"：明代科举区域配额问题的一些考察》，《台湾师范大学历史学报》，1992年第20期，第8—18页。余英时也曾以实例证明16世纪以后科举名额已应付不了士人数量的不断成长。见余英时：《士商互动与儒学转向》，收在郝延平、魏秀梅主编：《近世中国之传统与蜕变：刘广京院士七十五岁祝寿论文集》，台北："中央研究院"近代史研究所，1998年，第5—7页。

〔31〕 Ping-ti Ho, *The Ladder of Success in Imperial China: Aspects of Social Mobility, 1368–1911*, New York: Columbia Univ. Press, 1962, pp. 181—183.

〔32〕 吴金成：《明、清时代绅士层研究的诸问题》，《中国史研究的成果与展望》，北京：中国社会科学出版社，1991年，第185页。

〔33〕 有关明代生员包揽钱粮与诉讼，可参见吴晗：《明代新仕宦阶级，社会的政治的文化的关系及其生活》，《明史研究论丛》第5辑，南京：江苏古籍出版社，1991年，第26—27页；[日]铃木博之：《明末包攬の一考察》，《集刊東洋學》，1979年第41号，第67—81页。

〔34〕 东林党与江南生员之间的关系相当密切，参看[日]城井隆志：《明末、地方生員層の活動と黨争に關する——試論—提學御史熊廷弼の諸生杖殺をめぐって——》，《九州大學東洋史論集》，1982年第10号，第81—83页。

〔35〕 （明）范濂：《云间据目抄》卷二，《记风俗》，收入《笔记小说大观》第22编第5册，台北：新兴书局，1978年，8a—b页。

〔36〕 （清）曹家驹：《说梦》，32b—33a页。

〔37〕 （明）佚名：《民抄董宦事实》，《府学申覆理刑厅公文》，9a—9b页。

〔38〕 （明）佚名：《民抄董宦事实》，《学院奏疏》，15a—16b页。

〔39〕 （明）佚名：《民抄董宦事实》，《松江府辩冤生员翁元升等》，34a—35b页。

〔40〕 尹韵公：《中国明代新闻传播史》，重庆：重庆出版社，1990年，第231—240页。又报纸实际的传播事件，参见[日]岸本美绪：《崇禎十七年の江南社會と北京情報》，收在岸本美绪：《明清交替と江南社會：17世紀中國の

秩序問題》，东京：东京大学出版会，1999年，第143—196页。

〔41〕 明人于慎行曾云："近日邸报有留中未下，先已发抄者；边塞机宜，有未经奏闻，先已传者。"这皆是"报房贾儿博锱铢之利"所为。（明）于慎行：《谷山笔麈》卷十一，《筹边》，第127页。

〔42〕 Evelyn Sakakida Rawski, *Education and Popular Literacy in Ch'ing China*, Ann Arbor, Michigan: The Michigan Univ. Press, 1979, pp. 10-12, 17.

〔43〕 据学者估计在17世纪时，至少有150种以上的新剧被创造出来，而当时至少有374家书肆从事大规模的生产小说与剧本，平均每册价值15到30文钱。参看 Chun-shu Chang & Shelley Hsueh-lun Chang, *Crisis and Transformation in Seventeenth-Century China: Society, Culture, and Modernity in Li Yu's World*, Ann Arbor: The University of Michigan Press, 1992, pp. 160—161.

〔44〕 参见巫仁恕：《明末的戏剧与城市民变》，《九州刊》，1994年第6卷第3期，第77—94页；巫仁恕：《明清之际江南时事剧的发展及其所反映的社会心态》，《"中央研究院"近代史研究所集刊》，1999年第31期，第1—48页。

〔45〕 （明）庞尚鹏：《百可亭摘稿》卷二，《绳薄俗以正风气疏》，收入《四库全书存目丛书》集部别集类第129册，台南县：庄严文化事业公司，影印万历二十七年刊本，1997年，26a页。

〔46〕 （明）范濂：《云间据目抄》卷二，《记风俗》，6a页。沈长卿：《沈氏弋说》也记当时"偏毛举他人之隐过""造为歌谣，编为杂剧，以播扬之"的风气。参见（明）沈长卿：《沈氏弋说》卷四，《戒浮薄》，收入《四库禁毁书丛刊》子部第21册，北京：北京出版社，影印万历刊本，2000年，63b页。

〔47〕 （明）沈德符：《万历野获编》卷二十六，《松江谑语》，北京：中华书局，2007年，第667页。除此之外，书中尚有《苏州谑语》《嘉兴谑语》《吴江谑语》与《无锡谑语》等。明人伍袁萃《林居漫录》说到"近来"的苏州士风时，也有类似的评论。参见（明）伍袁萃：《林居漫录》卷三，收入《四库全书存目丛书》子部小说家类第242册，台南县：庄严文化事业公司影印清抄本，1995年，第445—446页。

〔48〕 天启年间苏州反阉党的"开读之变"，民变为首者有颜佩韦等五人，在李玉的时事剧《清忠谱》第二折《书闹》记五人结义之过程，是在李王庙书听说书家李海泉说《岳传》而结识。此剧情反映市井大众的知识背景多是来自听说书，当然他们的行径可能也受到说书人的话本，如《岳传》或《水浒传》等之影响。

〔49〕 （清）曹家驹：《说梦》，32b页。

〔50〕 （明）佚名：《民抄董宦事实》，《十五十六民抄董宦事实》，3a页。

〔51〕（明）佚名，《民抄董宦事实》，《兵道驳批》，14b页。

〔52〕（明）范濂：《云间据目抄》卷三，《记祥异》，8a页。又见（明）何三畏：《云间志略》卷五，《华亭令喻斋张公传》，收入《四库禁毁书丛刊》史部第8册，北京：北京出版社，影印天启刊本，2000年，15b—16a页。

〔53〕（明）范濂：《云间据目抄》卷三，《记祥异》，12a页。《云间志略》有关此事件有较详细的记载，参见（明）何三畏：《云间志略》卷五，《李郡侯思弦公传》，22a—23b页。

〔54〕（明）范濂：《云间据目抄》卷三，《记祥异》，11b页。

〔55〕（明）范濂：《云间据目抄》卷三，《记祥异》，12a页。

〔56〕（明）何三畏，《云间志略》，卷五，《李郡侯思弦公传》，23a—23b页。

〔57〕（明）李乐：《见闻杂记》卷五，收入《北京图书馆古籍珍本丛刊》子部杂家类第66册，北京：书目文献出版社，影印万历刊本，1988年，68a—69b页。

〔58〕《明神宗实录》卷二二五，"万历十八年七月辛亥条"，台北："中央研究院"历史语言研究所，1984年，第4183页。

〔59〕（明）李乐：《见闻杂记》卷五，68b页。

〔60〕（明）沈德符：《清权堂什着》；转引自傅衣凌：《明代后期江南城镇下层士民的反封建斗争》，《明代江南市民经济试探》，上海：上海人民出版社，1957年，第120页。

〔61〕（明）沈瓒：《近事丛残》卷一，《周郎妙计》，上海图书馆藏乾隆甲寅刻本，38b页。

〔62〕（明）文秉：《定陵注略》卷七，《居乡》，17b、19a页。

〔63〕（明）叶绍袁：《启祯记闻录》卷二，"崇祯十三年条"，收入乐天居士辑《痛史》，收入《明清史料丛书八种》第7册，北京：北京图书馆出版社，2005年，7a页。

〔64〕（清）佚名：《祝赵始末》，收入丁祖荫辑《虞阳说苑·甲编》，收在《明清史料丛书续编》第17册，北京：国家图书馆出版社，2009年，1a页。

〔65〕（明）佚名：《民抄董宦事实》，《十五十六民抄董宦事实》，4a—4b页。

〔66〕（明）佚名：《民抄董宦事实》，5b—6a页。

〔67〕（明）文秉：《定陵注略》卷七，《居乡》，19b页。

明后期江南缙绅的居家行为方式

范金民 / 南京大学历史学院

"大江以南士大夫",是明后期最为突出的地域人文集团。自明后期至清前期,时世不同,朝廷及地方官府对于江南缙绅的措置大不相同,江南绅士在乡居生活与地域政治方面体现出迥然不同的价值取向和行为方式。既有研究虽有一些通贯之作,但或者明清连称,或者将明与清截然分开,明自明而清自清;或者专论儒士群体,未能概括明清鼎革前后江南缙绅的基本面貌,对明后期江南缙绅的居乡情形也缺乏总体认识。本文考察明后期江南缙绅的居家行为特征,胪陈其实际生活样貌,期能深化江南缙绅和江南人文的研究,稍有裨益于揭示明代江南缙绅的历史面貌。

一

江南士大夫,享有各种特权,社会地位显赫,气势非同一般。致仕家居时,江南缙绅虽然也有人约束检点,自重自爱,但绝大部分特别是嘉、隆以后的江南士大夫,则是暴横霸道,为害一方。杭州人原来自诩,"仕者咸以清慎相饬励,多无田园宅第""士夫居乡者,往往以名节自励",可万历时《杭州府志》的编纂者陈善却说:"今士大夫居乡者,高爵厚禄,身占朝籍,抗礼公府,风雷由其片言,或垄断罔利,莫之敢争,煦之则生,嘘之则枯,侵官浸讼,纳贿千金,少亦足抵数吏之入,剥众肥家,岂其微哉!"杭州乡绅名声稍佳,尚且如此,苏、松一带,更为了得。华亭人董含的族曾叔祖董容概括松江府缙绅居乡行为时说:"吾郡缙绅家居,务美宫室,广田地,蓄金银,盛仆从,受投谒,结官长,勤宴馈而已,未闻有延师训子,崇俭寡欲,多积书,绝狎客者。"[1]

明清时人论到其时的江南缙绅，几乎众口一词，深恶痛绝。清初顾炎武曾将仕宦与生员列为天下病民的三种人中的两种人，乾隆后期苏州生员顾公燮更概而言之，"前明缙绅，虽素负清名者，其华屋园林，佳城南亩，无不揽名胜，连阡陌"，其立身行事，"徒知尚爵而不知尚德尚齿"[2]。江南绅士家居行径，归纳起来，大体不出如下数端。

（一）结社成帮，党同伐异。明末江南沿宋元旧习，结社成风。崇祯初年，松江有几社，浙江有闻社，昆山有云簪社，苏州有羽朋社，杭州有读书社。各地文社均统合在复社的旗帜下，同声相求，"外乎党者，虽房杜不足言事业；异吾盟者，虽屈宋不足言文章"[3]。如浙江钱塘人吴振棫后来总结说："盟社盛于明季。江南之苏、松，浙江之杭、嘉、湖为尤甚。国初尚沿此习。顺治十七年，从给事中杨雍建请禁同社、同盟名目。"[4]其行结社内容及其行为的消极后果，早在康熙十二年（1673）理学名儒嘉兴人张履祥就曾总结道："士人胜衣冠，即无不广交游，谈社事，浸淫既久，乃至笔舌甚于戈矛，亲戚同于水火。予叹息而言，畴昔之日，数十人鼓之，数千万人靡然从之，树党援，较胜负，朝廷邦国，无不深中其祸。政事之乱乱于是，官邪之败败于是，人心之溺溺于是，风俗之敝敝于是。今者，祸乱已极，一时人士不能惩创既往，力图厥新，顾乃踵其失而加甚焉。"[5]社集自是士人团体，但其发起者或主持者乃至撑腰者，实是负有显赫声望的缙绅。

（二）干预行政，把持乡里。江南缙绅以其门生故吏遍天下的影响力，不时直接间接地干预中央和地方行政，时时事事无不体现其意志，维护其利益。江南士绅影响朝政，早在万历中期东林学派讲学，"讽议朝政，裁量人物"时已开其端。后来更集社结会，利用铨选官员的选人大权，在朝和在野互相奥援，大造声势，对中央行政施加各种影响。在地方，士绅更是出入公门，左右掣肘，对官府和官员施以各种影响。东林领袖居乡时，有人就任无锡知县，只要感到小有不顺，就"调之去，又择所爱好者，推毂于两台"，甚至三年之中，一下换了三个知县[6]，县民所费不止千金，受累不浅。天启时，官至吏部尚书的赵南星将乡官之害称为天下"四害"之一，谓："夫吏于土者，不过守令，而乡官之中多大于守令者，是以乡官往往凌虐平民，肆行吞噬，有司稍稍禁戢，则明辱暗害，无所不至。如原任渭县知县张楝，治行无双，以裁抑乡官，竟被逸毁，不得行取，识者叹恨。"[7]这种情形，以江南最为突出。钱氏是常熟的望族，到钱元禄时，家世丰腴，"遇事必求上人，土梗千金，乡人莫敢忤视"，县令仰其鼻息，县政大受影响，当地便广泛流传着"常熟知县印，不如钱五大人"的说法[8]。常熟另一巨姓归氏，著名古文大家昆山人归有光记其豪势于乡的盛况道:"吾归氏虽无位于朝,而居于乡者甚乐。县城东南,列第相望。宾客过从饮酒无虚日,而归氏世世为县人所服。时人为之语曰:'县官印,不如归家信。'"[9]清初,昆山人探花叶方蔼在朱家角镇,洞庭商人许某出示吴中诸前辈手迹,其中官至南京礼部尚书华亭人董其昌的手书多至百幅,"内数幅则自京所寄书也,皆家常琐屑受贿请托语"[10]。真凭实据,所书皆其自记"受贿请托"之事。董其昌在晚明的江南缙绅队伍中,其操行口碑还不算太差者,其实际情形如此,其他人概可想见。

天启时,苏州状元修撰文震孟,官至大学士,由其《文肃公日记》所记,可知其自天启二年五月至天启六年(1622—1626)致仕在家,几乎每天忙碌不停,或出外与友朋相聚,讨论时局,或接待、访谒、致书地方官员,日记中时有"往谒抚台""报谒抚公""报访二署邑""访太尊""抚台来""抚公来""按台来""刘学师来""杨兵尊来""郡尊同张司李来""郡尊来""王太尊来""吴江李令来""吴学师来""报访郡公""报访杨道尊""报访王侍御""访郡尊及吴县公""往晤抚按道府""题尊祖扇送周抚公""致苏石水淮抚书""报崇德令邓汉臣书"等记录[11]。自巡抚、巡按、学政、兵备道至知府、县令,差不多所有地方官员均与其有往来。文震孟的事例,形象地说明,江南官绅,无论在朝在野,只要关乎中央行政、庙堂大事,或者地方事务,都是他们时刻所系念的。

崇祯时,松江地方文献则称:"缇帙之变,初乡大夫诸生与郡县交际绝少,近辄用册叶、锦屏,册诗则倩代作,以士大夫署名,或有摹石刻枣装为墨帖者,计润计工,率倍收之。一锦屏不下百人,而装池之费,每计数十金,主者遍索授纪纲,纪纲因而为利,且借此阿上官。遂有亡行者,身犯大垢,甘与金木为伍而不悔。"[12]崇祯初年当祁彪佳出任苏松巡按时,复社领袖太仓人张溥,前往谒见,即"袖出一揭,乃苏州各属者,云系名士",要求予以照应,绅士吴伟业、贺王盛、贺鼎、徐宪卿、陆献明、朱大烈、朱大治、莫俨皋、范允临、沈彦威、蒋鑨、李逢申、赵士履、姜云龙、李世祺、张肇林、谈自省、施元征,祁之年伯赵如衡、顾云鹏,年兄姜玉果、夏允彝、吴铸,以及难以记忆者,都纷纷前往谒见请托,演出了一幕幕生动的人情戏。[13]请托之风如此炽烈,出面关说者如此位高爵显,地方官员自然难以施展手脚。以致有人将士夫干请之书与山人诗卷、僧徒募缘之册合称为吴下"三厌"[14]。所以崇祯十五年(1642)大学士浙江山阴人刘宗周愤愤地说:"江南冠盖辐辏之地,无一事无衿绅孝廉把持,无一时无衿绅孝廉嘱托,有司唯力是视,有钱者生。且亦有衅起琐衮,而两造动至费不赀以乞居间之庇,至转辗更番求胜,皆不破家不已。甚之或径行贿于问官,或假抽丰于乡客,动盈千百,日新月盛。官府之不法,未有甚于此者也。"[15]清乾隆后期顾公燮甚至认为,明后朝的江南乡绅,"尤重师生年谊,平昔稍有睚眦,即嘱抚按访拏。甚至门下之人,遇有司对簿将刑,豪奴上禀主人呼唤,立即扶出,有司无可如何。其他细事,虽理曲者,亦可以一帖弭之"[16]。乡宦眼中并无官府,竟视公堂如私室,势焰十分嚣张。常熟县民张汉儒就曾控诉著名绅宦钱谦益、瞿式耜居乡"不畏明论,不惧清议,吸人膏血,唉国正供,把持朝政,浊乱官评,生杀之权不操之朝廷而操之两奸,赋税之柄不操之朝廷而操之两奸,致令蹙额穷困之民欲控之府县,而府县之贤否,两奸且操之",劣迹多达五十八款[17]。言虽不无过激之处,所论却多系事实。崇祯十年(1637),常熟县令为邹守常,极为贪墨,到任四月,即被地方士民鼓噪赶走。当时全县士大夫均不认同邹之所作所为,相率到府城,以民情致意巡抚。巡抚说:"令虽不善,但到任百余日而即噪之,百姓无乃已甚乎?"当时首座为钱谦益,次即陈必谦。两人闻言无对。[18]崇祯中期,宜兴周延儒复任内阁首辅大学士,复社领袖张溥认为时机已到,"欲尽用其党人,而杀异己者,书二册以进,延儒秘而藏之"。后来张溥死,周延儒才松了一口气,说:"天如死,吾方好做官。"人惊问其故,周延儒将张溥所书二册名录出示座客道:"此皆天如所欲杀之人也,我如何能杀尽?[19]张溥气焰之张狂、周延儒应付之难度,可以想见。这些都是极为彰显的事例。其实明后期江南官绅平时出处行事类多如此。因此,所谓士论民心,实皆士论而已,乡绅之见而已。明后期的江南地方政权,一定程度上是操在这些有财有势的乡绅之手的。

涉及地方利益时,各地缙绅更与生员结成蛮横势力,干预地方官府行政。万历时期嘉兴府嘉善县的争田鼓噪事件,可称最为典型。明代嘉兴一府,各县之间田地互相错壤,即户籍在此县而田在他县,尤以嘉善与嘉兴和秀水两县之间最为突出。万历年间,三县为交赋税而长期形成矛盾,到万历末年,延续三十年未解的争田发展成鼓噪事件。万历四十四年(1616),三县知县会勘田粮,四月二十六日,嘉善乡宦五人到府衙,知府以查册丈田之说与之辩论,乡宦坚持依据嘉善之亏册抽丈嘉善之亏田。二十八日,知府邀集三县乡绅在城隍庙集中,反复申明前说,令三县会议具稿,传示三县乡绅次第书押,只有庄乡宦不肯书押,漏下三鼓,各人散去,抽丈之议格而不行。五月初三日,嘉善钱乡宦再次到府城,邀同吴知县议事,并送上公述公书一纸,称田不宜丈,册不宜查。五月初六日,嘉善生员四五十人、豪民三四百人,先至知府衙堂喊冤,后到嘉湖兵巡道叫嚷,各级官员反复晓谕,诉诤如故,甚至打伤旗鼓手,打坏乡宦门庭桌椅。初八日,嘉善沿街遍贴传帖,声称道府听信叛贼岳元声,本县当图大举，先接吴知县归县等。此次争田鼓噪事件，兵巡道佥事王重岱形容其"蔑视法纪"的严重程度"恐夷虏不是过"，嘉兴知府则称其"凶横暴戾，无复子民之分""猖獗之势成，屑越纪纲，决裂名分，真宇内异变"，以致提出辞职。在此事件中，嘉善乡宦和生员的嚣张气焰，坚持地方利益不依不饶，一再要挟府县衙门，豪横把持，目中了无法纪和官府之尊，使得嘉善知县和嘉兴知府先后提出辞呈。[20]这个争田鼓噪事件，其实质，诚如廖心一所说，"是两个乡绅集团的斗争"[21]，充分反映了乡绅浓重的地方利益行为。

（三）侵夺小民产业，横行不法。江南缙绅仗势欺人，指使纵容家人子弟奴仆侵夺田产，弱肉强食，刁钻残暴手段无所不用其极，而又隐漏纳税田亩，将应纳赋税千方百计转嫁到小民头上。按照松江乡绅何良俊的说法，江南人直到宪宗成化朝时尚未积聚，自武宗正德朝开始，"诸公竞营产谋利。一时如宋大参恺、苏御史恩、蒋主事凯、陶员外骥、吴主事哲，皆积至十余万"，后来则一中进士之后，"而日逐奔走于门下者，皆言利之徒也。或某处有庄田一所，岁可取利若干；或某人借银几百两，岁可生息若干；或某人为某事求一覆庇，此无碍于法者，而可以坐收银若干，则欣欣喜见于面"[22]。而到嘉靖时，"竞以求富为务，书生唯借进身为殖生阶梯""吴中缙绅士夫多以货殖为急，若京师官店，六郭开行债典，兴贩盐酤，其术倍克于齐民"[23]。到隆庆时，巡按直隶御史董尧封奏，查出苏松常镇四府投诡田1995470亩，花分田3315560亩[24]。时人屠隆说："余见士大夫居乡，膏腴侈心不已。日求田问舍，放债取息。奔走有司，侵削里闾。广亭榭，置玩器，多僮奴，饰歌舞，终身劳冗，略无休息。"[25]万历中期，常熟知县谭昌言说："吴中士大夫田连阡陌，受请寄，避徭役，贻累闾里，身殁而子孙为流庸者多矣。"[26]以致华亭人范濂说，当时缙绅，"营营逐利，虽有陶朱猗顿之富，日事干请，如饥犬乞怜"[27]。上海人吴履震也说，明末松江士大夫致仕归家，"一味美宫室、广田地、蓄金银、豢妻妾、宠嬖幸、多僮仆、受投靠、负粮税、结府县、穷宴馈"。[28]清乾隆时常州人赵翼总结说："前明一代风气，不特地方有司私派横征，民不堪命，而缙绅居乡者，亦多倚势恃强，视细民为弱肉，上下相护，民无所控诉也。"[29]如常熟徐凤竹，官至工部尚书，其孙荫为部郎，"居乡恣横不法甚"，被县官逮治[30]。如淮扬巡抚太仓人凌云翼，"家居骄纵，给事、御史连章劾之"[31]。如无锡人俞宪，仕至按察使，居乡"抉取民膏甚厚"[32]。这些人的居乡不法行径，较之那些势力更为显赫的缙绅的巧取豪夺，只不过是小意思。如嘉靖末年的内阁首辅华亭人徐阶，"子弟家奴暴横闾里，一方病之，如坐水火"。而应天巡抚海瑞与苏州兵备道蔡国熙勒令徐阶退田，二人反被徐阶先后以势以金唆使给事中劾论去职，以致时人感慨道："此一事也，见方正之难容焉，见法纪之渐灭焉，见家居之罢相能逐朝廷之风宪焉，见琐闼之言官甘为私门之鹰犬焉。"[33]。又如董其昌，三个儿子"素不加检束，而仲尤甚。有干仆陈明父子，更倚势煽虐，乡里侧目久矣"[34]。更有甚者，如无锡秦梁之子秦灯，与太仓王世贞之子王士骐、华亭乔敬懋之子乔相，自负贵介，挖空心思，诈人钱财，"或与百金，或数十金，不则目慑之曰：'尔为我守金，不久我且提笔剿汝矣。'"[35]宜兴周延儒为大学士，陈于泰为翰林，二家子弟暴横乡里，民众至发掘周家祖墓，焚烧陈氏兄弟宅第。这批乡宦恶少，凶神恶煞，实乃社会黑恶势力。徐阶、董份、申时行、董其昌等缙绅占有的动辄数万亩、数十万亩膏腴田产，就是不择手段从小民那里劫夺过去的。明后期江南土地兼并形成高峰，也正是这些豪绅显宦巧取豪夺的结果。

（四）肆意奴役乡民。缙绅贱视乡间小民，颐指气使，任意役使。有材料载："淞江钱尚书治第时，多役乡人，而砖甓亦取给于彼。一日，有老佣后至，钱责其慢，对曰：'某担自黄瀚坟，坟远故迟耳。'钱益怒，老佣徐曰：'黄家坟故某所筑，其砖亦多取自旧家中，无足怪者。'"[36]可见缙绅自家中琐事至兴筑工程，随意役使乡民已成习惯。直到天启时，江南各地"豪绅纵其仆于鱼肉乡民"[37]，其风未艾。一言以蔽之，江南士大夫，"入朝则吮痈舐痔，招权纳贿，居乡则嘱托公事，吞虐细民"[38]。

（五）接受投献，蓄奴成风。明代仕宦享有蓄奴特权，他们更滥用这种特权，远超法律规定大肆蓄养奴仆。华亭人范濂称，"自乡宦年久官尊，则三族之田悉入书册……故一官名下，有欠白银一千余者"[39]。顾炎武论到江南士大夫蓄养奴仆之风时，又说："今日江南士大夫多有此风，一登仕籍，此辈竞来门下，谓之投靠，多者亦至千人。……人奴之多，吴中为甚，原注：……今吴中士宦之家，有至一二千人者。"[40]徐阶、董份、董其昌家，投靠家奴皆达上千，无锡给事中黄养淳家奴至五百人，按察使俞宪家奴也达百余人，"无不绮衣鲜食，肆虐邻里，攫取市物"[41]。这些投靠缙绅的奴仆，表面上出于自愿，多半却是因为缙绅大户独多，享受优免特权，繁重的赋役负担全部落在小民头上，小民出于无奈而不得不投靠势家以求庇护。董其昌就是"膏腴万顷，输税不过三分，游船百艘，投靠居其大半"[42]。也有的投靠纯粹出于一些奸黠辈的借机图害。势家对投靠为奴的小民予取予夺，鞭扑责罚，致残致死，毫无人性。奴仆忍受不了百般虐待，一有机会，即反抗主家。礼部侍郎松江人董传策，"性气刚戾，待下严酷"，家居"鸷毒日甚"，万历七年（1579）被家奴杀死。[43]董其昌宅第被乡民焚毁，家财被掠。明清鼎革之际太仓、上海、嘉定、昆山、石门、金坛、溧阳广及苏松常嘉四府之地纷纷发生奴变，索契杀主，实在是缙绅地主长期作威作福的结果，咎由自取。明末江南奴变最为激烈，与当地豪门最为集中、蓄奴风气最盛、驭下最为苛酷是有着必然联系的。个别豪奴恃仗主人势力，成为主人鹰犬，为非作歹，为所欲为。如宜兴县民周文爕、张瑞、刘宁、蒋美、胡成，都是本县乡官陈一教的义男，张凤池、樊士章、张成等，都是乡宦徐廷锡的义男，他们"倚借主势，收租勒索赠耗，放债逼写子女田房，各卻蔽主酿祸，造孽多端"[44]，劣迹斑斑。事实上，不少豪强巨绅的万贯家财，正是靠这些家人义男从细民处掠夺勒逼来的。上述缙绅侵夺田产最常见的手法是逼迫勒令小民投献，有的投献虽出于自愿，但都是缙绅豪横欺隐的结果。

（六）奢侈淫佚，醉生梦死。江南缙绅，宦囊既丰，又兼营市利，鲸吞小民脂膏，百般役使细民弱户，积累起了巨额财富。身处繁华之乡，又见过世面，因而讲排场，摆阔气，蓄优童，拥丽姬，精赌术，已属寻常，甚者荒淫糜烂，追求畸形生活方式，有些人了无读书入仕人的气味。如无锡俞宪，与谈恺、安如山、秦瀚、王瑛五位乡宦结成五老会，"楼船、鼓吹、园池、声妓、服玩、使令之丽，甲于江南"，成天"沉酣声色，广取艳妓妖童"。秦瀚交结严世蕃，"极多奇味"。俞宪与安如山"皆有龙阳癖，既富且贵，以重资购得者，不可胜计"。如山孙绍芳也"大有祖癖"。[45]明后期各地士人多好此风，而以江南为甚。所以人称"今吴俗此风尤盛，甚至有开铺者"[46]。沈德符记时人风尚谓："得志士人致娈童为厮役，钟情年少，狎丽竖若友昆，盛于江南，而渐染于中原。乃若金陵坊曲有时名者，竞以此道传游婿爱宠，女伴中相夸相谑，以为佳事，独北妓中尚有不深嗜者。"[47]

明后期的江南缙绅，以饮宴妓唱为乐事。如南京大手笔顾璘晚年家居，"喜设客，每张宴，必用教坊乐工以弦索佐觞，最喜小乐工杨彬，常诧客曰蒋南冷所谓消得杨郎一曲歌者也"。[48]如万历时御史苏州人钱岱，家居蓄养女优十三人，女教师二人，"第宅之广，姬妾之多，衣食供养之华且靡也，人人共见为富贵逸乐""优游林下数十年，声色自娱"。[49]整个江南士夫事实上常常沉浸在丝竹声色场中。以致明末嘉兴人沈德符说："吴中缙绅，则留意声律，如太仓张工部新、吴江沈吏部璟、无锡吴进士澄时，俱工度曲。每广坐命技，即老优名倡，俱皇遽失措，真不减江东公瑾。此习尚所成，亦犹秦晋诸公多娴骑射耳。"[50]缙绅居乡放荡，使得江南奢靡之风日甚一日。华亭人范濂说："嘉隆以来豪门贵室，导奢导淫，博带儒冠，长奸长傲，日有奇闻迭出，岁多新事百端。"[51]无锡人尤伯升也说："吾邑本尚俭，始奢于冯龙泉、顾东岩，至嘉靖中,俞、谈诸老争以奢侈相尚,而风俗益靡矣。"[52]湖州人李乐则说,风俗之陋,"作俑于大宦家"[53]。说到底,哪里缙绅多,哪里风俗就奢,可以说,江南风俗奢靡,正是由缙绅辈一手导演出来的,其程度也正与缙绅势力的兴盛相一致。

二

江南缙绅雅有文化,地位尊崇,多数人经济实力较为雄厚,他们在追求舒适享受的同时,也热衷于文化事业,或者这种生活享受本身就包含了丰富的文化内容。

杏花春雨,灵山秀水,涵育着一代又一代诗文才艺之士。明代江南,驰骋疆场的起起武夫百不见一,而峨冠博带的饱学之士却如积薪,陈陈相因,后来居上,文史成就远超其文治武功。

诗文似乎是江南文士的看家本领。吴县进士徐祯卿是反对三杨"台阁体"的"前七子"之一,又与著名画家、书法家祝允明、唐寅和文徵明合称"吴中四才子"。其诗"熔炼精警,为吴中诗人之冠"[54]。有"娄东三凤"之称的张泰、陆釴和陆容,都为进士,诗名仅次于当时最负盛名的李东阳。王韦、顾璘与陈沂,雅称"金陵三俊",也都是进士出身,与稍后的宝应朱应登又称南直隶"四大家"。顾璘少负才名,也为"前七子"之一,其诗"矩矱唐人,以风调胜",陈、王之诗则"婉丽多致"。南都自顾璘主持词坛后,"士大夫希风附尘,厥道大彰"[55],在明后期的江南诗坛具有重要影响。长洲皇甫涍兄弟四人,三进士一举人,好学工诗,称"皇甫四杰"[56]。在中国文学史上占有重要地位的唐宋派,领袖人物都是江南进士。如苏州吴宽、王鏊倡导于前,钱塘田汝成、武进唐顺之、昆山归有光继起于后,太仓王世贞、归安茅坤、德清胡友信、应天焦竑、太仓二张(张溥、张采)、常熟钱谦益等前后不绝,堪称盛事。《明史》称古文最擅名者,前则王鏊、唐顺之,后则归有光、胡友信。[57]这些人,清一色是缙绅。王世贞、钱谦益更是文史大家,前者主文坛二十年,"声华意气笼盖海内,一时士大夫及山人、词客、衲子羽流,莫不奔走门下。片言褒赏,声价骤起"[58]。钱谦益称赞他,"世家腆仕,主盟文坛,海内望走如玉帛、职贡之会,唯恐后时"[59]。钱谦益自身则高举诗文大旗,俨然一代诗宗,领袖东南文坛数十年。江南缙绅致仕前作京官者,也大多是文学之士。[60]凡此可以概见诗文最为江南绅士之长。

文史不分家。明代中后期起,私人修史蔚成风气。在杰出的史家中,江南缙绅尤有地位。郑晓、王世贞、焦竑、王圻、陈仁锡、陈子龙等，都是江南缙绅。这些史家，怀有强烈的使命感和责任感，注重当代，立足现实，谨严考订，强调直笔，开当代人修当代史的一代风气。他们广泛搜集材料，评论人物得失，探讨明代治乱的经验教训，差不多在各体史书的编纂方面，均提供了代表性成就。日后由思想大家顾炎武振臂高呼的经世致用思想，早就体现在他们的史学理论和丰富的史籍中了。

明代的戏曲作家，进士居多，江南缙绅如王世贞、梁辰鱼、沈璟辈，皆堪为一代戏曲高手，在他们领袖下的昆山派、吴江派，在艺苑占有重要的席位。更突出的是，明后期的江南缙绅，似乎多数人妙解音律，工于审音度曲，致仕后，往往以其聪明，寄之剩技[61]，将资财浪掷于丝竹之场，家蓄戏班，广坐命伎，成为一时风尚。他们以其财富、地位、嗜好及其影响力，使得"四方歌曲，必宗吴门"[62]，江南成为全国戏曲表演、戏子云集的最重要中心。

论到书画，自然不能不提及明中期的吴门派和明后期的华亭派。吴门派沈周、唐寅、祝允明辈，虽非进士，但或出身仕宦世家，或子、孙为进士，本人也大多中举乡试。华亭一派，出身仕宦层次更高，其大擘董其昌更官至南京吏部尚书。董氏"以自然刚健之姿，雄浑超逸之态，左右明末乃至清代近三百年的书法"，在中国书法史上居有开一代风气的显著地位。[63]董氏之画也集宋元诸家之长，出神入化，"四方金石之刻，得其制作手书，以为二绝。造请无虚日，尺素短札，流布人间，争购宝之。精于品题，收藏家得片语只字以为重"。与顺天米万钟南北辉映，时人即有"南董北米"的盛誉[64]。

明代江南，刻书印书发达，苏州、南京、杭州、无锡、常熟、乌程等地，均是刻书印书中心，书肆林立，册籍充栋。江南绅士读书起家，对收藏书籍表现出极大的热忱。著名者如苏州王鏊父子、王世贞兄弟，以及吴宽丛书堂、邵宝春容精舍、焦竑澹生堂、何良俊清森阁、钱谦益绛云楼等，藏书富，年代久，刊本精，为保存古籍传播文化作出了不可磨灭的贡献。

江南园林，集中体现了江南人的聪颖和智慧，也是明代江南士大夫奢侈享受的典型侧面。明代中后期起，江南士大夫竞治园亭，修葺之风大盛。时人描述其盛况道："凡累家千金，垣屋稍治，必欲营治一园。若士大夫之家，其力稍赢，尤以此相胜。大略三吴城中，园苑棋置，侵市肆民居大半。"[65]一时间，园林如雨后春笋般涌现。明代江南上百处园林，考其主人，多是财大气粗、位至显要的进士出身。缙绅所置园林，其规模、气派，其结构，其罗致的奇峰异石、名花珍草，自非一般庶民地主所能比肩。即如留存至今的上海豫园而言，时人描述道，当时"朱门华室，亦如栉比，崇墉不可殚述，而独称潘氏为最。

如方伯公所建豫园，延袤一顷有奇。……大江南绮园，无虑数十家，而此堂宜为独擅"[66]。其主人就是位至四川右布政使的潘允端。再如苏州葑门内一园，也"广至一二百亩，奇石曲池，华堂高楼，极为崇丽。春时游人如蚁，园工各取钱方听入"[67]。其主人则是曾为浙江参议的徐廷禄。

以苏州、杭州为中心的江南，素为文献之邦，文化艺品市场向称发达。明中期，即产生了不少收藏鉴赏大家，吴宽、徐溥、陆完、王延喆等，代不乏人，为人瞩目。嘉靖时，整个江南，"好聚三代铜器，唐宋玉、窑器、书画"[68]，蔚成风气。华亭双鹤张氏、文石朱氏，上海研山顾氏，将"江南旧迹珍玩，收藏过半"。对于嘉、万时的收藏之风，嘉兴人沈德符评论说："如吴中吴文恪之孙，溧阳史尚宝之子，皆世藏珍秘，不假外索。延陵则嵇太史应科，云间则朱太史大韶，吾郡项太学、锡山安太学、华户部辈，不吝重赀收购，名播江南。南都则姚太守汝循、胡太史汝嘉，亦称好事。若辇下则此风稍逊……间及王弇州兄弟，而吴越间浮慕者，皆起而称大赏鉴矣。近年董太史其昌最后起，名亦最重，人以法眼归之，箧笥之藏，为时所艳。"[69]万历时，文坛领袖太仓人王世贞说："画当重宋，而三十年来忽重元人，乃至倪元镇，以逮明沈周，价骤增十倍。窑器当重哥、汝，而十五年来忽重宣德，以至永乐、成化，价亦骤增十倍。大抵吴人滥觞，而徽人导之。"[70]同时期徽州休宁的古董鉴赏家詹景凤曾得意地说："文太史初下世时，吴人不能知也。而予独酷好。……予好十余年后吴人乃好，又后三年而吾新安人好，又三年而越人好，价相埒悬黎矣。"[71]明末嘉兴人沈德符总结其时收藏行情说："嘉靖末年，海内宴安，士大夫富厚者，以治园亭、教歌舞之隙，间及古玩。……比来则徽人为政，以临邛程卓之赀，高谈宣和博古，图书画谱，钟家兄弟之伪书，米海岳之假帖，渑水燕谈之唐琴，往往珍为异宝，吴门、新都诸市骨董者，如幻人之化黄龙，如板桥三娘子之变驴，又如宜君县夷民改换人肢体面目，其称贵公子大富人者，日饮蒙汗药而甘之如饴矣。"[72]沈德符还说："玩好之物，以古为贵。唯本朝则不然，永乐之剔红，宣德之铜，成化之窑，其价遂与古敌。盖北宋以雕漆擅名，今已不可多得，而三代尊彝法物，又日少一日，五代迄宋所谓柴汝官哥定诸窑，尤脆薄易损，故以近出者当之。始于一二雅人，赏识摩挲，滥觞于江南好事缙绅，波靡于新安耳食，诸大估曰百曰千，动辄倾囊相酬，真赝不可复辨，以至沈、唐之画，上等荆、关，文、祝之书，进参苏、米。"[73]体味其意，时人一致认为，明后期江南收藏古玩的风潮以及十分红火的藏品市场，是由苏州文人率先兴起和徽州商人推波助澜的，后来才逐步波及徽州等其他地区。苏州文人兼具学养和资财，视收藏古玩为修身养性之物事，以拥有古玩为文化生活必不可少的内容,期待着"挹古今清华美妙之气于耳目之前,供我呼吸;罗天地琐杂碎细之物于几席之上,听我指挥;扶日用寒不可衣饥不可食之器,尊逾拱璧,享轻千金,以寄我之慷慨不平"[74]。苏州当地人文震亨则形容当时各地新兴收藏古玩,习以成风,以致称为"姑苏人事"[75]。江南缙绅是收藏兴趣最浓、人数最众的最具法眼者,他们以其深厚的文化底蕴和雄厚的经济实力,搅得藏品和书画市场狼烟四起,价格一再飙升,书画市场空前繁荣。苏州缙绅充分发挥其特长,站在古玩市场的制高点上,开辟工艺品收藏新领域,自高身价,以广开财路;徽商财大而气粗,通过投资新兴的文化市场,交结掌握话语权的苏州文人,既抬高社会地位和赢得市场形象,又牟取高倍的商业利润和无形资产,日益兴旺的古玩市场就在苏州文人和徽州商人的共同作用下兴起于苏州,波及于江南,推衍到全国。

如书画巨擘兼鉴赏家华亭董其昌、嘉兴李日华辈,日常与书画商人频繁往来,长袖善舞,庋藏甚夥。徽州歙县溪南著名的收藏家吴国廷,一名廷,或廷尚,字用卿,在书画收藏界名声很响,常以"吴江村"称之。家有馀清堂,藏晋唐名迹甚富。万历四十一年(1613)十月,夏贾前往李日华家,携视米元章《提刑帖》,即是吴江村之物。[76]据董其昌记,唐虞世南临《兰亭帖》一卷,素笺本,万历二十五年(1597)观于真州,吴山人孝甫所藏,七年后,由吴用卿携到松江。又按照杨明时的说法,万历二十六(1598)年,用卿从董其昌处索归是卷,与吴治、吴国逊等同观。[77]看来该帖早就为吴用卿所有。又米芾《送王涣之彦舟》卷,五五六字,沈周、祝允明、文徵明三大家曾赏鉴,祝允明认为"尤为精粹",原藏汪宗道家,历经五百二十多年,"完好如故"。嘉靖三十二年(1553),素爱米书的研山居士顾从义于在京城友人家倾囊购得,认为其"诗体具备,墨妙入神,真秘玩也"。万历三十二年(1604),吴用卿携此真迹至西湖,董其昌以诸种名迹换易而得。有人因此而叹道:"已探骊龙珠,余皆长物矣。吴太学书画船为之减色。"董也自慰道:"米家书得所归。"[78]董其昌一直在江南寻求五代董源画而不能得,其友顾仲方告诉他从张金吾那里可以购得。万历二十一年(1593)刚入京城三天,吴江村即持画数幅谒见。董懒洋洋地发问,是否知道张金吾其人。吴愕然道,其人已千古,公何以急急提到他。董说,张家所藏董源画是否无恙?吴执图而上,说"即此是"。竟是董源所画《溪山行旅图》,即所谓"江南半幅董源真迹",原为沈周家藏之宝。董惊喜不能自持,"展看之次,如逢旧友"[79]。后来,董其昌常与吴江村一起鉴赏书画。董有一次曾手书嘱咐友人:"若见吴江村,幸拉之偕来,过岁除,观诸名画,何如?"[80]画宗董其昌愿拉上吴江村一起欣赏书

清　张琦、项圣谟《尚友图轴》，上海博物馆藏
右上持卷者为董其昌，左下倚石者为李日华

画，或吴手头有真货，或吴之水平也高。黄公望《书谈道章长卷》，原为项元汴、李日华珍藏，吴江村也曾收藏。此卷入清后进入内廷，登录在《石渠宝笈》中。[81]

　　吴江村利用各种机会，广交名流，与李日华、董其昌、薛冈等人频繁交往，更不惜重金，大事收藏，扩充收藏，提高藏品品位。万历十八年（1590）吴江村入都，与董其昌周旋往还，找机会向董乞求画作，未能如愿。次年，董其昌告假南归，吴尾随其船，行船途中，空暇较多，吴获得董作《白云潇湘图》，"笔随神运，真不减元章旧作也"。吴喜极携归，急用装潢，并附记于后[82]。家藏董其昌《临东坡九札》，高七寸五分，长一丈零五寸，七十六行，又跋五行，共八十一行，后来转入高士奇之手。[83]又藏孙虔礼书北山移文，"笔机圆纵"，远出书谱之上[84]。董其昌、冯梦祯、陈继儒等游黄山，吴江村曾为居停主人。吴江村国廷不但收藏丰夥，而且最有名的大手笔是刻馀清堂帖。沈德符评论说："近日新安大估吴江村名廷者，刻《馀清堂帖》，人极称之。乃其友杨不器手笔，稍得古人遗意。然小楷亦绝少。董玄宰刻《戏鸿堂帖》，今日盛行，但急于告成，不甚精工。若以真迹对校，不啻河汉。"[85]以董其昌之学历和声望，所刻《戏鸿堂帖》根本无法与吴江村所刻《馀清堂帖》相比，可见吴之鉴识和资财。

吴江村之外，董其昌、李日华等人与休宁著名书画商人王越石等交往也相当频仍。天启七年（1627）三月，王越石携示李昇水墨画卷，董其昌因而临摹一帧，高一尺八寸四分，阔一尺一寸。[86]嘉兴人李日华，字君实，万历二十年（1592）进士，官至太仆少卿。恬澹和易，与物无忤，工书善画，博物好古，长期收藏鉴赏书画，是驰名全国的鉴赏家，《明史》有传[87]，王越石与其数数往来。天启五年（1625），王越石携四仙古像往李日华家，请其题语，李"为拈铁拐一帧涂抹之"。学士钱溥所藏定武《兰亭》，楮墨拓法俱精古，非赝物，李日华曾在嘉兴人沈德符处见过，"王越石不知得于何处"。王又辅之以《萧翼赚兰亭图》，题为阎立本，李判定为"伪笔也"。天启六年，王越石以断烂《长沙帖》四册请李日华评定。倪云林着色山水，李日华前后见过五六幅，各有意态，崇祯元年（1628）三月，在南京，王越石出示一幅，系倪云林"为周南老作者，云岚霞霭，尤极鲜丽"；在南京西察院，王越石携带卷轴拜访李日华，其中倪瓒着色山水小景，"单幅树石，浑厚修耸，云霞郁浮，闪烁不定，真杰作也。世传《雅宜山图》，恐未必胜此。特是帧晚出，未腾声价耳。乃写于周南老斋中，而周以为家珍者"。后王越石又持宋元画册访李日华，其中有赵元裕细竹一幅。[88]对王越石所藏，李日华更惊羡不已，屡屡不吝笔墨，品题珍品之价值。《题王越石藏画册》谓："绘事于人转亲，为计转密，越墙壁而披屏障，辞悬玩而入卷舒。单裁狭制，燕封曲房，以为未足。又集诸名笔为长策，以便登舻走毂，盖欲无刻不俱也。然既与骖乘毕轮，必须子瑕、南子。越石破百亩园田，竭半生心力，而后有此。向令有福者一旦挟之，即上清真官，拥万天姝，御八轮车，飞行云空，其乐不蹄是也。余涩囊不足办此，为优昙一现而已。"[89]《为王越石题画》谓："此幅蓊郁沈潭，高古澄澹，是宋人得巨公法而神明之者也。元唯赵荣禄、黄一峰可作敌手。然其于巨公犹临济后法派，至高峰断崖，幻住波澜，崚崿太峻太阔，非复肋下筑拳时矣。择法者须具此眼，何必影响寻逐，妄出其姓名也。"[90]《购得王摩诘江山雪霁图装潢就因怀书画友王越石在金陵时自九月至长至不雨溪流皆涸为之怅然》谓："君舟何处贯虹月，吾室悄然凝席尘。买得辋川千岭雪，未经君眼照嶙峋。呼鸥远隔苍茫外，控鲤难逢汗漫人。一发枯流频怅望，五湖春浪几时新。"[91]由李日华题识可知，王越石是个兼具赏鉴能力的书画商，他不但买卖书画，而且雅通艺道，舍得斥巨资收藏精品珍品。

三

综上所述，明后期的江南缙绅，流品不一，人品则杂，是一个多面体。他们提倡并践行立足现实，敦尚气节，崇正实学，关心国计民生，发展社会经济，体现了明代江南缙绅的主流风貌，深深地激励和影响着后人。他们乡居时又滥用特权，把持豪横，侵吞小民财产，更凭借各种势力和社会关系，经营工商，与民争利，激化了与下层民众的矛盾。他们以其丰厚的资财，追求荒淫糜烂的生活，浪费了人力物力，败坏了社会风气，腐蚀了统治机制，加速了各级政权特别是江南地方政权的溃烂。江南缙绅在追求舒适享受的同时，也充分利用人杰地灵的有利条件，凭着雄厚的经济实力，以其博学多闻，赋诗填词，作文撰史，写字画画，审音度曲，藏书籍，砌园林，收古玩，虽动机复杂，臧否难论，但毫无疑问使得富庶的江南更加多姿多彩，在利来利往的喧闹氛围中平添了几分人文气息，也使得中华文化更加博大精深，熠熠生辉。

〔1〕 （清）董含：《三冈识略》卷四，《补遗》"读书种子不可绝"条，沈阳：辽宁教育出版社，2000年，第95页。

〔2〕 （清）顾公燮：《消夏闲记摘抄》卷上，"明季绅衿之横"条，第5—6页，《涵芬楼秘笈》第二集，上海：商务印书馆，1916年至1921年。

〔3〕 （清）顾公燮：《丹午笔记》九七条"文社之厄"，南京：江苏古籍出版社，1985年，第88页。

〔4〕 （清）吴振棫：《养吉斋丛录》卷二五，北京：北京古籍出版社，1983年，第327页。

〔5〕 （清）张履祥：《杨园先生全集》卷一六，《纪交赠计需亭》，北京：中华书局，2002年，第490页。

〔6〕 （清）黄卬：《锡金识小录》卷九，《存疑》"屡易邑令"条，引《梁溪杂事》，第23页，光绪二十二年王念祖活字本。

〔7〕 （明）赵南星：《赵忠毅公文集》卷十九，《敬循职掌剖露良心疏》，《四库禁毁书丛刊》集部第68册，北京：北京出版社，1999年，第569页。

〔8〕 （清）钱谦益：《钱牧斋全集·牧斋杂著》上《牧斋晚年家乘文·族谱后录上篇》，第7册，上海：上海古籍出版社，2003年，第147页。

〔9〕 （明）归有光：《震川先生集》卷二八，《归氏世谱后》，上海：上海古籍出版社，2007年，第638页。

〔10〕 （清）嘉庆《珠里小志》卷十七，《杂记上》，《上海乡镇旧志丛书》第7册，上海：上海社会科学院出版社，2005年，第228页。

〔11〕 （明）文震孟：《文文肃公日记》，稿本，上海图书馆藏。

〔12〕 （明）崇祯《松江府志》卷七，《风俗·俗变》，第29页。

〔13〕 （明）祁彪佳：《按吴尺牍·与倪三兰》，《祁彪佳文稿》，北京：书目文献出版社，1991年，第1930页。

〔14〕 （明）冯时可：《雨航杂录》卷下，《景印文渊阁四库全书》子部第173册，台北：台湾商务印书馆，1986年，第343—344页。

〔15〕 （明）刘宗周：《刘子全书》卷十七，《文编四·责成巡方职掌以振扬天下风纪立奏化成之效疏》，第52—53页，会稽吴氏道光刻本。

〔16〕 （清）顾公燮：《消夏闲记摘抄》卷上，"明季绅衿之横"，第5—6页。

〔17〕 《张汉儒疏稿》，收于《虞阳说苑甲编》，第5册，第1页，虞山丁氏铅印本，1918年。

〔18〕 （清）王应奎：《柳南随笔》卷三，北京：中华书局，1983年，第51页。

〔19〕 （明）周同谷：《霜猿集》卷二，《二册书成注复删》《月堕西江歌舞阑》二诗注，第4页，《虞山丛刻》甲集，常熟丁氏刻本，1916年至1920年。

〔20〕 （明）刘一焜：《抚浙疏草》卷六，《题嘉善士民鼓噪请旨查勘三县田粮疏》，万历四十五年五月二十日具题，景照明刻本。

〔21〕 廖心一:《略论明朝后期嘉兴府争田》,《明史研究论丛》第5辑,南京:江苏古籍出版社,1991年,第136页。

〔22〕 (明)何良俊:《四友斋丛说》卷三四,《正俗一》,北京:中华书局,1959年,第312页。

〔23〕 (明)黄省曾:《吴风录》第2、3页,《五朝小说大观·皇明百家小说》,上海扫叶山房石印本,1926年。

〔24〕 《明穆宗实录》卷一三,"隆庆元年十月庚寅"条,台北"中研院"历史语言研究所校刊本,1962年,第355页。

〔25〕 (明)屠隆:《鸿苞》卷二一,《醉梦》,《四库全书存目丛书》子部第89册,第352页,济南:齐鲁书社,2002年。

〔26〕 (清)钱谦益:《牧斋初学集》卷五三,《山东青莱海防督饷布政使司右参政赠太仆寺卿谭公墓志铭》,上海:上海古籍出版社,1985年,第1332页。

〔27〕 (明)范濂:《云间据目抄》卷一,《记人物·周思兼》,第3页,《笔记小说大观》第13册,扬州:江苏广陵古籍刻印社,1983年。

〔28〕 (明)吴履震:《五茸志逸》卷四。

〔29〕 (清)赵翼:《廿二史札记》卷三四,"明乡官虐民之害"条,南京:凤凰出版社,2008年,第527页。

〔30〕 (明)李乐:《见闻杂记》卷一一,二十二条,北京:中华书局影印本,1986年,第16页。

〔31〕 《明史》卷二二二,《凌云翼传》,北京:中华书局,1974年,第5861—5862页。

〔32〕 (清)黄印:《锡金识小录》卷十,《前鉴》,第8页,光绪刻本。

〔33〕 (明)伍袁萃录、贺灿然评:《漫录评正》,《北京图书馆古籍珍本丛刊》第70种,北京:书目文献出版社,1987年,第543页。

〔34〕 (清)曹家驹:《说梦》,《清人说荟初集》,上海扫叶山房石印本,1913年。

〔35〕 (清)黄印:《锡金识小录》卷十,《前鉴》,第14页。

〔36〕 (明)文林:《琅琊漫抄》,(明)陶宗仪辑:《说郛》续卷十七,第2—3页,上海:商务印书馆,铅印本,1927年。

〔37〕 (清)龚文洵补辑:《唐市补志》卷中,《处士》,光绪十四年抄本。

〔38〕 (明)钱琦:《钱公良测语》卷下,转引自刘水云:《明清家乐研究》,上海:上海古籍出版社,2005年,第74页。

〔39〕 (明)范濂:《云间据目抄》卷四,《记赋役》,第4页。

〔40〕 (清)顾炎武:《日知录》卷一三"奴仆"条,黄汝成《日知录集释》,长沙:岳麓书社,1994年,第497页。

〔41〕 (清)黄印:《锡金识小录》卷十,《前鉴》,第11页。

〔42〕 翁元升参董其昌折，转引自谢国桢：《明清之际党社运动考》，北京：中华书局，1982年，第215页。

〔43〕（明）范濂：《云间据目抄》卷三，《记祥异》，第7页。

〔44〕（明）祁彪佳：《宜焚全稿·题为豪奴蔽主启衅顽民结党抢烧已经擒获首恶解散协从事》，《祁彪佳文稿》，第56—90页。

〔45〕（清）黄印：《锡金识小录》卷十，《前鉴》，第4页。

〔46〕（明）田艺蘅：《留青日札》卷三，"男娟"条，第15页，上海：上海古籍出版社影印本，1985年。

〔47〕（明）沈德符：《敝帚轩剩语》卷二，"男色之靡"条，《四库全书存目丛书》子部第248册，第508页。

〔48〕（清）康熙《江宁府志》卷三三，《摭拾上》

〔49〕 佚名：《笔梦》，第1、8、9页，《虞阳说苑·甲编》，虞山丁氏初园排印本，1917年。

〔50〕（明）沈德符：《万历野获编》卷二四，《技艺》"缙绅余技"条，第627页。

〔51〕（明）范濂：《云间据目抄》卷二，《记风俗》，第1页。

〔52〕（清）黄印：《锡金识小录》卷十，《前鉴》，第8页。

〔53〕（明）李乐：《见闻杂记》卷十，十三条，第10页。

〔54〕《明史》卷二八六，《徐祯卿传》，第7351页。

〔55〕《明史》卷二八六，《顾璘传》，第7355—7356页。

〔56〕《明史》卷二八七，《皇甫涍传》，第7373页。

〔57〕《明史》卷二八七，《胡友信传》，第7384页。

〔58〕《明史》卷二八七，《王世贞传》，第7381页。

〔59〕（清）钱谦益：《牧斋初学集》卷八三，《题归太仆文集》，第1760页。

〔60〕（明）王鏊：《震泽集》卷一二，《式斋稿序》，《景印文渊阁四库全书》第1256册，第267页。

〔61〕（明）沈德符：《万历野获编》卷二四，《技艺·缙绅余技》，第627页。

〔62〕（明）徐树丕：《识小录》卷四，《涵芬楼秘笈》第一集，北京：商务印书馆，1916年。

〔63〕 任道斌：《董其昌系年》前言，北京：文物出版社，1988年。

〔64〕《明史》卷二八八，《董其昌传》，第7396页。

〔65〕（明）何良俊：《何翰林集》卷一二，《西园雅会集序》，《四库全书存目丛书》集部第142册，第109页。

〔66〕（明）范濂：《云间据目抄》卷五，《纪土木》，第10—11页。

〔67〕（明）沈瓒：《近事丛残》卷一，《明清珍本小说集》。

〔68〕（明）黄省曾：《吴风录》，《五朝小说大观》本，第2页。

〔69〕（明）沈德符：《万历野获编》卷二六，《玩具·好事家》，第654页。

〔70〕（明）王世贞：《觚不觚录》，《景印文渊阁四库全书》第1041册，第440页。

〔71〕（明）詹景凤：《詹东图玄览编》卷四，北平故宫博物院铅印本，1947年，第52页。

〔72〕（明）沈德符：《万历野获编》卷二六，《玩具·好事家》，第654页。

〔73〕（明）沈德符：《万历野获编》卷二六，《玩具·时玩》，第653页。

〔74〕（明）沈春泽：《长物志》序，《生活与博物丛书·饮食起居编》，上海：上海古籍出版社，1993年，第442—443页，此序《景印文渊阁四库全书》本未见。

〔75〕（明）文震亨：《长物志》卷七，《器具·扇》，《景印文渊阁四库全书》第872册，第70页。

〔76〕（明）李日华：《味水轩日记》卷五，万历四十一年十月二十四日，上海：上海远东出版社，1996年，第347页。

〔77〕（清）许承尧：《歙事闲谭》卷二七，"吴用卿所藏入内府"条，合肥：黄山书社，2001年，第978—980页。

〔78〕（清）高士奇：《江村销夏录》卷一，"送王涣之彦舟"条，上海：上海古籍出版社，2011年，第216—217页。

〔79〕（清）高士奇：《江村销夏录》卷一，"五代董北苑溪山行旅图"条载董其昌题识，第209页。

〔80〕（清）张大镛：《自怡悦斋书画录》卷十二，《董文敏尺牍册》引，本社影印室辑：《历代书画录辑刊》第2册，北京：北京图书馆出版社，2007年8月，第703页。

〔81〕（清）韩泰华：《玉雨堂书画记》卷一，《黄山谷书谈道章长卷》，第6页，王燕来选编：《历代书画录续编》第17册，第257页，北京：国家图书馆出版社，2010年。

〔82〕青浮山人编：《董华亭书画录·卷》，第7页，本社影印室辑《历代书画录汇辑刊》第1册，北京：北京图书馆出版社，2007年，第14页。

〔83〕青浮山人编：《董华亭书画录·卷》，第8页，本社影印室辑《历代书画录汇辑刊》第1册，第15页。

〔84〕（明）薛冈：《天爵堂集》卷十四，《吴用卿所藏孙虔礼书北山移文卷跋》，《四库未收书辑刊》第陆辑，第25册，第606页。

〔85〕（明）沈德符：《万历野获编》卷二六，《玩具》"小楷墨刻"条，第658页。

〔86〕青浮山人编辑：《董华亭书画录·册叶》，第17页，《历代书画录汇辑刊》第1册，北京：北京图书馆出版社，2007年，第33页。

〔87〕（清）张廷玉等：《明史》卷二八八，《文苑四·李日华》，北京：中华书局，1974年，第7400页；（清）钱谦益：《恬致堂集序》附，赵杏根整理本，上海：上海古籍出版社，2012年，第1—2页。

〔88〕（明）李日华：《六研斋笔记》卷一，南京：凤凰出版社，2010年，第16页；卷二，第32页；卷四，第64页。《六研斋二笔》卷二，第116—117页；卷四，第146页。《六研斋三笔》卷三，227页。

〔89〕（明）李日华：《恬致堂集》卷三七，上海：上海古籍出版社，2012年，第1358—1359页。

〔90〕（明）李日华：《恬致堂集》卷三七，第1359页。

〔91〕（明）李日华：《恬致堂集》卷六，第300页。

董其昌诸子及董氏第宅

颜晓军／上海博物馆书画研究部

一、引言

　　以往有关董其昌的研究中，对其家庭的研究相对薄弱。1988年出版的《董其昌系年》提及董其昌的家世[1]；1989年出版的《董其昌年谱》还载入了"董氏世系图表"[2]；1991年出版的《董其昌史料》，对世系图表又有了新的订正[3]。1997年出版的《明清时期上海地区的著姓望族》一书运用社会史的研究方法，对董氏家族的世系脉络、人物兴衰进行了记述。[4]作为早期的研究成果，这些著作在董其昌家庭研究方面或仅是简单地收集史料，或是语焉不详，即使稍加考证也大多寥寥数语，难免错误之处。主要的原因是学者们把研究的重心放在董其昌作品及其理论方面，对其家庭等属于历史学、社会学领域的研究则相对忽视。加之上海图书馆藏康熙五十八年刊光训堂《董氏族谱》未能得以公开和广泛使用，董其昌的家世和家庭情况便一直不为人详知。直到2012年华东师范大学历史社会学方向的硕士研究生吴耀明凭借《董氏族谱》这一重要文献，以《董其昌的生平和家世述论》（以下简称"吴文"）为题撰写了毕业论文，有关董其昌家庭生活及其子孙后代的详细情况才得以梳理。[5]

　　笔者从2006年开始研究董其昌及其艺术，曾多次查阅《董氏族谱》，注意到以往研究中关于董其昌家世和子孙的一些问题，逐步积累资料准备专门叙述。后"吴文"已先行撰写并相对完备，但尚有一些文献材料，"吴文"并未采用，或针对同一材料研究角度有所不同，或观点殊异。故撰此文，以补阙疑。本文拟分两部分，第一部分主要考辨董其昌诸子及其生平活动，第二部分考证董氏家庭的第宅位置关系。

二、董氏诸子生平考证

在一些史料与董其昌本人的文字中,出现了一个名为"祖京"的儿子。但是在较早的文献研究中,如郑威《董其昌年谱·董氏世系图表》所列,董其昌仅三子,即董祖和(字孟履,图表写作"履")、董祖常(字仲权,图表写作"权")、董祖源(字季苑,图表写作"苑")。明人《民抄董宦事实》即记载了这三个儿子。清代卞永誉《式古堂朱墨书画记》仅记载了祖和与祖常这两子,然此书并非专门研究董其昌家世,只是提及而已,记载不全的原因或是作者囿于见闻,或其仅是择要记载。曹家驹《说梦》亦延续了"董文敏有三子"之说,并未加以深究。另外,被称为董其昌儿子的还有"祖权",长期以来也未有详细考论,以至于学界误以为董其昌只有三个儿子,或者以为祖京是三个儿子中某一位的又名。

然而,依据松江光训堂《董氏族谱》卷二《世谱》所载,董其昌实际上有四个儿子。除了长子祖和为董其昌元配夫人龚氏所生,另外三个儿子都是庶出,生母都是董其昌的姬妾。《董氏族谱》记载云:

> 祖和,字孟履,号起玄。上海廪生,荫入国学,选都察院照磨,升工部营缮司主事。配潘氏,葬四保五六图新阡,子庭、广、用威、赓。
>
> 祖权,字仲权,号得庵。华亭庠生,以荫选太常寺典簿,升南京应天府通判,升刑部江西司主事。生母陆氏,配潘氏,葬胡港上原新阡,子延年、康、虞。
>
> 祖源,字季苑。官生。生母刘氏,配徐氏,子黄中、建中。
>
> 祖京,字欲仙,号瀛山。官生。生母唐氏,配王氏,子之帷。[6]

根据《董氏族谱》卷八沈荃为董祖和所作《行状》,祖和生于万历丙戌(1586)二月十六,殁于康熙壬寅(1662)四月初一,享寿七十七。则董其昌三十二岁方才生祖和,之前未见生子记载,故以祖和为长子。

董羽宸称赞董祖和的品行曰:

> 孟履颖茂性成,学能抉入玄奥,则雄视艺林,从善如流,嗜义若渴,心可告天,行不愧影,孝友之德,诚中形外,何一出文敏公下?[7]

沈荃也说:"长公之宅心仁厚类如此。晚年好长生之术,于东郊结庐数椽,采药服炁，神采怡悦。"[8]可知董祖和生平为人仁厚好义，且注重养生之术。

董祖和还崇信佛教，应是受到父母影响。董其昌于崇祯五年（1632）七十八岁时起故官，应宫詹大宗伯之召，又北行至北京任职。此年的二月朔日，他题跋自己所书《金刚经》云：

> 丙寅年十月书此经，朔日起，望日竟。壬申二月，应宫詹宗伯之召，道出淮阳，长儿祖和从行，至清和，命之归侍母龚淑人，念淑人奉三宝虔甚。而余写《金刚经》荐资父母冥福。凡二本，其一壬辰春一书，藏于云栖莲池大师禅院之库中，每有追荐，大师出予手书，令僧持诵。其一即此册。相去四十年，目力腕力不甚远，岂般若种子微有赞助耶？以付祖和，永为世守耳。二月朔，思翁识。[9]

这是董其昌人生中最后一次起用赴职，此年董氏夫人龚氏仍然在世，董祖和乃龚氏所生长子，已经四十七岁。龚氏信奉佛教非常虔诚，所以董其昌让祖和送到清和之后便返家侍奉母亲，并将自己天启六年（1626）所书《金刚经》交付祖和收藏，以期世代宝守。同年八月，松江居士朱时恩欲刻《居士分灯录》，请七十二位居士捐赀以助刻。书中记载的捐助人有五钱和三钱两等，董祖和之名在捐五钱之列。[10]

除了这本《金刚经》，董其昌托付给董祖和的作品还有天启二年（1622）壬戌所作《仿燕文贵笔意》轴（图1-1、图1-2），其上钤盖有"孟履珍藏"朱文方印和"董氏家藏"白文方印，都是董祖和的印章。无锡博物院藏董其昌《岩居图》卷右侧起首处亦有"孟履珍赏"朱文方印（图2-1、图2-2）。由于此卷乃董其昌画赠友人汪履康之作，应该是董祖和后来收得并加盖自己的印章，其鉴藏印也是有多方不同形制的。

另在上海博物馆藏董其昌作《画禅室小景图》册每页画作的右下角钤有"董氏家藏"白文方印（图3-1、图3-2）。上海博物馆藏乾隆题董其昌《仿古山水图》册亦钤有"董氏家藏"白文印（图4-1、图4-2）。然而这两件作品上的"董氏家藏"印不是同一方，亦与《仿燕文贵笔意》轴上的"董氏家藏"印均不相同，至于具体归属何人尚待考。

天津博物馆藏董其昌《仿董巨山水图》轴无董氏题识、印章，且乍看绘画风格与董氏不符，然而左下角钤"董氏家藏"白文方印（图5-1、图5-2）。值得注意的是，诗塘有嘉庆四年（1799）的王芑孙题跋，他根据"董氏家藏"印误以为此轴是董氏真迹，并云："其后，于沈恕茂才所见文敏家书四通，乃

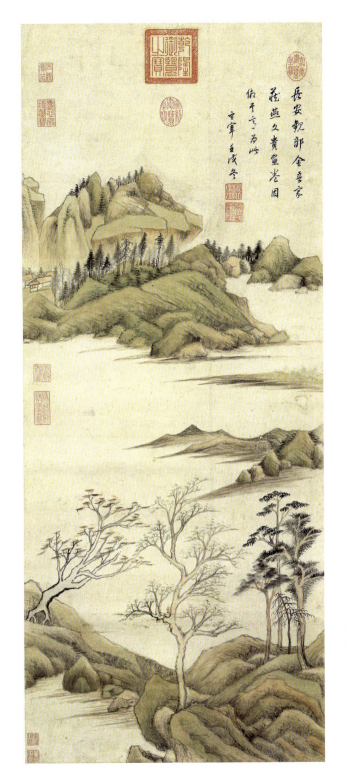

图 1-1　明　董其昌《仿燕文贵笔意》轴，台北"故宫博物院"藏

图 1-2　《仿燕文贵笔意》轴上钤盖的"孟履珍藏"印与"董氏家藏"印

图 2-1 明 董其昌《岩居图》,无锡博物院藏
图 2-2 《岩居图》上钤盖的"孟履珍赏"印

图 3-1 明 董其昌《画禅室小景图》册之一,上海博物馆藏
图 3-2 《画禅室小景图》册上钤盖的"董氏家藏"印

图 4-1 明 董其昌《仿古山水图》册之一,上海博物馆藏
图 4-2 《仿古山水图》册上钤盖的"董氏家藏"印

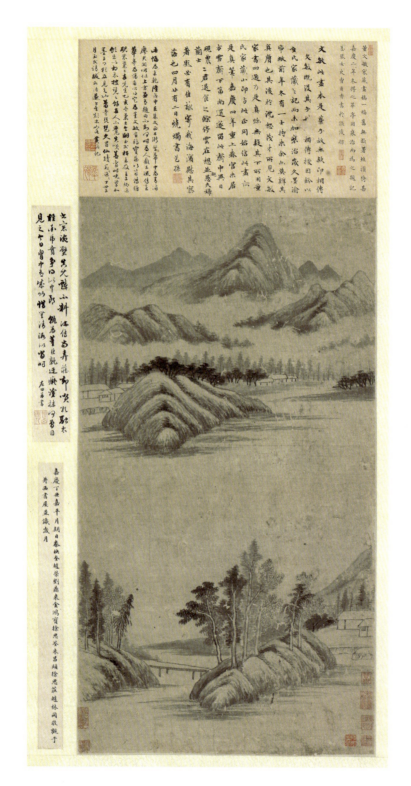

图 5-1 （传）明 董其昌《仿董巨山水图》轴，天津博物馆藏（实为清代黄钺画）
图 5-2 《仿董巨山水图》轴上钤盖的"董氏家藏"印

是真迹无疑,其下所用'董氏家藏'小印,与此正同,始信此画亦是真笔。"结合诗塘、裱边各则题跋,尤其是嘉庆二十二年(1817)黄钺的题跋可知此轴实为清代黄钺所画,被人截去顶部款识,并钤上"董氏家藏"印,冒充董其昌之作。所以,此轴的"董氏家藏"白文方印应属后世仿刻加盖。

董祖和仁厚向善的品行,很大程度上遗传自其母龚氏。陈继儒撰《思白董公暨元配龚氏合葬行状》记龚氏云:"夫人端静纯懿,秉正义,曙大体……既贵,夫人衣浣饭蔬,无异寒窭诸生时。不诲妒,不冶游,不通门外瑱环之问。抚视诸娣媵如女,教诫诸子孙如察吏严师。若呵詈鸡犬,鞭笞童婢,绝响矣。"[11]可以进而分析,董祖和出生时,董其昌尚未显达,家境较为拮据。其母亲龚氏性格端静,持家节俭,无有奢欲,且奉佛虔诚,教育子女严格慈厚,所以祖和在董其昌诸子中性格最为端厚。而沈荃称其妻潘氏云:"簪缨世裔,阃德彰闻,上侍姑舅,克敦妇道,下训子嗣,无忝母仪,御众宽和,待下慈恤,裁断家务,动合几宜,古称四德,唯宜人有焉。"[12]母亲和妻子都是慈厚贤淑之人,故祖和待人接物也是仁厚随和。《秘殿珠林》卷七《明董其昌书心经一轴》款云:"万历己酉年四月八日,董其昌敬书。"此轴为宣德泥金黄表笺本,其左下角有"孙男用威珍藏"印。用威即董祖和之子,其家中仍有董其昌作品。

故宫博物院藏董其昌《临宋四家行书》卷,署款云:"思翁书付孙广。"其后又有董祖和跋文:"丁酉三月,奉寄大师相,云间年晚董祖和。"董广为祖和次子,可知此卷本是董其昌为孙儿所书,后被祖和转赠他人。(图6)

董其昌次子董祖常,其母为董其昌妾陆氏,其妻潘氏,但其子延、康、广分别出自丁氏、□氏(《董氏族谱》原书缺姓)、任氏。关于祖常的长子董延,"吴文"发现《董氏族谱》先后曾出现了不同的姓名记载,又有"延年"一名。然而在崇祯三年本《容台集》中有董延署名编次,故可知"董延"应是其正名。

而文献中董祖常还出现了"董祖权"一名,如文秉《定陵注略》卷七《松江民变》有"仲子祖权依势横行,民不堪命"之说。《董氏族谱》卷二《世谱》也作"祖权"。然而"民抄董宦"事发后,《民抄董宦事实》、松江府生员的辩冤状中皆称其名为"祖常"。"民抄董宦"所称姓名是当时人所记,"辩冤状"也是事发时应用之文,应当不会出错。而文秉《定陵注略》乃后来记载,《董氏族谱》也是迟至康熙五十八年(1719)刊刻,所以将其名误为"祖权"。分析董其昌为前三个儿子取名的规律,三个人都是"祖"字辈,名为"祖和、祖常、祖源";而取字则按"孟、仲、季"排列,分别是"孟履、仲权、季苑"。所以,"董祖权"之名是混淆了董祖常的名与字。

"吴文"认为族谱中以"祖权"代替其名"祖常"是因为董祖常的恶名劣

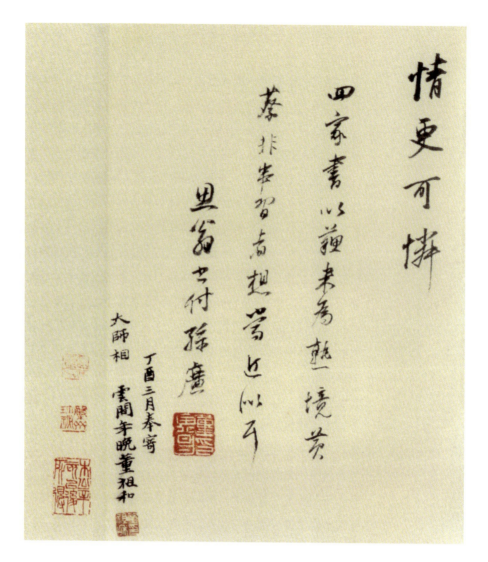

图6 明 董其昌《临宋四家行书》卷,故宫博物院藏,卷后有董祖和跋

迹,让修谱的族人亦不齿与之为伍,故为之改名。这个观点属于猜测,更重要的原因应该是董祖常没有像样的传记数据流传下来,而没有传记的主要原因恐怕不是董祖常个人品德的问题,而是其次子董康(其他文献多作"董刚""吴文"已有详细考证,此处不赘)受策划反清活动的谢尧文通海案牵连被处死。《董氏族谱》卷二《世谱》记载董祖常一支时,将其长子董延记作"延年",而次子董康的儿子董斌及以下的后代和他们字、母、妻的信息均被涂墨遮盖;三子董廙的子嗣后代信息,亦被涂墨遮盖,仅有字、生母、妻室的简略记载。

因此董祖常一支在清初是尤其受忌讳的，所以没有详细数据流传，以至于修纂族谱时，后世将祖常之名都弄错了。如果是董氏族人厌恶董祖常而耻于为伍，根本不会让他的姓名出现于族谱中，而非这样半遮半掩的。

董祖源生平亦不详，《董氏族谱》中董羽宸为其所作世传是了解其生平的重要数据：

>……初入庠，今荫入官生。季苑生质端颖，束发有巨人志，经史刮目，得心应手，理凝气锐，沛若江河之决，而试不快意，乃入句曲山，潜心发愤，三年蔚然文学名家。而南北棘闱奇于数，始入都承荫以归。键户读书，修若世外，清修不啻寒素。方以持己，圆以应物，虚怀受善，恺志敦伦。而胸中无半点烟尘，眼底无一毫障滞，亦得之深由静观中多也。至于孝于亲，友于兄弟，百行淳备，出乎至性，尤足彰文敏公世德之光，子若孙克昌厥后，可立而俟也。[13]

这段传记的主要部分是夸赞董祖源聪颖好学、擅长文学。与董祖和的仁厚、董祖常的骄横不同，董祖源的确遗传了董其昌文艺天赋。这一点董其昌非常清楚，他也很看重祖源的才能，平日花了很多精力来培养祖源。董其昌望子成龙的殷切热望从上海图书馆藏的一封信札中可以看出：

>文章到日即看过，大都才气颇舒畅，可望场屋。但要琢炼，不至率易，乃可动人。时调不必学，旧时华腴之文，虽十年前尚可用也。吴玄老喜奖后进，我与之批，亦切中文机。我有总批，汝可着意。丹阳有夏生名日干，闻在上宫，刻苦用功，若可约会，亦是一助。付去银四两，待（后）续送，正月廿五，父字，源儿。[14]

此信中董其昌为祖源点拨文章，并请前辈批阅祖源文章以助儿子名声；还介绍文友给祖源切磋，鼓励他前去拜会。（图7-1）所以，董祖源在文章方面取得了不小的成就，陈继儒称赞他：

>独思老旧稿，如日月之光，老而长新，江汉之水，流而不腐。季苑藏而刻之，意欲持以砥世范俗，何忍复私其枕中之秘哉。季苑好静坐句曲，不屑以世务经怀。觐亲辇下，因试北雍，不敢与熟贵人相交关，策蹇南还，丹铅经史不去手，宛然大宗伯恬淡家风，岂独得其文印而已乎。[15]

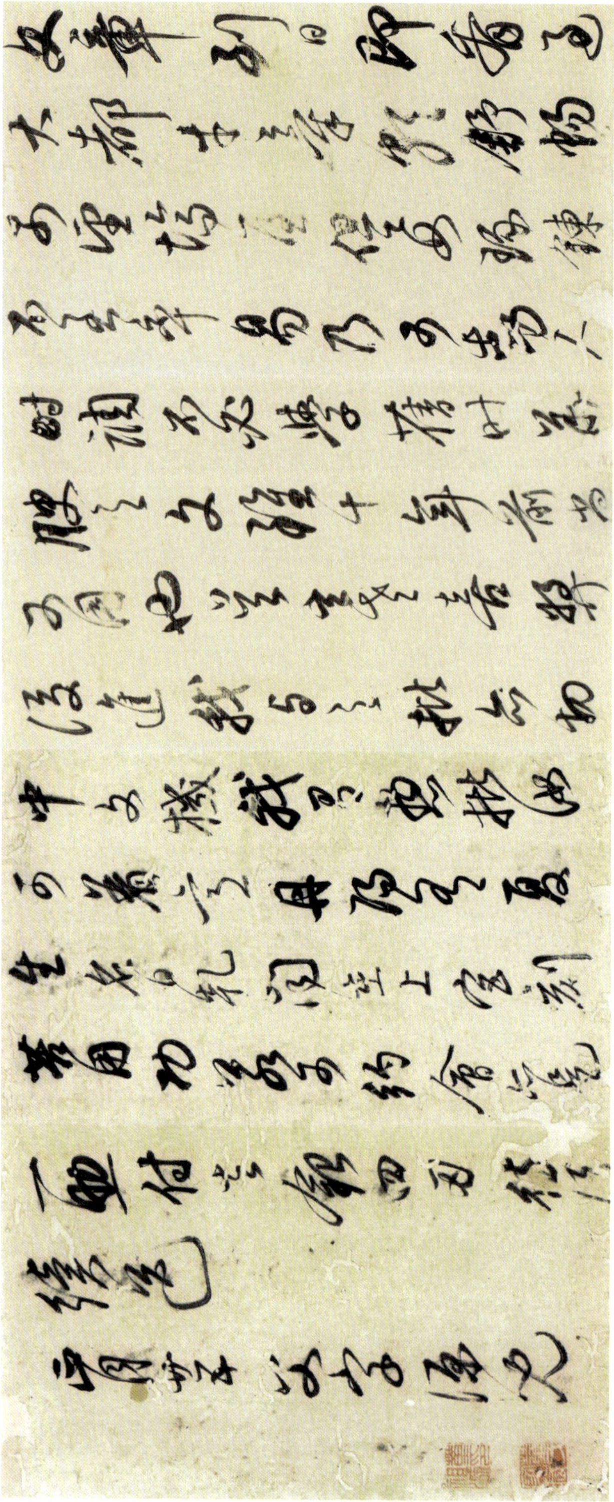

图 7-1 董其昌致董祖源札,上海图书馆藏

图 7-2 董祖源"董祖源印""董氏家藏"印

由此可知，董其昌数子当中，最有希望获得功名的是董祖源。董其昌本人擅长制义，未中进士前曾经在平湖私塾中教书，后来又被陆树声、王锡爵聘请教授陆彦章、袁可立、王时敏等人。董其昌对董祖源的培养是不遗余力的，还将制义旧稿留给祖源。但是董祖源在科考中并不顺利，后来还是承袭了恩荫。祖源的性格比较好静，能够在句曲山中读书，飘然世外。陈继儒就将他与董其昌相比，特别提到"丹铅经史不去手"。在书画与读书方面，祖源是与董其昌最为相像的。董其昌此札后有"董祖源印"朱文方印和"董氏家藏"白文方印，应该都是董祖源所钤。（图7-2）祖和、祖源都有"董氏家藏"印，但是印文刻法有别，不是同一方印。而上文提及天津博物馆藏董其昌《仿董巨山水图》轴所钤"董氏家藏"印，与此札的"董氏家藏"印非常接近，仅"董"字的个别笔画有所差别。虽然无法确定此札就是王芑孙所见董氏信札，但他如果未加比对，仅凭记忆确实很容易误以为真。

由于董祖源爱好书画，董其昌的一些书画精品都是经其收藏的，如上海博物馆藏《秋兴八景图》册（图8-1、图8-2）、北京故宫博物院藏《仿古山水图》册（图9-1、图9-2）等作品上皆钤有"男祖源珍藏"朱文方印。此印见于著录的还有《董华亭书画录·董文敏仿郭忠恕山水图轴》，作于天启五年（1625）乙丑，今藏南京博物院，钤于画幅右下角。（图10-1、图10-2）美国大都会博物馆藏八开《山水册》，每页亦有"男祖源珍藏"朱文方印。（图11-1、图11-2）另《湘管斋寓赏编》卷四《董玄宰小楷袖珍卷》记载，此卷上亦钤有"男祖源珍藏"印。

这足见得董祖源能够秉承父志，而他本人也擅长绘画，可惜流传甚少。赵珩《文人画琐谈》曾论及自家收藏的董祖源作品，是较罕见的详细讨论董祖源绘画的资料，故全引如下：

> 董其昌之季子祖源也擅长绘画，而几乎没有作品传世。先祖旧藏董祖源册页，纸本旧裱，且残破较甚，似经丧乱。册后有许巨川诗跋。许巨川与董祖源是表兄弟，跋中明确道出此画是华亭民变中之遗珠。为此，我曾查阅明末《民抄董宦事实》一文，此对当日华亭民变经过记述颇详。董其昌与子祖和、祖常、祖源同居乡里，除祖和一宅因"平日稍知敛戢，民怨未深"而"巍然独存"外，董其昌与祖常、祖源三宅"数百余间，画栋雕梁，朱栏曲槛，园亭台榭，密室幽房，尽付之一焰中矣"。祖源的房子在三宅之中，是最后被焚的，其屋舍华丽，收藏之丰，又远逾乃父。"其妻为徐相国玄孙女，苏州申相国之甥女，查资极盛，造堂房二百余间，楼台

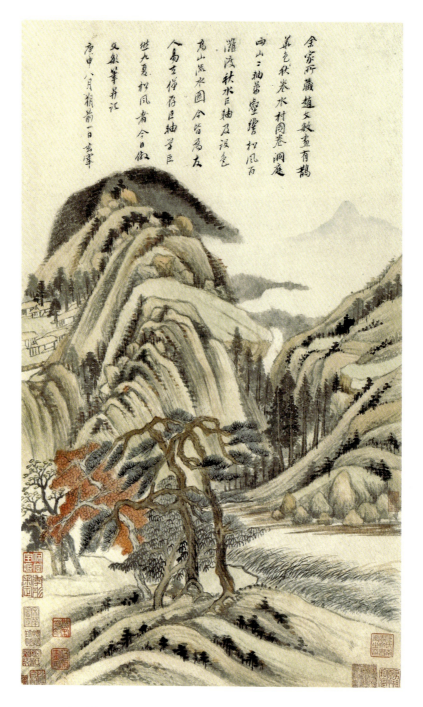

图 8-1 明 董其昌《秋兴八景图》册之一，上海博物馆藏

图 8-2 《秋兴八景图》册上钤盖的"男祖源珍藏"印

图 9-1　明　董其昌《仿古山水图》册之一，故宫博物院藏
图 9-2　《仿古山水图》册上钤盖的"男祖源珍藏"印

257

图 10-1　明　董其昌《仿郭忠恕山水图》轴，南京博物院藏
图 10-2　《仿郭忠恕山水图》轴上钤盖的"男祖源珍藏"印

图 11-1　明　董其昌《山水册》之一，美国大都会博物馆藏
图 11-2　《山水册》上钤盖的"男祖源珍藏"印

堂榭,高可入云。粉垩丹青,丽若宫阙,此真轮奂之美也。乃落成未半载,一炬成灰,澌灭殆尽。"

这本八开山水册页是祖源作于民变之前,许巨川的诗跋既表达了与祖源的中表之情,同时对祖源的绘画才华也极为推崇,认为祖源的才气远在苏庭硕、米元章之上。祖源字季苑,题款或书祖源,或书季苑,从题款的位置上看,很有可能是在画成若干年后补题的。笔墨多为习作或不经意的作品,据许巨川跋语可知祖源卒于丁亥(一六四七),大约晚于董其昌十一年。

祖源作品未能较多传世的原因,除华亭民变,一部分被毁之外,主要是他不以绘画作谋生手段,阅古临摹仅为消遣于笔墨之间。当然,与祖源未仕,且在松江府一带名声不好也有一定关系。仅从旧藏董祖源八开册页看,他对笔墨的运用和气韵的抒发确实是直追元人,其中二幅是仿董北苑的作品,皴、擦、点、染互施,枯中有润,于不着力之中尽显古人笔意,确是不为物象所束缚,趣味高致,堪称逸品。[16]

如果许巨川跋语中董祖源卒于丁亥是确切的信息,那么顺治四年(1647)祖源便辞世了,算是比较短寿的。他的绘画风格遵循董其昌的教导,以南宗画为学习典范,可以"直追元人",特别是模仿董源之作,尽显古人笔意,画格在"逸品"范畴。(图12)

但是,董羽宸给董祖源所作传记显然充满了溢美之词,因为就祖源文艺方面的修养而言是比较符合他的描述的,而其为人处世则并非"百行淳备,出乎至性"。所谓"人无完人,金无足赤",祖源也难免瑕疵。

董祖源的大哥董祖和出生三年之后的万历十七年(1589),董其昌中进士,跻身于上层士绅社会。董祖源的二哥董祖常的生卒年不详,但他们二人应当年纪相差不大。董祖常出生时董其昌的家境应当明显好转且殷实了,加之董其昌忙于经营仕途,对他的教育恐不如长子祖和那样具有优良的榜样性。所以祖常养成了骄横的习气,以至于后来酿成大祸。董祖源出生时,董氏的家境已经步入富裕之列,在松江的士绅阶层中,地位也大有抬升。所以,董其昌为祖源攀得了首辅徐阶、申时行这样的姻亲。

根据《民抄董宦事实》所说,"其妻又为徐相国玄孙女,苏州申相国甥女",董祖源与当时最为显赫的两大家族结为亲戚。但是这一说法并不完全准确。董祖源的岳父应是徐肇惠,字苾夫。徐肇惠的祖父为徐阶,他是徐阶第三子徐瑛的长子。肇惠本人也蒙祖父官荫仕至尚宝丞,未赴而卒。[17]万历四十八年(1620)

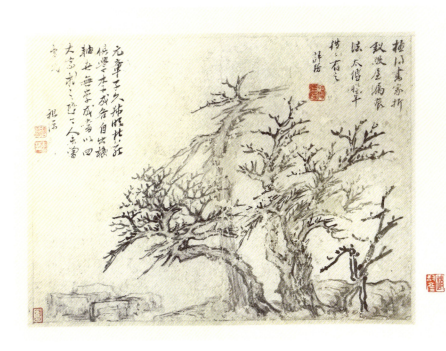

图 12　明　董祖源《山水图》册之一，私人藏

董其昌绘《风亭秋影图》（图 13-1、图 13-2），即是赠送徐肇惠之作。画上题云："云开见山高，木落知风劲。亭下不逢人，夕阳澹秋影。仿倪云林，为荩夫老亲家。庚申中秋，玄宰。"[18]《尺牍辞典》曰：

> 子之岳父母曰亲家，女之翁姑亦曰亲家。通函即称"亲家"。亦有称男亲家为"亲翁"，称女亲家为"姻嫂"者。[19]

因此，徐肇惠与董其昌为亲家，董祖源的妻子应该是徐阶的曾孙女，而非玄孙女。

《民抄董宦事实》云：

> 祖源雄于父赀，而其妻又为徐相国玄孙女，苏州申相国甥女，奁资极盛。初辟居时，止数十椽，以后广而大之，乃尽拆赁房居民之居而改造焉。亲见其未迁居之小户，被董仆揭其屋瓦，露居雨立，逼逐搬徙而无奔者。[20]

图 13-1　明　董其昌《风亭秋影图》轴，私人藏
图 13-2　董其昌《风亭秋影图》轴题跋"荩夫老亲家"即徐肇惠

董祖源能够在马嵯寺购置住宅，勒令邻居拆迁，可见其雄厚财力与八面威风。在土地与房屋的买卖交换过程中，可能存在一些利益冲突，或因未满足拆迁条件而产生"钉子户"。但以一己之私欲凌驾于他人毁家破产的代价之上，也可见董祖源德行修为上的缺陷。"福缘善庆，祸因恶积"，董祖源的豪宅落成刚刚半年左右就被暴民付之一炬。他营建此宅，应是在结婚之后，若以二十岁结婚来算，推测他大致出生于万历二十四年（1596）之前，应是比较合理的。在董其昌这三个儿子中，唯有长子祖和的人品谦和，故其住宅虽夹在董氏诸宅中间，百姓却有意保护不予烧毁。

董祖源有二子黄中、建中。次子董建中生母并非出身高贵的徐氏，而是祖源之妾许氏所出。他遗传了董其昌的艺术基因，也擅长书画，史称其画花鸟得黄筌法。《董氏族谱》记载了康熙四十四年（1705）春，康熙帝南巡时与董建中的交往。董建中进呈董其昌真迹一轴、花卉一册、万寿蟠桃一幅，得到康熙的赏识。康熙说起自幼跟随松江人沈荃学习董其昌字体，并了解了董建中家庭情况，给予赏赐与照顾。董建中作品存世尚多，除博物馆藏品外，笔者亲鉴杭州灵隐寺藏有董建中花鸟画一轴，大约是清初时风，以没骨画法为主。（图14-1、图14-2）

图14-1 清 董建中《花鸟轴》（局部），杭州灵隐寺藏

图14-2 《花鸟轴》上董建中题识

《民抄董宦事实》系记载万历四十四年（1616）的事件，尽述董其昌、董祖和、董祖常、董祖源宅第，唯丝毫未曾提及董其昌第四子董祖京之事，合理的解释应是当时祖京尚未出生。陈继儒在董其昌去世后作《祭董宗伯文》，其中有云：

> 兄亦何恋，兄亦何牵？祖京年稚未婚，而妇翁如王太常者，夙闻其家范之端严，虽子衿未青，而名师教之，名兄辅之，岂难一博士弟子员？[21]

由此可以判断董祖京为董其昌少子。董其昌卒时，董祖京尚未成年，没有结婚，但是应当长成了十岁出头的少年，而且已经有了定亲，其妇翁为王太常。所以陈继儒认为这个少年有其岳父家族的扶持，还有其兄长的辅导，虽然年幼尚未获得功名，但一定会有好的前途。若假设董其昌卒时董祖京为十八岁以内而十二岁以上，可以推测，董祖京差不多是董其昌六十五岁后到七十岁前晚年所得之子。由于陈继儒在董其昌卒后撰《思白董公暨元配龚氏合葬行状》，可知董其昌元配夫人龚氏应稍先于他去世，且年龄衰老。加之董其昌晚年姬妾众多，故董祖京应是某一位侍妾所生。而据《董氏族谱》记载，祖京生母唐氏，配王氏，子之帷（《世传》记载名"奕璜"，原名"之帷"）。

其实，陈继儒所说董祖京的岳父王太常即王时敏，其次女嫁给了祖京，于崇祯十二年（1639）完婚。从时间来看正好是董其昌去世三年后，符合古人守制三年的规矩。《王时敏年谱》云是年"次女适华亭董祖京"。[22] 王时敏第五子王抃也称此年"二姊于归董氏，文敏公之第四君也"。[23] 皆可证明董、王两家的姻亲关系。

但是后来董家逐渐衰落，日子并不好过。《西庐家书》记云：

> 此月中旬，松江徐家姊同福官小女到家，住四日而去。其贫已极，衣皆旧敝，头上皆白骨铜簪。据云口食不周，无以度日，细察其情状，比前实可哀怜，非有矫饰。去未几日，忽董家二姊差其妾喜姐持书昏夜扣门，必欲面见。书云穷困已极，南翔房租，力不能还，房主有见拒之意，欲挈家搬到我家。其作想甚奇。当夜汝母大叱挥之出宅，我差人送夜饭至舟中，见欲仙与子俱在船中，我亦佯为不知。次早略送舟金米担而去。我思徐、董皆天大人家，一旦狼狈至此，虽其望我者深，殊欠体谅。然情关骨肉，岂能恝然。父母俱因贫窘，既不能少有周助，而汝母词色加厉，绝之已甚，殊为不情。[24]

"松江徐家姊"是王时敏的三姊,即王衡的季女,妻徐本高。"福官小女"应是王时敏三女,于崇祯十三年(1640)嫁给徐本高之子徐佐(羽明)。[25]徐本高的祖父是徐元春,徐元春则是徐阶的长孙。因此王、徐、董三个家族相互之间有着错综的联姻关系。虽然王氏与徐氏都是宰相故家,而董氏亦是豪族,但是经过明清易代的历史现实,都走向了没落。王氏后人犹有显达,徐、董二氏这样的"天大人家"则湮没无闻,实为可叹。南翔有嘉定李氏家族,王衡的长女与四女皆配李氏。王衡、王时敏父子与南翔李先芳交好,王衡四女即是李先芳次子李宗之的妻子。董祖京家竟然流落到租住南翔,并无力支付房租的地步,转而向王时敏求助,希望挈家搬到王家过渡,结果遭到王时敏妻子的呵斥和拒绝。王时敏念在骨肉之情,还是差人送夜饭与金米至舟中,竟然发现董祖京夫妇都躲在舟中,王时敏也"佯为不知"。从王时敏的叙述来看,董家在明清易代中的衰颓景象跃然目前。虽然董祖源娶了徐肇惠的女儿而奢极一时,但估计后来的家庭生活与其幼弟董祖京一样逐渐破落了,特别是顺治四年(1647)祖源去世之后,其家之衰败比之祖京恐怕有过之而无不及。

王时敏不仅是董其昌的高足,而且成了董氏的儿女亲家。董其昌有多幅作品赠送王时敏。如《虚斋名画录》卷十三有《明董文敏为王逊之写小景山水册》,作于天启五年(1625),其款跋云"乙丑九月,自宝华山庄还,舟中写小景八幅,似逊之老亲家请正。玄宰。"[26](图15)作品今藏上海博物馆,这说明董其昌七十一岁时便与王时敏定下儿女亲,则董祖京还甫及髫龀。《吴越所见书画录》卷五有《又董文敏为王奉常画山水立轴》,作于崇祯二年(1629),也是送给王时敏的作品,其款跋云:"逊之尚宝以此纸属画……己巳又四月廿一日,青龙江舟次,其昌似逊之老亲家正。"[27]

故宫博物院藏董其昌《行书手札卷》共有五札,从行文内容和"老亲翁"的受信者称呼来看,都是写给王时敏的。其中有三札提到董祖京,其一云:"小儿久失学,今年得师,或不至负老亲翁至爱耳。余有嗣布。"其二云:"每向眉公云,屡拜厚贶,而敝里一无佳产可以奉报百一。兹又辱种种分甘,且京儿过损金玉之惠,举家惭感,先此布谢。"其三云:"小儿京自七月面试,三六九皆作二篇,顷县试未冠题,令拟一首,虽单薄无华,未至荒涩,呈老亲家览之,以慰厚望于万一耳。"[28]另有第四札书于二月十九日,董氏提到自己"以先往海邑为亡儿分拨家事,滞留数日",因《董氏族谱》无此"亡儿"姓名,很可能推测为另一位年幼之子夭亡,故不见于记载。但是,若此"亡儿"为夭折小孩儿,应尚未成家,更不须董其昌远赴上海县为其分拨家事。目前无更多资料证明董其昌晚年有儿子夭折,且董氏见诸记载的四子中,唯次子祖常

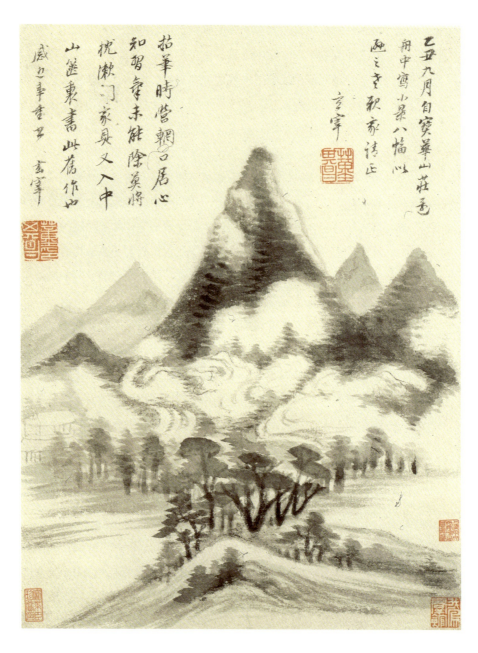

图15 明 董其昌《宝华山庄图》册之一,上海博物馆藏

图16 明 董其昌《细琐宋法山水图卷》（局部）及题跋，上海博物馆藏

的生卒年不详，另三子均卒于清代，所以此"亡儿"更可能是董祖常，他卒于董其昌之前，其妻为上海潘氏家族成员。

《南宗北斗：董其昌诞生四百五十周年书画特集》对本札卷的作品说明根据第一札"读至尊舅长公雄笔灼然，文肃正传，岂迩来习气自豪者所敢望。丙岁首抢可必矣"，认为"文肃"当为王锡爵，"丙岁"当为万历四十四年（1616）丙辰科，"可知董其昌此札书于五十岁后，六十二岁前"。[29]然而本札卷数札书风一致，时间亦相差不多。其中三处提及祖京，且云祖京就学和县试等事。以董其昌六十五岁后到七十岁前生祖京来算，董其昌书此札卷时年纪至少在七十五至八十岁以上。而符合这一时间的"丙岁"只有崇祯九年（1636）丙子，书札的"嘉平廿日"应该是崇祯八年（1635）的十二月廿日。丙子岁是会试，而非殿试，殿试在崇祯十年（1637）丁丑。结合董其昌的其他作品来看，本札卷符合其晚年风格，应是很晚的作品。这样才能与他几个儿子的情况相符合，由此推算董祖常的卒年大约是在崇祯九年的年初。

上海博物馆藏《细琐宋法山水图卷》（图16），卷尾有董其昌题跋云：

> 山水卷不多作，自八十一岁后，时复为之，以试眼力。曾观沈启南八十一岁仿梅花道人卷，彼时吾年七十九，恐八十后无复能事。今乃益作细琐宋法，与儿祖京收藏，以知吾老去盛衰之候。丙子九月重九前二日，思翁。[30]

根据题跋的文义，董其昌七十九岁曾观赏沈周八十一岁仿吴镇的山水卷，担心自己八十以后没有精力画画了。但是自八十一岁后，他又时常画山水卷，用来表现自己眼力未衰。董其昌对宋人的学习主要是在其年轻时，后来则逐渐由"元四家"的文人画上溯"南宗画"脉络。这卷《细琐宋法山水图卷》却是规模宋人严谨繁密之意，这在董其昌集大成的晚年是很少见的。此图虽然在笔墨上仍然追随元人，但是构图繁复严谨，皴笔茂密苍郁，丝毫不见衰老的迹象。此卷落款是"丙子九月重九前二日"，即崇祯九年的九月初七日，董其昌犹神明灿然。按照陈继儒撰《思白董公暨元配龚氏合葬行状》所记"仲冬九日，忽痰作，不三日而卒"来看，董其昌创作此卷时距离他的卒日仅仅两个月，应当算得他最晚年的"巨制"了。董氏本人对此卷非常满意，所以交付给最年幼的儿子祖京保管，尽显他对这位幼子的疼爱之情。《董氏族谱》的九世传中，董其昌的侄辈董羽宸为董祖和、董祖源二人作传，却没有董祖常和董祖京的传记。个中缘由，应是祖常为人令人不齿且有忌讳，而祖京又太年幼。

三、董氏第宅

明末清初王沄《云间第宅志》乃追忆明末松江富家旧宅，据其记载可知董其昌的宅子在松江府城东南隅。从前都是水田，董氏家族后来居上，逐渐在这块地方发展起来。甚至之后因水田逐步消失而龙渊水竭，淤塞的乌龙潭也被董庭买下作为园林，极尽亭台花木之盛。[31] 松江府城以府治为标志，可以划分为南北两个区域。城南面的风水是很好的，出了"四铁御史"冯恩、内阁首辅徐阶、礼部尚书董其昌等大人物。而府治后面一带的运气就没有那么好了，那里虽然都是缙绅的第宅，没有一椽民房，但是"二百年来不发一科第"，直到万历四十一年（1613）癸丑，才出了一个朱景和，中了科甲。[32]

整个的松江城被水流东西横贯，然后分别向南北方向环绕，同时也形成更多更小级别的环流。于是，从俯视的角度，整个城被网状的河流分割成许多大小不一的区域。虽然明末战乱破坏了府城内的建筑分布，但是河流水网不会改变，依据河流的方向与流域便可找到具体的位置。

其中一条记载云：

> 南门内有河，自南亘北，有石桥三，曰新桥，曰迎仙，曰城隍庙，界至庄老桥入于河，东行支河一，自长春道院而东者已浅塞，一自陆家桥东过乌龙潭董文敏所。[33]

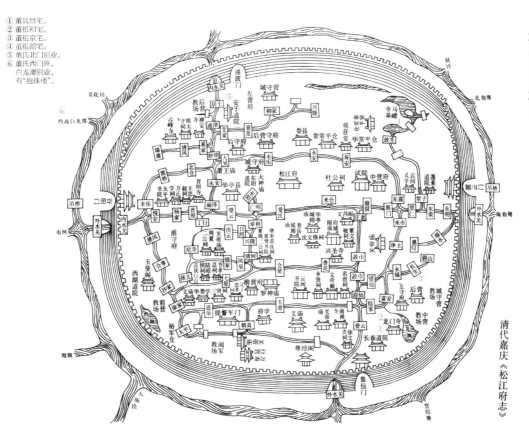

图 17　松江府城图中董其昌第宅的大体位置

　　从清代嘉庆年间修《松江府志》的府城图（图 17）可以看到，松江城的南门叫集仙门，那里的水流进城后，在南北走向的同时也向东分出三条支流，其中第一支自长春道院向东，但明末即已淤塞；第二条支流自陆家桥向东流过乌龙潭（又称龙渊），此处就是董其昌的宅子。第三支自望仙桥向东流过千户所，又分流向北过净土桥和米市桥，流入治前河；但东行的分流过长生桥才折向北，流经织造局坦水桥，循着东城隅入于治前河（在清代嘉庆二十二年《松江府志》中，此分流在"假山""惠灯"二桥间断开，大概至清中期河道淤塞，也被人为切断了。）龙渊在府城东南隅，董其昌宅子就在龙渊的西面。

又云:

> 盛太学庆远宅,本陆孝廉万言宅。南面乌龙潭,与龙门里相对,今潭堙塞,董文敏孙庭筑为园。积庆寺东,从祖孝廉台稷宅,董文敏公其昌宅,长子荫君祖和宅在后。[34]

由此可知,明末时期龙渊湖水逐渐堙塞干涸,董其昌嫡长孙董庭在此建筑园林。董庭是董祖和长子,董其昌崇祯三年本《容台集》就是他们父子编纂的。

董氏宅与潭之间,以前是冯恩之孙冯大受的竹素园,后来转卖出去,一分为三。南边是许誉卿的园林,建有爱日堂;西面是杨汝成的园林;东面是杜元培的园林;居中是龙门寺,向北是杜元培的宅子。董其昌宅北是他的长子董祖和的宅子,再向北是杨继礼与其子杨汝成的宅子。杨家宅子的东面就是董其昌的学生叶有声的宅子了。董其昌宅西与坐化庵相邻,有"数百余间,画栋雕梁,朱栏曲槛,园亭台榭,密室幽房",而且"平日美居室,凡珍奇货玩,金玉珠宝,与夫丽人尤物,充牣室中"。[35]

在这座豪华的大宅里,有不少雅致的斋堂。为鉴赏和创作书画,董其昌建置了"玄赏斋"和"戏鸿堂"。而他平日参禅悟道,以禅论书画,所以又有"画禅室"和"墨禅室"。不过"画禅室"和"墨禅室"这几个斋号并不一定都与固定的建筑联系在一起,他在画上会题"苑西墨禅室",说明他在出仕之地也有此斋。[36]董其昌一生苦心孤诣地收藏董源的画作,来印证他的"南宗"画构想,并由他所收最得意的四幅董源画,设"四源堂"。万历三十二年(1604),董其昌在西湖得到一个宝鼎,他很珍视此物,便以此名其藏书之室为"宝鼎斋"。[37]他还为友谊深厚的陈继儒特意建筑了"来仲楼"。陈继儒在《来仲楼法书》后题跋云:

> 王元美先生有"来玉楼",为汪伯玉题也。董玄宰先生有"来仲楼",为余题也。两人登此楼,除法书名画别无闲杂事。彦京与竹林之游累积成帖,百尺楼下客勿出示之。陈继儒题。[38]

董其昌在宅中亹亹不倦地从事他的书画鉴藏,从家中面向东边就可以看到龙门寺水木映带、梵钟整肃的清旷之景。龙渊之水遇旱不竭,元代的杨维桢曾就寺游宿,手植的杉树仍然存在,只是大半后来都成了冯氏的竹素园。

又云:

> 西长生桥运司前聂吏部慎行宅,王副宪会宅有百客堂,高太史承祚子太学秉菜宅、秉葉宅,董文敏少子荫君祖京宅。[39]

上述流过乌龙潭的第二条支流继续向北,便与第三条支流向东的分流会合,流向长生桥,此处便是董祖京的宅子,在董其昌宅东北方向。

又云:

> 城西北隅马嵋寺,董荫君祖源宅,有龙孙馆,文敏书。[40]

王沄说马嵋寺在城西北,但是参照嘉庆二十二年(1817)府城图与现代地图可知应该在城东北隅,而非西北。马嵋寺又称北禅寺,原来是非常荒僻的地方,相传日偏薄暮即为鬼魅之乡。古寺年久逐渐颓圮,仅剩寺门两株古树屹立,四周民居侵蚀去大半土地。后来经过僧人雪庵、悟空的相继修葺,从前的僧寮佛宇都焕然改观,可以称作云间净土。寺庙之左是陈懿德的旧第,后归钱氏。何三畏购置后加以更新,扩大为园林,就是著名的"芝园",大约有数十亩之大。园内有"观濠堂""歌风馆",以及亭台竹木之盛,陈继儒曾为之作记。

《民抄董宦事实》对董祖源宅有详细记述:

> 造堂房约有二百余间,楼台堂榭,高可入云,粉垩丹青,丽若宫阙,此真轮奂之美也。乃落成未半载,一炬成灰,死灭殆尽,仅故宫遗址,令人叹息,与荒烟断石之间而已。令祖源复过此,安胜禾黍之痛哉。[41]

从地理位置而言,董祖源宅距离董其昌宅最远,属于松江府城中后来开发的地方,不是城南的传统吉地。刚开始董祖源宅子只有数十椽,但他为了一己之私,依仗其父董其昌,还有妻族徐阶、申时行家族,在扩建之时对邻居小户人家进行强拆。虽然他的宅子在董氏第宅中是最为豪华的,但是最终在矛盾爆发中遭受火毁,损失最为惨重。[42]因此,住址不仅要讲究风水,还要注重居住者的德行,所谓"德不孤,必有邻"。

由以上王沄的四条记载可知董其昌宅、长子祖和宅、少子祖京宅,以及三子祖源宅之所在,唯未提及次子祖常宅。但是根据史料可以分析,董祖常宅应该在董其昌宅附近。

万历四十四年(1616),由于董氏在松江当地积怨已久,爆发"民抄董宦"事件。据《民抄董宦事实》记载:"至于刊刻大书'兽宦董其昌''枭孽董祖常'等揭纸。"[43]又云:"只烧董宦一家住宅。且拆且火,数百余间,画栋雕梁,朱栏曲槛,园亭台榭,密室幽房,尽付之一焰中矣。"[44]又云:

> 时祖和一宅介其间,巍然独存,盖以平日稍知敛戢,民怨未深故也。[45]

案发后,由于事态继续严重化,松江合郡士大夫与孝廉齐发《合郡士大夫公书》与《合郡孝廉公揭》,来表达对应天学政、钦差督学御史王以宁督令苏松兵粮道处理结果的不满。以至于苏州、常州、镇江三府联合参与会审,《苏常镇三府会审断词》有句云:"董祖常屋被焚抢,姑免深求。"[46]

《松江府辩冤生员翁元升张复本姚瑞征沈国光张扬誉冯大辰陆石麟姚麟祚丁宣马或李澹陆兆芳》云:"吾松豪宦董其昌……扩长生桥之第宅以居,朝逼契而暮逼迁。"[47]又有一段专列董祖常恶行云:"兼以恶孽董祖常,一丁不识,滥窃儒巾;万恶难书,谋充德行;依仗父势,玩藐官常……"[48]又云:"先毁陈明之居,外火方起,内火应之,而祖常、祖源之宅俱为烬矣。祖和宅介其间,以敛怨未深,纤毫不动。"[49]又云:"而剥裩捣阴之祖常、陈明,从来未尝到官也。"[50]《权斋老人笔记载定陵纪略董氏焚劫始末》:"仲子祖权,倚势横行,民不堪命。"[51]

以上文献显示董祖常平日为恶多端,终于引起"民抄"事件,为主要肇事者。虽然王沄所记未提及祖常宅,但他的宅子应当与董其昌宅连为一处,所以宅子一起被焚。而三子祖源之妻乃徐阶曾孙女,平日亦骄横豪奢,故宅子亦被焚毁。唯有长子祖和为人谦让收敛,虽然宅子立于其间却巍然幸存。"民抄董宦"发生时,少子董祖京尚未出生,因此在此事件中没有涉及,然而董其昌已经扩展长生桥的宅地,后来便是祖京居住在这里。

从龙渊的董其昌宅开始,最近是董祖常宅,向北是董祖和宅,再向东北的长生桥(后来的董祖京宅),董氏住宅逐渐扩张,基本将城东南隅的董宅连成一片,并延伸到城东北马(山耆)寺的董祖源宅。在董氏住宅扩张的过程中,征地、强拆、毁契等事情时有发生,并且借助陈明等打手无赖的威风得以完成,所以百姓不仅深恨董氏,而且痛憎陈明等奴才走狗,故将他们的第宅焚毁。

在北门附近,董其昌还有另外一所别宅,也是他与朋友吟咏清赏之所。崇祯元年(1628)的清明日,董其昌曾约陈继儒在这里相会。他们欣赏、讨论书画,陈继儒为董氏所临写的王帖作题跋。董其昌说自己"今日始悟法书,觉从前皆未得正龙正脉"。陈氏观赏了《曹娥》《洛神补》二帖,"始信非诳语,此帖所在,非吉祥云覆之,当有天雨花其上"。[52]

松江城西门之外有一处名胜白龙潭，其南通小清河，北通二里泾，东出与护城河相汇合，北为采花泾。潭广十余顷，相传有龙蛰伏其下，故名白龙潭。潭水很深而且清澈，可以用来沏茶或酿酒。如果天旱时祈祷，还可以求雨，据说非常灵验。由于风景幽胜，潭面逐渐被商民侵占，每逢花晨月夕，还经常有游人游赏，箫鼓画船，岁时不绝。[53]有时，龙潭上还会举行龙舟水戏，某年端午节，董其昌就观看了龙舟竞渡，并作诗云：

> 归客炙恢侯，都人游冶场。舁来看竞渡，是处比浮湘。水曲鱼龙戏，风前缯彩香。只将反骚意，永日对壶觞。[54]

董其昌也在此构建了一所坚致精巧的"书园楼"用以珍藏书画精品，时常与朋友、姬妾在此登高赏鉴。万历三十四年（1606），董其昌从湖广提学副使任上辞职，回到家乡后居住在这里，他神怡务闲，创作了一本十二幅的册页。[55]万历四十四年（1616）在"民抄董宦"事件中，书园楼被焚。据说当时愤怒的百姓将其匾额"抱珠阁"拆下抛入河中，并称："董其昌直沉水底矣。"后来又得以重建，名为"抱珠楼"。[56]抱珠楼外风景秀丽如画，董其昌将之与画中风景相媲。他收藏了董源的《溪山行旅图》，曾是吴门沈周、文徵明的藏品。一天，董其昌在西郊抱珠楼远眺城阴秀峰如簇、川源苍莽，他盛赞这风景是"一片江南画派"，便仿照《溪山行旅图》作了一幅山水画。[57]

董其昌还经常与朋友相约于城西"醉白池"觞咏唱和。入清之后，"醉白池"归顾大申所有，至今保存完好，特别是游廊之上嵌有原存明伦堂的"松江邦彦图"画像刻石，董其昌小像在焉。另外在闵行还有董其昌的一处别业"竹安斋"，植有元代柏树两株，一株到清朝中期已经枯萎了，而另一株至嘉庆时还活着。[58]根据府志的记载，在上海叶谢镇，董其昌未中第时曾在水月庵读书。[59]在上海县城西南筑有"拄颊山房"，据说也是董氏读书之处。山房"厅事前之庭心极广，叠石成小山，山下有池，颇饶幽致"。[60]整体布局上看则"木石最为苍古，有池一泓，思翁洗笔于此。亭榭布置，洒落可喜"。墙上还嵌有石刻"溪山清赏"，是祝允明的笔迹。[61]至晚清民国时，山房所在之地仍然称作"董家宅"，后易名"倒川弄"。

四、结语

虽然董氏自宋代迁到江南，至明代便已经发展为松江的大族，但是董其昌这支却并不显赫，他只是出生于仅有瘠田二十亩的小户家庭。直到董其昌考中进士，跻身于社会上层，才逐渐通过当时社会允许的规则，或购买或兼并了大量土地，聚集了众多财富。董其昌属于迁入华亭城的新贵，他和儿子们逐步在城东南扩建第宅、修筑园林，并向城北、城西发展。董其昌在家中培养儿子们，同时也忙于收藏，乐此不疲。董氏诸子和他们第宅起伏兴衰的命运，既见证了晚明社会世俗的繁华，也显示了明清易代历史的悲凉。同时，本文将董其昌家族成员之间的关系明了化，有助于对董氏作品及其相关收藏展开研究，对诸多作品的创作缘由和收藏始末都起到更好的理解作用。

〔1〕 任道斌：《董其昌系年》，北京：文物出版社，1988年。

〔2〕 郑威：《董其昌年谱》，上海：上海书画出版社，1989年。

〔3〕 王永顺编：《董其昌史料》，上海：华东师范大学出版社，1991年。

〔4〕 吴仁安：《明清时期上海地区的著姓望族》，上海：上海人民出版社，1997年。

〔5〕 "吴文"认为，"没有看到、也就均未引用《董氏族谱》"的著作中包括吴仁安《明清上海地区的著姓望族》一书，然而吴仁安此著第十章"附录"第三节"撰著本书征引的家乘、年谱、宗谱、族谱等谱牒数据及其他相关方志、论著一览"就列举了华亭《董氏族谱》。见吴耀明：《董其昌的生平和家世述论》，"绪论"第二部分"学术史回顾"，华东师范大学硕士毕业论文，2010年。

〔6〕 松江光训堂《董氏族谱》卷二《世谱》，第2册，第16—17页，康熙五十八年刊，上海图书馆藏。

〔7〕 前引《董氏族谱》卷六《世传》，第4册，第30页。

〔8〕 前引《董氏族谱》卷八《行状》，第5册，第47页。

〔9〕 《秘殿珠林》卷二《明董其昌书金刚经上下二册》，《景印四库全书》子部艺术类第823册，台北：台湾商务印书馆，1986年，第508页。

〔10〕 （明）朱时恩：《居士分灯录·居士分灯录劝缘引》，《禅宗全书》第14册，北京：北京图书馆出版社，2007年，第1354页。

〔11〕 （明）陈继儒：《陈眉公先生全集》卷三十六，第5页，《思白董公暨元配龚氏合葬行状》，崇祯刻本，上海图书馆藏。

〔12〕 前引《董氏族谱》卷八《行状》，第5册，第47页。

〔13〕 前引《董氏族谱》卷六《世传》，第4册，第31页。

〔14〕 《上海图书馆藏明代尺牍》第5册，上海：上海科学技术文献出版社，2002年，第166—169页。

〔15〕 （明）陈继儒《白石樵真稿》卷一《重刻董宗伯制义序》，第30页，《四库禁毁书丛刊》集部66册，北京：北京出版社，2000年。

〔16〕 赵珩：《文人画琐谈》，《读书》，2006年第8期。

〔17〕 《松江府志》卷五十五，嘉庆二十二年刊，《中国方志丛书》，台北：成文出版社，1970年，第1237页。

〔18〕 2005年中国嘉德秋季拍卖会。

〔19〕 吴东园等编：《尺牍辞典》子集"称谓类"，第13页，上海：国华书局，1921年。

〔20〕 《民抄董宦事实》，《明代野史丛书》，北京：北京古籍出版社，2002年，第286页。

〔21〕 前引《白石樵真稿》，第158页。

〔22〕（清）王宝仁：《奉常公年谱》卷二，《北京图书馆藏珍本年谱丛刊》第66册，北京：北京图书馆出版社，1999年，第382页。

〔23〕（清）王抃：《王巢松年谱》，《吴中文献小丛书》之四，第15页，江苏省立苏州图书馆，1939年。

〔24〕（清）王时敏：《西庐家书》"丙午一"，《丛书集成续编》第122册，上海：上海书店，1994年，第1032页。

〔25〕前引《奉常公年谱》卷二："（崇祯）十三年庚辰四十九岁。正月，三女适华亭徐佐。"第382页。

〔26〕（清）庞元济：《虚斋名画录》卷十三，《续修四库全书》子部艺术类第1091册，上海：上海古籍出版社，2003年，第29页。

〔27〕（清）陆时化：《吴越所见书画录》卷五，《续修四库全书》子部艺术类第1068册，上海：上海古籍出版社，2003年，第250页。

〔28〕《南宗北斗：董其昌诞生四百五十周年书画特集》，澳门艺术博物馆，2005年，第228—231页。

〔29〕前引《南宗北斗：董其昌诞生四百五十周年书画特集》之《作品说明手册》，第52页。

〔30〕此作现存上海博物馆，见《中国古代书画图目》第3册，北京：文物出版社，1997年，第36页。

〔31〕（明）王沄《云间第宅志》，《丛书集成初编》，上海：商务印书馆，1937年，第3页。

〔32〕（明）李绍文《云间杂识》卷二《府后第宅》，松江县地方史志编纂委员会办公室，1997年，第170页。

〔33〕前引《云间第宅志》，第2页。

〔34〕前引《云间第宅志》，第3页。

〔35〕前引《民抄董宦事实》，第285页。

〔36〕见万历二十七年（1599）作《溪山秋霁图卷》，见《选学斋书画寓目记续编》卷上，《历代流传书画作品编年表》，第94页，现藏南京博物院。

〔37〕（明）李日华：《味水轩日记》卷二，万历三十八年（1610）十月二十四日条载董其昌《宝鼎斋帖》题云："……甲辰秋，余得此于西湖，因以名藏书之室。儿子刻余真行各种书稍称合作者为《宝鼎斋帖》，有征余书者，以此塞请，足以简应酬之烦，一似永师作铁门限也。因书宝鼎名斋之意以系之。"《续修四库全书》第558册，史部传记类，上海：上海古籍出版社，2002年，第338—339页。

〔38〕容庚：《丛帖目》第3册，北京：中华书局，2012年，第1247页。

〔39〕前引《云间第宅志》，第3—4页。

〔40〕前引《云间第宅志》，第6页。

〔41〕 前引《民抄董宦事实》，第286页。
〔42〕 前引《民抄董宦事实》，第286页。
〔43〕 前引《民抄董宦事实》，第284页。
〔44〕 前引《民抄董宦事实》，第285页。
〔45〕 前引《民抄董宦事实》，第286页。
〔46〕 前引《民抄董宦事实》，第313页。
〔47〕 前引《民抄董宦事实》，第314页。
〔48〕 前引《民抄董宦事实》，第315页。
〔49〕 前引《民抄董宦事实》，第317页。
〔50〕 前引《民抄董宦事实》，第319页。
〔51〕 前引《民抄董宦事实》，第321—322页。
〔52〕 《石渠宝笈续编》第18册，《董其昌临王帖三种一卷》，陈继儒跋，《秘殿珠林石渠宝笈汇编》，北京：北京出版社，2004年，第1638页。
〔53〕 前引《松江府志》卷九，《山川志》，第230页。
〔54〕 （明）董其昌：《容台诗集》卷二，《五日龙潭观水嬉》，第25页，二十卷本《容台集》，上海图书馆藏。
〔55〕 （清）韩泰华：《玉雨堂书画记》卷三，《董文敏书画册》，转引自任道斌《董其昌系年》，1988年，第95页。
〔56〕 前引《民抄董宦事实》，第286页。
〔57〕 （明）董其昌：《容台别集》卷六，《画旨》，第13页，二十卷本《容台集》，上海图书馆藏。
〔58〕 前引《松江府志》卷七十八，《名迹志·第宅下》第1751页。
〔59〕 《松江府续志》卷三十八，《名迹志·寺观》，《中国方志丛书》，光绪九年刊，台北：成文出版社，1974年，第3716页。
〔60〕 孙家振：《退醒庐笔记》，上海：上海书店出版社，1997年，第52页。
〔61〕 （清）王韬：《瀛壖杂志》，《中华文史丛书》97册，台北：华文书局，1969年，第102页。

董其昌与晚明江南的书画消费

叶康宁／南京艺术学院

晚明的江南，尤其让人向往。如果说江南是明帝国的经济文化中心，[1]那么三吴就是江南的中心。[2]如文徵明所言："吾吴为东南望郡，而山川之秀，亦唯东南之望，其浑沦磅礴之声，钟而为人，形而为文章、为事业，而发之为物产，盖举天下莫之与京。故天下之言人伦、物产、文章、政业者，必首吾吴；而言山川之秀，亦必以吴为盛。"[3]

晚明的三吴之地为奢靡之风所笼罩，"人情以放荡为快，世风以奢靡相高"。[4]如张瀚所言："至于民间风俗，大都江南侈于江北，而江南之侈尤莫过于三吴。"[5]周履靖在为《易牙逸意》作序时也说："今天下号极靡，三吴尤甚。"[6]

与三吴的奢靡之风相一致，三吴的古玩书画消费亦远甚于江北。钱谦益《历朝诗集小传》有言："自元季迄国初，博雅好古之儒，总萃于中吴；南园俞氏、笠泽虞氏、庐山陈氏，书画金石之富，甲于海内。景、天以后，俊民秀才，汲古多藏。"[7]黄省曾《吴风录》亦云："自顾阿瑛好蓄玩器书画，亦南渡遗风也。至今吴俗权豪家好聚三代铜器，唐宋玉窑器书画，至有发掘古墓而求者。若陆完神品画累至十卷，王延喆三代铜器万件，数倍于《宣和博古图》所载。"[8]

本文拟以董其昌为中心，对晚明江南的书画消费活动略作稽考。

一、董其昌与书画酬酢

明代书画家詹景凤有一通手札致徽商方用彬:"佳册二、佳纸四俱如教完奉。又长纸四幅、中长纸六帖,听兄作人事送人可也,幸勿讶。"[9]"人事"有很多含义,此处指人际交往中的礼物。如宋代《云谷杂纪》说:"今人以物相遗,谓之'人事'。"[10]詹景凤送给友人方用彬几幅书画以为"人事",同时告诉他这几幅书画还可以作为"人事"转送他人。这通书信可谓解读书画礼品功能的绝佳标本。类似的信札还有很多,聊举两例如下。

一为文彭《与中山札》:"远别无以为情,小画一幅聊将薄敬,幸笑留,万万……彭顿首,中山工部尊兄先生。"[11]另一例为王世贞《与许殿卿札》:"吴中好事者为仆刻阳羡诸游稿,并所辑徐汝思诗附览。诗扇一握,画一帧,奉佐清燕之赏。余不多具。"[12]

英国美术史家柯律格注意到"人事"这个词在文徵明的书信中也出现过两次。其一是文徵明在为父亲文林治丧期间的一通手札:"到家,人事纷然,加以哀荒废置,未遑裁谢。"柯律格解读说:"这可能是文徵明众多感谢亲友为此丧事致赠礼品的信札中,意外流传下来的一封。信中用'人事'二字代表礼物,是最晚开始于宋代并沿用到明代的习惯用法。这两个字模糊了礼法中对香、茶、烛、酒、果等之'奠',与丝帛、钱财一类之'赙'的分别。"[13]其二是文徵明在入仕北京期间的一封信:"在此只是人事太多,不能供给。"柯律格翻译为"The presents are so many that I cannot give them all"(收到的礼物太多,让人几乎无法一一回赠)。[14]其实,这里的"人事",可能是应接不暇的书画酬酢。

董其昌就经常以书画为"人事"。据王弘撰《山志》记载:"(仇时古)为松江太守,与董宗伯思白、陈徵君仲醇善。有富室杀人,法当死,求宗白居间。太守故不从,曲令重酬乃释之。自是往来益密。宗伯每一至署,太守辄出素绫或纸属书,无不应者。所得宗伯书,不下数百幅。"[15]董其昌托松江知府仇时古办事,事后过往甚密,求字无不应,在很大程度上是还仇时古人情。假如董其昌自己不是书画名家,自然会想方设法地去购买仇知府喜欢的书画送他,以投其所好。

民抄董宦[16]之时,董其昌避祸于丹徒张修羽家,作为回报,为张临摹了很多古画。顾复的父亲看到其中部分,"册叶四五十页,又小幅数件。设色多,水墨少;绢素多,纸本少"。[17]

图 1　明　文徵明《真赏斋图》，上海博物馆藏

二、董其昌与书画斗侈

凡勃伦在研究有闲阶级时引入了"夸示性消费（Conspicuous Consumption）"的概念，[18]他说："以夸耀的方式消费贵重物品，是有闲绅士博取名望的一种手段。"[19]书画消费就是一种夸示性消费。

书画不仅能够满足人们的审美需求，更是官宦与富豪斗侈的理想选择。正如何良俊所说："世人家多资力，加以好事，闻好古之家亦曾蓄画，遂买数十幅于家。客至，悬之中堂，夸以为观美。"[20]

董其昌就喜欢用书画与人斗侈。据《万历野获编》，"董太史玄宰，初以外转，予告归至吴门，移其书画船至虎丘，与韩胄君古洲，各出所携相角。"[21]又："近年董太史（其昌）最后起，名亦最重，人以法眼归之。箧笥之藏，为时所艳。山阴朱太常（敬循），同时以好古知名，互购相轧，市贾又交拘其间，至以考功法中董外迁，而东壁西园，遂成战垒。"[22]董其昌与韩古洲、朱敬循常以书画"相角"，一遇名迹，就"互购相轧"，骨董商趁机穿梭其间，使角胜与争购的状况更趋激烈，于是"东壁西园，遂成战垒"。

嘉靖三十六年（1557），文徵明为锡山收藏家华夏绘《真赏斋图》（图1），并作《真赏斋铭》，其中有句话，概括了嘉万时期的夸耀性消费："今江南收藏之家，岂无富于君者？然而真赝杂出，精驳间存，不过夸示文物，取悦俗目耳。"[23]

斗侈的方式通常是举办雅集或者宴会。董其昌在北京时，也经常参加书画藏家的聚会，看到了很多名作巨迹。[24]

尽管并非所有庋藏书画者都是为了"免俗且斗侈",但"夸示文物"、以书画"角胜负"无疑具有较大的普遍性。正如凡勃伦所说:"显示经济实力以赢得荣誉、保重声望的办法,就是有闲以及进行夸示性消费。因此,在任何阶层中,只要有可能,这两种办法——有闲和夸示性消费——就都会盛行。"[25]庋藏书画成为有闲阶层区别于其他阶层的标志,夸示书画藏品也成为展示成功与地位的手段。

三、董其昌与书画赝品

万历四十二年(1614)农历十月十六日,嘉兴鉴赏家李日华在与朋友聚会时看到数幅"名盛而实不符"的假画,颇多感慨,于是提笔在其中一卷上写道:"此异代异迹,诚为异宝。然须俟异识归异人,措大不能有也。竹影破窗,金玉琐碎,恨不能呵幻为真,各饱馋意耳。"[26]书画藏家妄图呵幻为真,以赝作代真迹的例子屡见不鲜。

传为董源的《秋山行旅图》上,有董其昌题跋:"北苑画米南宫时止见五本,予见所藏凡七本,以为观止矣。都门又见《夏口待渡》卷,吴间泊舟,又见此本,皆世之罕物。"[27]米芾《画史》有记:"董源见五本。"[28]我们知道书画也是有寿命的,时间越后自然存世越少。加之靖康之难、宋元易代、元明交替,其间图书又蒙数次大厄,损毁不少。何以北宋的米芾仅见五本董源真迹,明末的董其昌却能家藏七本?董其昌真的自愚如斯?

董其昌曾藏有一幅传为李成的《晴峦萧寺图》,并题跋:"宋时有无李论,米元章仅见真迹二本,着色者尤绝望。此图为内府所收,宜元章《画史》未之及也。右角有臣李等字,余藏之二十年未曾寓目,兹以汤生重装潢而得之。本出自文寿承,归项子京,自余复易于程季白。季白力能守此,为传世珍,令营丘不朽,则画苑中一段奇事。戊午夏五之望玄宰题。"[29]可见这幅画董氏后来转售给了程季白。

李成画在北宋时已极为珍稀,据米芾《画史》记载:"李成真见两本,赝见三百本。"[30]到了明代,李成的作品更是几近绝迹了。董其昌十分推重李成,他说:"文人之画,自王右丞始,其后董源、僧巨然、李成、范宽为嫡子。"[31]既如此,他怎肯割爱《晴峦萧寺图》呢?

与他颇多交往的汪珂玉有一段话揭开了谜底:"眉公《妮古录》:'李成《晴峦萧寺》,文三桥售之项子京,大青绿,全法王维,今归董玄宰,余细视之,其名董羽也。'此录刻已久,岂玄宰未之见耶。乃玉林裱时,在戊午春矣,何又有此一番新话？"[32]眉公者，陈继儒也。他与董其昌是密友，董其昌有时请人代笔作画，还托他做中介。他既然发现这幅画是董羽而非李成所作，定然会据实相告的。董其昌显然是明了底细后，将画作加上"臣李"等字，予以转售的。其愚人之举昭然若揭。

沈德符在《万历野获编》中的一段记载也可与之相佐证："董太史玄宰，初以外转，予告归至吴门，移其书画船至虎丘，与韩胄君古洲，各出所携相角。时正盛夏，唯余与董、韩及董所昵一吴姬四人，披阅竟日，真不减武库。最后出颜清臣书《朱巨川告身》一卷，方叹诧以为神物，且云：'此吾友陈眉公所藏，实异宝也。'予心不谓然，周视细楷中一行云：中书侍郎开播。韩指谓予曰：'此吾郡开氏鼻祖耶？'余应曰：'唐世不闻有姓开，自南宋赵开显于蜀，因以名氏，自析为两姓。况中书侍郎，乃执政大臣，何不见之《唐书》？此必卢杞所荐关播，临摹人不通史册，偶讹笔为开字耳。鲁公与卢、关正同时，此误何待言？'董急应曰：'子言得之矣。然为眉公所秘爱。'亟卷而箧之。后闻此卷已入新安富家，其开字之曾改与否，则不得而知矣。顷韩宦滁阳，偶谈颜卷，予深悔当年妄发。"[33]可见董其昌所携颜真卿《朱巨川告身》（陈继儒藏）被沈德符点破为临作之后，董请沈"姑勿广言"，并很快将这幅赝品转售"新安富家"。

董其昌的劣迹还不止于此，据詹景凤说："王叔明《花溪渔隐》一全幅，纸写，大树千余株，似王笔作树身与点叶，并有逸趣。作小柳树数十株，乃大失步，山与石有佳者，有失步者，点苔则大失步，作小楷七八十字，落款乃生硬而不成章。想是当时高手临本，云间董翰林思白卖与黄开先，取价五十金。"[34]作为世不一出的鉴藏大家，董其昌名重当时，他尚且如此，又遑论他人？

书画消费繁荣的一个负面结果就是赝品的大量滋生。赝品实质是一种奢侈替代品。卜正民在《纵乐的诱惑》中分析了明代的奢侈替代品市场产生的原因，他说："奢侈品贸易还有刺激生产发展的一个方面，那就是对奢侈替代品的需求。生产工匠想把产品卖给富有者，实力稍差一点的富有者想买富有者买的东西，两股力量无意中不约而同地聚合的结果：一个活跃的奢侈替代品市场产生了。"[35]

四、董其昌与书画商人

董其昌的朋友圈里有不少骨董商。比较知名的有吴廷[36]和张慕江。

汪世清的《董其昌和徐清斋》一文中对吴廷的家世、生平以及与董其昌的关系进行了细致的梳理，指出"丰南吴氏丰富的书画收藏，特别是余清斋殷实的法书宝库，在董其昌成进士以后的艺术生涯中，长期而集中地向他提供珍贵的资料，使他不断地拓开艺术眼界，扩大临摹领域，丰富钻研内容，提高创作意境，从而必然会对他的艺术实践和思想的发展产生积极的作用。"[37]这一结论跳出了"无商不奸"的窠臼，认识到书画商人对艺术家的艺术观念和创作实践有积极影响。

董其昌曾经在吴廷的书画船中易得米芾的《蜀素帖》，并题跋（图2-1，图2-2）其后："米元章此卷如狮子捉象，以全力赴之，当为生平合作。余先得摹本，刻之鸿堂帖。甲辰年（1604）五月，新都吴太学携真迹至西湖，遂以诸名迹易之，时徐茂吴方诣吴观书画，知余得此卷，叹曰：已探骊龙珠，余皆长物矣，吴太学书画船为之减色，然复自宽曰，米家书得所归。太学名廷，尚有右军《官奴帖》真本。"[38]在《吴江村像赞》中，董其昌对吴廷的评价很高，说："人食以耳，汝衡以心。"[39]

至于张慕江，李日华在日记中也提到过他。"（万历三十八年正月）十三日，吴人张慕江来。慕江名体仁，年八十一而老矣，平生以书画舫行江湖间。今所携有倪迂《松坡平远》，……文徵仲山水一轴……又黄筌吐绶鸡一幅，展翅鹭一幅，皆真。陆包山《燕子矶图》。米元晖《云外孤峰》，……黄子久青绿大幅《秋山行旅》，绢素剥落，虽雄浑，恐未真。余迎慕江，慕江坐扁舟不能起，余因赠以白粒宿酿而别。"[40]

董其昌、陈继儒都与张慕江有交往。有一年七夕，董其昌泊舟吴阊，从张慕江手上买过一批书画，"有梅花道人大轴，仿巨然，水墨淋漓，云烟吞吐，与巨然不复甲乙。又高克恭《云山秋霁》与谢伯诚学董源《庐山观瀑图》，皆奇笔也。"[41]张慕江有一次带了件倪瓒的《采茶图》给陈继儒看，陈继儒说这幅画"俗气灼人"，是不折不扣的赝品。[42]

对有闲绅士而言，书画船是移动的文房；对骨董商而言，书画船是流动的摊肆。吴江村、张慕江都有自己的书画船。这些船只载着他们和许多名作巨迹在江南水网中穿梭，既加强了书画的流动，又丰富了藏家的阅历。

五、董其昌的收藏偏嗜

董其昌对董源特别偏爱，张口闭口都是"吾家北苑"。由于他提倡南北分宗，崇南贬北，所以他更喜欢购买南宗气息的泼墨画作，"辛卯（1591）请告

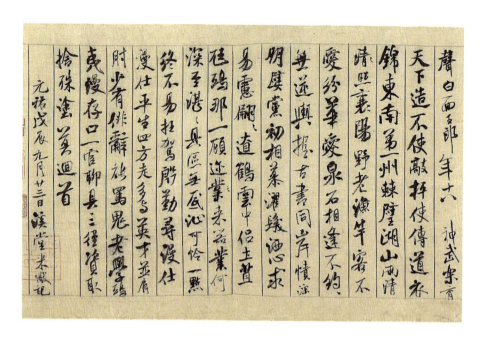

图 2-1 宋 米芾《蜀素帖》局部,台北"故宫博物院"藏

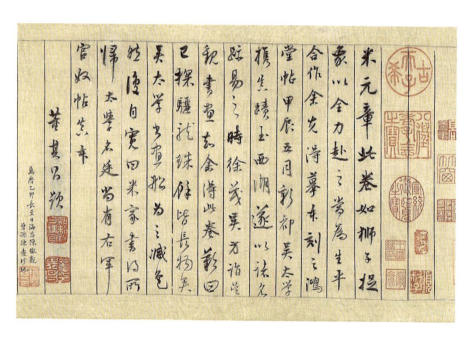

图 2-2 董其昌 跋米芾《蜀素帖》卷

退里，乃大搜吾乡四家泼墨之作。"[43]

在《画禅室随笔》中，董其昌对本地书画家的褒扬在在可见，例如："吾乡陆宫詹以书名家，虽率尔作应酬字，俱不苟且"；"吾乡莫中江方伯书学右军，自谓得之《圣教序》，然与《圣教序》体小异。其沉着逼古处，当代名公，未能或之先也"；"吾乡画家，元时有曹云西、张以文、张子正诸人，皆名笔，而曹为最高，与黄子久、倪元镇颉颃并重。曹本师冯觐、郭熙，此帧则仿巨然，尤异平时之作，藏此以存故乡前辈风流"等。董其昌的这些偏嗜体现了晚明书画消费活动的一个普遍趋势，就是对宗族观念和乡土意识的强调。一般情况下，藏家大都钟情于同姓名家和本地名家的作品。王世贞就很青睐"二王"的书作，每提及"二王"他都自豪地称之为"吾家右军"[44]"吾家右军大令"。[45]

乡土意识在很大程度上影响着鉴藏家的好恶。通过研究李日华，林逸欣发现："李日华除了对苏州、松江两地的画坛提出批评之外，对于家乡嘉兴一地先贤遗老的书画作品，他不但尽其所能地购买收藏，还写下大量的赏鉴文章，希望借着这些举动，宣扬本地的书画文化，实践其文人士大夫品位的延续。"[46]在《味水轩日记》中，李日华对本地画家大加赞誉，对松吴画家则颇多微词，如万历四十四年（1616）一月二十六日，"胡雅竹之弟五朝奉者，携姚云东（姚绶）《春溪垂钓图》来阅，笔甚古淡。题律一首，书法张句曲（张雨）。此老铁手腕，真仲圭（吴镇）之裔，其洒然自得处，未尝落时恬滑套中。而松吴之人，以浙派庇之，此正松吴近习不可医之根也。"[47]姚绶就是嘉兴本地画家，[48]《明画录》说他"生平类晋人风调。工山水，仿吴仲圭，墨色淹润"。[49]

六、余论

1981年，英国学者苏立文（Michael Sullivan）发表了 *Some Notes on the Social History of Chinese Art*（《中国艺术社会史札记》）把画家的职业化和艺术市场列为"中国艺术社会史必须探究的题目"。他说："中国艺术史充满了高傲的文人画家拒不卖画的故事，这使我们不仅要问，他们中许多没有官职的人究竟怎样维持生计。可以肯定他们只是把画送给知己朋友吗？假如他们卖画的话，怎么卖？由于中国绘画史一直都由文人士大夫撰写，他们煞费苦心地坚持自己是不言利的业余爱好者，所以这个方面在中国，或者在国外都一直没成为一个认真研究的课题。事实上，绘画买卖就像在古罗马那样常见，虽然它可能不像在文艺复兴的欧洲那样自由。绘画和其他艺术品经常在收藏家之间交换，在了结债务时进出。"[50]

以往的董其昌的研究，大都致力于他传世作品和艺术成就的考察。作为一个知名文化人，他所涉足的晚明书画消费活动则少人措意。梁启超说："我们研究历史，要将注意力集中，要另具只眼，把历史上平常人所不注意的事情作为发端，追根研究下去，可以引出许多新事实，寻得许多新意义。"[51]

一片石亦有曲处，一勺水亦有深处。通过董其昌，我们居然可以看到晚明书画消费的诸多曲处和深处。

〔1〕 明代江南仅苏、松、常、嘉、湖五府的税粮总和占去全国总额的五分之一。（周振鹤：《释江南》，载氏著《随无涯之旅》，北京：生活·读书·新知三联书店，1996年，第331页。）

〔2〕 "三吴"古今指代有别，《水经注》以吴兴、吴郡、会稽为三吴；《通典》以吴郡、吴兴、丹阳为三吴；《名义考》以苏州、润州、湖州为三吴。（《辞源》，北京：商务印书馆，1998年，第29页）谢肇淛说："三吴赋税之重甲于天下，一县可敌江北一大县。"（见《五杂俎》卷三，第50页）

〔3〕 文徵明：《记震泽钟灵寿崦西徐公》，载《文徵明集》补辑卷第十九，第1263—1264页。

〔4〕 《松窗梦语》卷六，第123页。

〔5〕 《松窗梦语》卷四，第70页。

〔6〕 （明）周履靖：《易牙异意序》，载韩奕《易牙逸意》，北京：中国商业出版社，1984年，第2页。

〔7〕 （清）钱谦益：《列朝诗集小传》丙集，台北：世界书局，1985年，第303页。

〔8〕 （明）黄省曾：《吴风录》，载《明人百家》，上海：上海文艺出版社，1990年，第165页。

〔9〕 陈智超：《美国哈佛大学哈佛燕京图书馆藏明代徽州方氏亲友手札七百通考释》，合肥：安徽大学出版社，2001年，第137页。

〔10〕 （宋）张淏：《云谷杂记》卷二，《景印文渊阁四库全书》本。

〔11〕 （清）卞永誉：《式古堂书画汇考》，《中国书画全书》（六），上海：上海书画出版社，1992年，第573页。

〔12〕 （明）王世贞：《弇州四部稿》卷一百二十二，《景印文渊阁四库全书》本。

〔13〕 邱士华、刘宇珍、胡隽译本，《雅债：文徵明的社交性艺术》，台北：石头出版股份有限公司，2009年，第29页。

〔14〕 同上书，第111页。

〔15〕 （清）王弘撰：《山志》，北京：中华书局，1999年，第19—20页。

〔16〕 万历四十四年，董其昌父子因鱼肉乡里，引起公愤。松江、上海、青浦等地人民万余人不期而集，焚毁董宅，并张贴揭纸，声讨其罪恶。史称"民抄董宦"。参见（明）佚名：《民抄董宦事实》，载《明太祖平胡录》（外七种），北京：北京古籍出版社，2002年，第283—322页。

〔17〕 （清）顾复：《平生壮观》，载卢辅圣主编：《中国书画全书》（四），上海：上海书画出版社，1992年，第1017页。

〔18〕 蔡受百译为"明显消费"，见蔡受百译本：《有闲阶级论》，北京：商务印书馆，2009年，萧莎译为"夸示性消费"，见萧莎译本：《夸示性消费》，

〔19〕 同上书，第8页。

〔20〕 （明）何良俊：《四友斋画论》，北京：中华书局，1959年，第869页。

〔21〕 （明）沈德符：《万历野获编》卷二十六，北京：中华书局，1959年，第655页。

〔22〕 （明）沈德符：《万历野获编》卷二十六，北京：中华书局，1959年，第654页。

〔23〕 （明）郁逢庆：《郁氏书画题跋记》卷五，载卢辅圣：《中国书画全书》（四），上海：上海书画出版社，1993年，第613页。

〔24〕 "长安（指北京）官邸，收藏鉴赏之家不时集聚，复于项氏所见之外，日有增益。如韩馆师之《内景黄庭》，杨义和书；殷司空之《西升经》，褚登善书；杨侍御之《绝交书》，王右羽书；王常奉之《汝南公主志》，虞永兴书；王司寇之《太宗哀册》，褚河南书；米元章之《西园雅集》小楷、杨凝式之《韭花帖》正书，更仆不数。皆得盘旋玩味，稍有悟入。"（见董其昌：《容台集》文集卷五）

〔25〕 萧莎译：《夸示性消费》，载罗钢、王中忱主编：《消费文化读本》，北京：中国社会科学出版社，2003年，第14页。

〔26〕 （明）李日华：《味水轩日记》卷六，上海：上海远东出版社，1996年，第419页。

〔27〕 （明）汪珂玉：《珊瑚网》画录卷一。

〔28〕 "关同真迹见二十本；范宽见三十本，其徒甚多；滕昌佑、边鸾各见十本；丘文播花木见三十本；祝梦松雪竹见五本；巨然、刘道士各见十本余；董源见五本；李成真见两本，伪见三百本；徐熙、崇嗣花果见三十本；黄筌、居寀、居实见百本；李重光见二十本；伪吴生见三百本。"（宋）米芾：《画史》，《丛书集成新编》53，台北：新文丰出版公司，1989年，第146页。

〔29〕 （明）汪珂玉：《珊瑚网》画录卷十九。

〔30〕 （宋）米芾：《画史》，《丛书集成新编》53，台北：新文丰出版公司，1989年，第146页。

〔31〕 （明）董其昌：《容台集》别集卷四，《四库禁毁书丛刊》集部32，北京：北京出版社，2000年，第498页。

〔32〕 （明）汪珂玉：《珊瑚网》画录卷十九。

〔33〕 （明）沈德符：《万历野获编》卷二十六，北京：中华书局，1959年，第655页。

〔34〕 《詹东图玄览编》卷四，第51页。

〔35〕 [加]卜正民：《纵乐的诱惑：明代的商业与文化》，方骏、王秀丽、罗天佑

译、方骏校，北京：生活·读书·新知三联书店，2004年，第77页。

〔36〕 吴廷，谱名国廷，字用卿，南直隶徽州府歙县人氏。生于嘉靖三十五年丙辰（1556），天启丙寅（1626）尚在世。参见汪世清：《董其昌和馀清斋》，《朵云》，1993年第3期。

〔37〕 汪世清：《董其昌和馀清斋》，《朵云》，1993年第3期。

〔38〕 转引自傅申：《董其昌书画船——水上行旅与鉴赏、创作关系研究》，《美术史研究集刊》，第15期，2004年，第226页。

〔39〕 （明）董其昌：《吴江村画赞》，载《容台集》文集卷七，《四库禁毁书丛刊》集部32，北京：北京出版社，2000年，第347页。

〔40〕 （明）李日华：《味水轩日记》卷二，上海：上海远东出版社，1996年，第74—75页。

〔41〕 （明）董其昌：《画禅室随笔》卷二，载卢辅圣主编：《中国书画全书》（三），上海：上海书画出版社，1993年，第1023页。

〔42〕 （明）陈继儒：《妮古录》卷四，载黄宾虹、邓实主编《美术丛书》，南京：江苏古籍出版社，1997年，第635页。

〔43〕 （明）董其昌：《题董源龙宿郊民图轴》，吴升《大观录》卷十二，《续修四库全书》1066，上海：上海古籍出版社，2002年，第594页。

〔44〕 （明）王世贞：《弇州四部稿》卷一百三十二。

〔45〕 （明）王世贞：《弇州四部稿》卷一百二十二。

〔46〕 林逸欣：《李日华绘画鉴藏品位之研究》，"中央大学"硕士学位论文，2002年，第42页。

〔47〕 （明）李日华：《味水轩日记》卷八，上海：上海远东出版社，1996年，第513—514页。

〔48〕 姚绶，字公绶，号云东逸史，嘉兴人。以甲科仕至监察御史。书法眉山，工诗喜画，尤善临摹，其于吴仲圭、赵松雪、王叔明数家墨气皴染，俱妙得神髓。早岁挂冠，悠游泉石，有晋人风致。泛一舟，颜曰"沧江虹月"，以仿米家书画船也。所作绘事，颇加珍惜，或为人所得，每厚价返收之，其自重如此。（清）姜绍书：《无声诗史》卷二，上海：华东师范大学出版社，2009年，第29页。

〔49〕 徐沁：《明画录》卷三，上海：华东师范大学出版社，2009年，第47—48页。

〔50〕 [英]苏立文：《中国艺术社会史札记》，张欣玮译、洪再辛校，载洪再辛选编：《海外中国画研究文选（1950—1987）》，上海：上海人民美术出版社，1992年，第129—130页。

〔51〕 梁启超：《中国历史研究法》，上海：上海古籍出版社，1987年，第150页。

明清江南市镇中的园林空间与文化

杨茜／东华大学人文学院

一

明代中后期，代表着财富与文化的私家园林，大量兴建。在以苏州为代表的江南地域，造园成为一种风气："凡家累千金，垣屋稍治，必欲营治一园。若士大夫之家，其力稍赢，尤以此相胜。大略三吴城中，园苑棋置，侵市肆民居大半。"[1]至民国初年，著名建筑学家童寯先生实地考察江南园林时，指出"江南城镇，随地有园"。[2]会聚在园林中进行宴集游乐，成为江南士人生活的常态。

明清江南的私家园林，耳熟能详者如苏州拙政园、留园，无锡寄畅园，上海豫园，扬州个园，等等，大多地处经济、文化发达的古代城市及其近郊，是古代园林艺术成就的至高典范，也是文人士大夫唱和吟咏的主要对象。

这一时期，在数量庞大的市镇中，也存在着大大小小的私家园林，闻名者如同里镇的退思园、南翔镇的猗园和檀园、木渎镇的遂初园、甫里镇的梅花墅、南浔的小莲庄，等等。园林的主人，以具有较高文化素养的士绅文人为主，也有大地主或商人建园林以求"附庸风雅"。

翻检保留至今的江南乡镇志书即可发现，"园林志""园第志"等记载市镇园林的内容成为志书中不可缺少的部分。但园林在市镇中的分布是不均衡的。如以明代为限[3]，江南大镇震泽与盛泽，分别仅有四和五处园林。南翔镇则有十二处之多。镇区规模很小的唐市镇，更是有十三处园林。乌、青两镇共有七处园林。江阴县的杨舍镇有三处园林。

园林的多少，与市镇的社会风气、财富力量、文人多寡、个人喜好等诸多原因相关，难以一言蔽之。以休闲逸致闻名的同里镇，仅有三处园林，也许是因为仕宦文人前来寓居时已经将休闲娱乐的设计内化在了宅第中，故不再需要单筑园林来满足逸乐。宋代园林兴盛的湖州，明清却趋向衰落。明末陈函辉在游乌镇"灵水园"时即有言："湖中诸大家类治居第而寡园林之趣，鲜有可观者。"[4]王世贞从文人园林的艺术要求出发，认为乌程县"独南浔董尚书第后一园可游"。[5]明代的南浔镇，共有八处园林，还有若干单体的楼、轩作为别业和子弟读书处，多为煊赫一时的董份家族所有。湖州另一个大镇双林，明代有十处园林，不过名气远不如南浔镇的园林。这两镇乃明清湖州府园林最集中的地方。

市镇这一聚落形态，既不同于城市，也不同于偏僻的山林。筑建园林于市镇中，似乎可以恰好符合文人追求隐逸又不失交游便利的要求。如陈继儒认为茸园于城市中，"门不得坚扃，主人翁不得高枕卧"。[6]袁枚概括园林的最佳位置时称，"凡园近城则嚣，远城则僻。离城五六里遥，善居园者，必于是矣"。[7]有学者已概括了在市镇中建园林的优势：第一，城市地价高且土地相对紧缺；第二，市镇可以避开城市的喧嚣，但同时具备市场功能，又与县城距离适中，可使生活便利；第三，许多市镇的地理位置正好处在观赏美丽景胜的绝佳位置。[8]

至于园林在市镇中的具体位置，临近自身住宅是一个重要的选择。这可以使园林与宅第基本成为一体。如乌青镇有王氏宅第横山堂，主人便"就宅后治园"，亭台、曲水、嘉树、巨石尽有。[9]镇中另一园林拳勺园，由著名士人李乐建，也位于自家宅院之后。[10]嘉兴县王店镇的勺园，乃主人就房舍后的数间老屋修葺而成。[11]濮院镇的徐园，是徐氏于宅后筑土成山，从而构筑起来的。[12]

此外，有些园林选择建在了具有特殊意义的地点。如吴县木渎镇的天平山庄，建于天平山，乃是因为此山本为范仲淹祖墓之地，宋代赐有香火院，到明万历年间范氏后人缘此建园。[13]清初嘉定县罗店镇的思阐，则建在父亲、兄弟的殉难处，与祭祀祠堂相连，以为纪念。[14]当然，还有不少士人特意挑选镇中风光佳地来构建自己的园林。像朱彝尊选择了王店镇的荷花池建竹垞园。[15]常熟县唐市镇的柏园，规模达四十亩，乃主人在镇郊的金庄一带择地而建。[16]

事实上，大部分市镇园林的地址记载相对模糊，仅以"镇南""镇东"，或者都、图字号来描述，略详细一些的，有某某街、弄。总体而言，市镇文人基于自身的生活空间和需要，择地建园，即使有繁忙拥挤的市镇街道，也并没有妨碍这一休闲空间的修筑。

二

现如今，园林多以精美的景观著称于世，但一般认为，直到明代晚期，园林才逐渐摆脱了早期经济园、山林园的形式，独立存在于美学范畴之内。各类创作技巧，如叠山、理水、建筑、花木等，开始大量运用在园林的建造中。[17]这一时期，大批有着较高文化素养和高超造园技艺的匠师纷纷出现，如明代的张南阳、计成，清代的张南垣、石涛、仇好石、张国泰、戈裕良等。[18]江南名园，像上海潘允端的豫园、陈所蕴的日涉园、太仓王世贞的弇园、无锡秦氏的寄畅园等，即来自这些造园家的营建和参谋。此外，江南部分文人也参与其中，亲自督造园林，并且总结、阐发筑园经验，力图构建符合其文人阶层趣味与格调的文人园林文化。正如明代常熟人沈春泽为文震亨《长物志》所做的序言中所说的："非有真韵、真才与真情以胜之，其调弗同也。近来富贵家儿与一二庸奴钝汉，沾沾以好事自命，每经赏鉴，出口便俗，入手便粗，纵极其摩挲护持之情状，其污辱弥甚。"[19]《长物志》中，有"室庐""花木""水石""禽鱼"四卷，阐述文震亨"复古"的园林审美观和造园理论。李渔在《闲情偶寄》中则表达了崇尚朴实清雅的园林审美，讲究"取景在借"的精巧构思，所谓"居室之制，贵精不贵丽，贵新奇大雅，不贵纤巧烂漫"。[20]清代无锡人钱泳论造园："造园如作诗文，必使曲折有法，前后呼应，最忌堆砌，方称佳构。"[21]因此，在融汇了明清文人、匠师们的诗情画意、高超技巧之后，园林成为极具观赏性的景观。

除了江南大城市中的著名园林外，市镇园林对造园技艺也概得均沾，同样拥有为时人津津乐道的精美园林，成为市镇商品贸易发达画面下一抹独特的风光。

明代长洲县的甫里镇，有一著名园林"梅花墅"，由万历年间的甫里人许自昌所构。甫里镇地处长洲、昆山两县接壤处，镇内居民，除"工商佃田外，大都业织"。[22]明末时，甫里镇商业繁盛，号称居民万户，是一个"商贾之走集，货物之流转，京省诸州备有焉"的热闹市镇。[23]许自昌，字玄佑，万历三十五年谒选文华殿中书舍人，但很快即以养老的名义辞官归里，遂在镇中姚家弄西，筑了一休闲园林"梅花墅"。

梅花墅因地制宜，引水入园，使园内"山水亭榭，颇为奇胜"，[24]文人诗咏颇多。钟惺、陈继儒均撰有园记，而祁承爜仅读过陈继儒的园记便已"不觉爽然自失矣"。[25]

梅花墅所处之地，饶于水。巧妙引水入园加以规划设计，达到水、园交融，是梅花墅的独到之处。董其昌给予过很高的评价，曾言："过甫里不入许玄佑园林，犹入辋川不见王、裴也。"[26]直到乾隆年间，梅花墅虽然易主，但其中新增的"七级玲珑""夕阳返照"，仍然成为甫里镇的八景之一，名曰"浮图夕照"。[27]

再如松江府上海县的法华镇，明代中叶成镇，商贾辐辏、人文蔚起。[28]至清代，镇上有大族李氏，以商贾起家，后财富、科名渐著。族人李应增在西镇筑"遂初园"，又名"丛桂园"。源于此地原有的数十株粗壮的桂树，桂花盛开时，香气可达数里，故名。园内有丛桂堂、坐花醉月、听松山房、石虹池馆、调鹤榭、水木清华之阁、吟巢俟春别墅、竹径、梅林、鹤坡等楼台景致，还有连氏训楼，藏书万卷，以及古鼎尊彝、宋元墨妙等珍宝。[29]精致的园景，配上大俱合抱、香飘四方的桂树，令丛桂园形成"丛桂早秋"的盛景，时人吟咏道："北园丛桂荫南廊，八月花繁满院香。""新凉如洗作中元，丛桂留人满北园。不必小山招隐士，至今避世当桃源。"[30]与甫里镇梅花墅一样，"丛桂早秋"一景，也列于法华镇"八景"之中。

这种由时人总结的市镇"N景"，是市镇风貌风光的象征，园林的景观往往在其中占有一席之地。除了上述的甫里镇和法华镇，湖州乌程县的南浔镇，亦是如此。南浔镇在明代原有"南林八景"之说，清初"八景"变为"十景"，增加了两处与园林有关的胜迹，分别有词吟咏。[31]一曰"东阁临流"：

【新雁过妆楼·东阁临流】：画阁高寒。凌烟笔、中流砥柱同看。绿波十里，流过半逻亭边。楼上起楼虚四壁，屋头架屋叠三间。倚层栏、布帆叶叶，飞渡清澜。　　何时登临最好，记月悬玉镜，菜布金田。买糕重九，还又捉醉偷闲。呼童把窗洞启，便千里都教来眼前。梅花曲，听倚来长笛，声彻瑶天。

一曰"南楼春晓"：

【翠楼吟·南楼春晓】：柳上青归，梅边白破，东风已灭寒峭。画楼高百尺，笔天半、韶华先到。亭台多少，看树树芳生，花花香绕。风光好，向阳门地，得春偏早。　　倾倒，诗伯词仙，料剪红浮白，醉吟酣笑。鸾闺还结伴，也油壁、香车侵晓。莺喧蝶闹，想尽捲虾帘，齐开了鸟。栏干外，更看明月，一峰烟罩。

"南楼",存在于董绍闻所建的园林中。[32]园中有明月峰,高达两丈多。董绍闻乃董份的后人,董氏族人众多,从晚明至清代,一直有董氏诸园林,或长或短地存在于镇上,如泌园、溪上草堂、且住园、窥园等。[33]另一景"东阁"的位置不甚明朗,但据词中描述,亦应是处于镇上的某处园林中。二者的景致,与荻塘帆影、禅院钟声、通津霁雪、垂虹夕照、曲江菱歌、范庄莲沼、西村渔火、古濠走马,共同构成文人拣选出的"南浔十景",成为市镇风貌的重要组成部分。

三

明清园林,虽为私人所建,也常冠以"私家园林"之称,但事实上一些园林会面向民众开放,供以游赏。钱谦益的拂水山庄即是如此:"拂水游观之盛,莫如花时。祝厘之翁媪,踏青之士女,联袂接衽,摩肩促步,循月堤,穿水阁,笑呼喧阗,游尘合沓。"[34]松江府的顾氏园,地处东郊之外,方圆百亩,累石环山,凿池引水,有石梁虹偃,台榭星罗,除了"宦流雅集"外,"往来过客,莫不于此寻芳觞咏",日日热闹非凡。[35]游园,成为一种习惯和风尚,甚至可以索取门票。这些开放性园林的游园盛况,被清人袁景澜记载了下来:在苏州,"春煖昼长,百花竞放,园丁索看花钱,纵人游览。士女杂逻,罗绮如云。"游人攒动处,还有"赶卖香糖果饵""琐屑玩具"的小贩。这样的游园情形,从每年的清明日,持续到立夏方止。[36]

市镇中的园林,也有个别开放供民众游览者。譬如吴江县木渎镇的钱氏端园、潜园,靠近灵岩山,本身即处于民众游山玩水的"景区",而且又是苏州城市的城郊地带,"春时游人毕集"。[37]秀水县的濮院镇,清嘉庆年间有诸生岳鸿振所建的以"菊照山房"为中心的园林,其中除了菊花数百本,还有四时不绝之花,吸引了众多游人观赏。为了能够接纳慕名而来的游人,园主岳鸿振还特意另筑一"樱云楼"来"馆游客"。[38]

不过,大多数的市镇园林仍以私人享用为主。这是因为一方面,市镇的位置相对偏僻,亦不如城郊便利,从地理空间上不适合大量游人往来游玩。另一方面,那些处于宅院附近的园林,靠近园主的日常生活空间,也不方便招揽游人,打扰自己的清净生活。像陈继儒便将地处甫里镇的梅花墅,与城市园林进行了对比,认为城市中"通人排闼,酒人骂座,喧笑呶詈,莫可谁何",因此"欲舍而避之寂寞之滨,莫若乡居为甚"。[39]

当然,园林也不是供主人一个人闭门享受的。就像祁彪佳,尽管祁氏园亭中"备有晚明最大、最著名的藏书楼之一,但它的用途并非是勤学索居,而是与当地的精英交游联系,共同分享对拥有第一流风景之园宅的审美鉴赏,以及在优美环境中的娱乐"。[40]概而言之,邀请亲朋好友在园子中游宴集聚、唱和休闲,是园林重要的功用。

如唐市镇的柏园,天启时辟建,湖石假山、亭榭花木、高台邃洞、园池回廊,皆精心雕琢,吸引了"吴中骚人墨士琴师棋客,咸集于中",董其昌便曾为其题字。柏园的主人风流倜傥,安排家中男女梨园,每夜张灯开宴,按次演剧,其间"口餍珍错,耳穷声色,虽王侯亦不过此"。[41]清代法华镇上的士绅大族李氏,构有从溪园,园中牡丹蕃茂,逢花开时,园主人则必"设筵宴请当道缙绅辈为雅集焉"。[42]木渎镇遂初园,雍正、乾隆年间以藏书著名,多宋元善本,园中常有"浙诸名士流连觞咏,座无俗客"。[43]明末寓居同里镇的朱鹤龄,常于镇中顾氏园与主人"为文酒会,晨夕过从",每到春日烂漫时节,"香风馥郁,必提壶造其地,痛饮狂歌,不跋烛不止,翩翩致足乐也。"[44]乌青镇的横山堂,流觞曲水,镌刻精巧,园主"日与名流才士赋诗饮酒于其间",营造了一派"乌程名士毕集,醉而复醒"的欢畅景象。文徵明、祝允明、茅坤等均撰有关于横山堂的长文。[45]

这些文人文化活动,汇集着大量明清江南文人士大夫,在一定程度上令经济属性的市镇拥有了文化艺术的空间与气息。

清代罗店镇太学生陈浩,字希孟,号问渠,性好游山乐水,擅工诗文。曾在镇中建园林"龙川小筑",为娱亲之所,是罗店镇园林中最著名者。园有六宜亭、在乐槃、清凉诗窟、海棠寮、苹香水榭等景观,还有大片牡丹供玩赏。逢春秋佳日,陈浩常招名流觞咏园中。其自撰《丁酉春暮六宜亭牡丹盛开招同人燕集》:[46]

> 春来胜事殊连绵,醉歌日日壶中田。不许青皇掉头去,游丝百丈东风牵。
> 半弓隙地烟霞拓,花作屏风树作幄。倾倒名流鼓掌来,分题斗韵吟诗各。
> 牡丹佳种夸东都,千葩万萼争荣敷。便处山林亦富贵,罗珍列异开山厨。
> 豪情胜致敢予夺,跌宕清风谬青月。醉墨淋漓沧海云,琳琅持赠三千幅。
> 一笑长空月镜圆,天风吹袂仙乎仙。渔洋三挝响迭奏,不顾世俗嗤狂颠。
> 人生行乐而已矣,蛇风夔蚿何藏否。黄河东走日西征,古来万事皆如此。
> 我昨梦到蓬莱巅,飘飘鸾鹤相蹁跹,琼浆玉液相劝酬,兴酣落笔称长篇。
> 忽然梦醒知何处,却向人间更相遇。拟吹铁笛作龙吟,碧海青天任来去。

洋洋长诗透露了作者的潇洒与豪情,其彰显出的气度与力量仿佛可以冲破小小的龙川小筑和罗店镇,而"碧海青天任来去"。难怪罗店镇的志书中会说"罗店亦一乡耳,本无园亭之胜,林木之观,是乌足以志。然事出孝子之所为,虽一壑一邱,亦堪景仰。地经名流之所过,虽一木一石不尽流连。至若栽名花、叠奇石,月夕风晨,宾朋宴会,亦极一隅之胜,概岂必如摩诘、辋川、石崇、金谷然后可以传往昔而示来今哉?"[47]罗店镇中的园林也许没有城市园林般至高的艺术成就和绝佳的造景,但娱亲的孝行、名流的会聚与宴集的欢畅,是罗店镇文化活动的集中体现,足以代表市镇的文化记忆以"传往昔而示来今"。

南翔镇的檀园,园主是晚明"嘉定四先生"之一的李流芳(字长蘅)。园中"凿曲沼,开清轩,通修廊,栽花灌木",[48]皆为流芳亲自设计,形成"房廊水石,映带嘉木"的景致。[49]李流芳与程嘉燧等嘉定文人常常宴会集聚于檀园中,吟诗作画,是为晚明嘉定文化活动的一个重要空间。

名妓柳如是的两次嘉定之游,都造访了这座檀园。据陈寅恪先生以程嘉燧诗文为线索的考证,崇祯七年(1634)暮春至初秋,柳如是第一次游嘉定,寓居嘉定城南二十一里、南翔镇北三里的藡园。期间,柳如是与"嘉定诸老"曾游宴檀园。当日,众人在檀园"山雨楼"中晚宴,酣饮达旦,次日清晨仍余兴未阑,遂同赏山雨楼前芙蓉泮中之新荷。陈寅恪引程嘉燧和李元芳(李流芳兄长)之诗为证:

> 林风却立小楼边,红烛邀迎暮雨前。潦倒玉山人似月,低迷金楼黛如烟。欢心酒面元相合,笑靥歌颦各自怜。数日共寻花底约,晓霞初旭看新莲。
> 新荷当昼便含光,要看全开及早凉。带露爱红应爱绿,迎风怜影亦怜香。林深鸟宿声还寂,水涨鱼游队各忙。

"小楼"即指檀园中的山雨楼,"林风却立小楼边""潦倒玉山人似月"言柳如是醉酒状。"红烛邀迎暮雨前""低迷金楼黛如烟"言柳如是唱曲。"晓霞初旭看新莲""新荷当昼便含光,要看全开及早凉",则是指第二日清晨共赏荷花之情。

崇祯八年(1635)深秋,柳如是与陈子龙分手,返盛泽镇寄居,惆怅无聊之际思量再作嘉定之游。而此时程嘉燧对柳如是的思念之情已是"一寸心灰缟雪生",故与李元芳商量邀约柳如是重访嘉定。崇祯九年正月初到二月末,柳如是应约再次来到嘉定。这一回,她直接居住在檀园中,并以檀园为据点又一次展开与当地名流的交往活动。[50]

柳如是的两次光顾，一方面显示了檀园在嘉定文化圈中的名气，也给南翔镇留下了一份才子风流的记忆。此外，李流芳家族，有"两代三进士"，且李氏兄弟"工于文辞，并噪晚明江南词坛"。[51]无论家族财富、科名，还是文化修养与声望，李氏家族在晚明的南翔镇都是特别突出的。时人称南翔镇"多文雅风流之士，皆李长蘅诸先生所沾溉"。[52]以整个江南地区来说，李流芳也是"炳天壤而光史册，岂一乡一里之人哉！"[53]当时的士人往来南翔镇，都期盼能见一见李流芳。可以说，以李流芳与檀园为中心聚集而形成的文化活动，构成晚明南翔镇文化的最高峰。

英国著名艺术史家柯律格指出，"园林的名声并不从它'自身的景致'中来，而是从它所具有的文学、艺术财富中来，特别是这些代表财富的制造者的声望"。[54]对市镇与园林来说也是如此："先贤钓游之地，后人所景仰也。名流啸咏之场，逸士所兴思也。是故高闳大阀附盛德而传深壑崇邱，虽荒墟亦显盛衰兴废之间，流览者能无动禾黍故宫之感乎。"[55]宴集、吟咏、读书带来的名声，令园林在一定程度上构成了市镇历史记忆的某种寄托与象征，所谓"名园甲第未数传而其迹已湮，不过因高贤之一觞一咏而追忆其胜概。"[56]同里镇的"园第志"更加清晰地表达了园林文化对市镇的重要性："地以人传，人以地传，金谷风流，连云甲第，传为盛事，都则有之，镇亦有焉"。[57]

四

江南市镇中的士绅、文人，在自我生活的地域空间，营建了各式各样的私家园林。大大小小的园林，散布于市镇的街巷中，点缀着市镇的风光。那些巧立心思、精致设计的园子，成为市镇风貌的代表。园林主人组织的宴集吟咏、交游切磋等文人文化活动，构成市镇的重要文化空间。在人地相传、园地相传的过程中，园主、园林和市镇均名声飞扬，带给市镇不同于经济属性的塑造与发展。即使园林易主，甚至旧地难寻，园林与雅集仍然会作为市镇文化特质的代表，绵长而悠远地留在地域的历史记忆中。

〔1〕　（明）何良俊：《何翰林集》卷十二，《西园雅会集序》，明嘉靖四十四年何氏香严精舍刻本。

〔2〕　童寯：《江南园林志》"现况"，台北：文海出版社，1980年。

〔3〕　这里的统计数字来自各相关乡镇志中的记载。由于有些志书中将园林与宅第合为"园宅"或"园第"等加以记载，故统计时需略加区分并剔除，单体楼、轩类的别业也不进入统计。数据可能不够完全精准，但不同市镇中园林数量的相对趋势并不受影响。

〔4〕　（明）陈函辉：《游灵水园》，载（清）董世宁：《乌青镇志》卷七，《园第》，民国七年铅印本。

〔5〕　（明）王世贞：《弇州续稿》卷四十六文部，《古今名园墅编序》，《文渊阁四库全书》本。

〔6〕　（明）陈继儒：《许秘书园记》，载（清）陈维中：《吴郡甫里志》卷四，《园亭》，抄本。

〔7〕　（清）袁枚：《小仓山房（续）文集》卷二十九，《榆庄记》，南京：江苏古籍出版社，1993年。

〔8〕　巫仁恕：《明清江南市镇志的园第书写与文化建构》，《九州学林》，2007年冬第5卷第4期。

〔9〕　（清）董世宁：《乌青镇志》卷七，《园第》。

〔10〕　同上。

〔11〕　（清）杨谦纂，李富孙补辑，余楙续补：《梅里志》卷六，《园亭》，清光绪三年仁济堂刻本。

〔12〕　夏辛铭：《濮院志》卷十二，《园第》，民国十六年刊本。

〔13〕　张郁文：《木渎小志》卷一，《古迹》，民国十年铅印本。

〔14〕　（清）王树棻、潘履祥：《罗店镇志》卷三，《营建志下·园林》，清光绪十五年铅印本。

〔15〕　（清）杨谦纂，李富孙补辑，余楙续补：《梅里志》卷六，《园亭》，清光绪三年仁济堂刻本。

〔16〕　（清）倪赐纂，苏双翔补纂：《唐市志》卷之上《园亭》，抄本。

〔17〕　参见张淑娴：《明清文人园林艺术》，北京：故宫城出版社，2011年。

〔18〕　（清）钱泳：《履园丛话》卷十二，《艺能》"堆假山"条，北京：中华书局，1979年。

〔19〕　（明）文震亨：《长物志》"序"（沈春泽），杭州：浙江人民出版社，2012年。

〔20〕　（明）李渔：《闲情偶寄》（插图本）卷四，《居室部·房舍第一》，北京：中华书局，2007年。

〔21〕　（清）钱泳：《履园丛话》卷二十，《园林》"造园"条。

〔22〕（清）陈维中：《吴郡甫里志》卷三，《风俗》，抄本。
〔23〕（清）陈维中：《吴郡甫里志》卷三，《物产》。
〔24〕（清）彭方周：《吴郡甫里志》卷十六，《古迹》（园亭附），清乾隆三十年刻本。
〔25〕（清）陈维中：《吴郡甫里志》卷四，《园亭》。
〔26〕（明）董其昌：《容台文集》卷八，《中书舍人许玄佑墓志铭》，明崇祯三年董庭刻本。
〔27〕（清）彭方周：《吴郡甫里志》卷十六，《古迹》（园亭附）。
〔28〕（清）王钟纂，胡人凤续纂：《法华乡志》卷一，《沿革》，民国十一年铅印本。
〔29〕（清）王钟纂，胡人凤续纂：《法华乡志》卷七，《第宅园林》。
〔30〕（清）王钟纂，胡人凤续纂：《法华乡志》卷一，《沿革》"淞溪八咏"。
〔31〕（清）汪曰桢：《南浔镇志》卷一，《疆域》，清同治二年刻本。
〔32〕清道光年间范来庚所著的《南浔镇志》言："明余山人津著有南林八咏诗汇，董浔阳份始增二景，一曰东阁临流，一曰南楼春晓。"南楼所在园林的主人董绍闻乃清初时人，此言将所增二景，归功在晚明董份身上，也许因为年代久远、记忆混乱所致。
〔33〕（清）汪曰桢：《南浔镇志》卷六，《古迹一》，清同治二年刻本。
〔34〕（清）钱谦益：《牧斋初学集》卷四十五，《花信楼记》，（清）钱曾笺注，钱仲联标校，上海：上海古籍出版社，1985年。
〔35〕（清）叶梦珠：《阅世编》卷十，《居第一》，北京：中华书局，2007年。
〔36〕（清）袁景澜：《吴郡岁华纪丽》卷三，《三月·清明开园》，南京：江苏古籍出版社，1998年。
〔37〕同上。
〔38〕（清）岳昭垲：《菊照山房图说》，载夏辛铭：《濮院志》卷十二，《园第》，民国十六年刊本。
〔39〕（明）陈继儒：《许秘书园记》，载（清）陈维中：《吴郡甫里志》卷四，《园亭》。
〔40〕[美]乔安娜·F.汉德琳·史密斯：《祁彪佳社交界中的园亭：晚明的财富与价值观念》，《中国文学研究》第8辑，北京：中国文联出版社，2007年。
〔41〕（清）倪赐纂，苏双翔补纂：《唐市志》卷之上《园亭》，抄本。
〔42〕（清）钱泳：《履园丛话》卷二十，《园林》。（清）王钟纂，胡人凤续纂：《法华乡志》卷四，《封赠》；卷七，《第宅园林》。
〔43〕同治《苏州府志》卷八十九，《人物十六·长洲县》，清光绪九年刊本。
〔44〕（清）朱鹤龄：《愚庵小集》卷九，《同里顾氏梅林记》，上海：上海古籍出版社，1979年。

〔45〕 （清）董世宁：《乌青镇志》卷七，《园第》，民国七年铅印本。

〔46〕 （清）王树棻、潘履祥：《罗店镇志》卷三，《营建志下·园林》，清光绪十五年铅印本。

〔47〕 （清）王树棻、潘履祥：《罗店镇志》卷三，《营建志下·园林》。

〔48〕 （明）张鸿磐：《西州合谱》"檀园"条，载（明）陶珽编：《说郛续》卷二十二，清顺治三年宛委山堂刻本。

〔49〕 （明）侯峒曾：《侯忠节公全集》卷十五，《祭李长蘅先生文》，民国二十二年铅印本。

〔50〕 有关柳如是嘉定之游的内容均引自陈寅恪：《柳如是别传》，北京：生活·读书·新知三联书店，2009年。

〔51〕 （清）张承先纂，程攸熙订正：《南翔镇志》卷六，《人物·文学》，民国十三年南翔凤翥楼铅印本。

〔52〕 （清）张承先纂，程攸熙订正：《南翔镇志·增订南翔镇志序》。

〔53〕 （清）张承先纂，程攸熙订正：《南翔镇志》卷六，《人物》序。

〔54〕 Craig Clunas, *Fruitful Sites: Garden Culture in Ming Dynasty China*, pp31—38.

〔55〕 （清）王钟纂，胡人凤续纂：《法华乡志》卷七，《第宅园林》。

〔56〕 （清）董世宁：《乌青镇志》卷七，《园第》小序。

〔57〕 （清）阎登云、周之桢：《同里志》卷五，《建置志下·园第》，民国铅印本。

（原文发表于《江南大学学报》[人文社会科学版]2015年第5期，此次收录略有删改）

图书在版编目(CIP)数据

董其昌和他的江南 / 上海博物馆编 . —北京 : 北京大学出版社 , 2019.6
ISBN 978-7-301-30463-1

Ⅰ.①董… Ⅱ.①上… Ⅲ.①董其昌（1555-1636）—人物研究 Ⅳ.① K825.72

中国版本图书馆 CIP 数据核字 (2019) 第 084288 号

书　　　名	董其昌和他的江南
	DONG QICHANG HE TA DE JIANGNAN
著作责任者	上海博物馆　编
主　　　编	杨志刚
策　　　划	陈曾路
统　　　筹	高秀芹
责 任 编 辑	张丽娉
特 约 编 辑	曹　媛
书 籍 设 计	曹文涛
标 准 书 号	ISBN 978-7-301-30463-1
出 版 发 行	北京大学出版社
地　　　址	北京市海淀区成府路 205 号　　100871
网　　　址	http://www.pup.cn　新浪官方微博：@ 北京大学出版社 @ 培文图书
电 子 邮 箱	pkupw@qq.com
电　　　话	邮购部 010-62752015　发行部 010-62750672　编辑部 010-62750883
印 刷 者	北京启航东方印刷有限公司
经 销 者	新华书店
	787 毫米 ×1092 毫米　16 开本　19 印张　340 千字
	2019 年 6 月第 1 版　2020 年 1 月第 2 次印刷
定　　　价	118.00 元

未经许可，不得以任何方式复制或抄袭本书部分或全部内容。
版权所有，侵权必究
举报电话：010-62752024　电子信箱：fd@pup.pku.edu.cn
图书如有印装质量问题，请与出版部联系，电话：010-62756370